西塞罗、撒路斯特与西方政治纪事传统研究

Cicero, Sallust and the Western Tradition of Political History

吴明波 著

中国社会科学出版社

图书在版编目（CIP）数据

西塞罗、撒路斯特与西方政治纪事传统研究／吴明波著 . —北京：中国社会科学出版社，2023.12
（中国社会科学博士后文库）
ISBN 978－7－5227－3660－0

Ⅰ.①西… Ⅱ.①吴… Ⅲ.①语言学—研究 Ⅳ.①H0

中国国家版本馆 CIP 数据核字（2024）第 110724 号

出 版 人	赵剑英	
责任编辑	王 琪	
责任校对	杨 林	
责任印制	李寡寡	

出　　版	中国社会科学出版社
社　　址	北京鼓楼西大街甲 158 号
邮　　编	100720
网　　址	http：//www.csspw.cn
发 行 部	010－84083685
门 市 部	010－84029450
经　　销	新华书店及其他书店

印　　刷	北京君升印刷有限公司
装　　订	廊坊市广阳区广增装订厂
版　　次	2023 年 12 月第 1 版
印　　次	2023 年 12 月第 1 次印刷

开　　本	710×1000　1/16
印　　张	18
字　　数	305 千字
定　　价	98.00 元

凡购买中国社会科学出版社图书，如有质量问题请与本社营销中心联系调换
电话：010－84083683
版权所有　侵权必究

第十批《中国社会科学博士后文库》
编委会及编辑部成员名单

（一）编委会
主　任：赵　芮
副主任：柯文俊　胡　滨　沈水生
秘书长：王　霄
成　员（按姓氏笔划排序）：

卜宪群　丁国旗　王立胜　王利民　史　丹
冯仲平　邢广程　刘　健　刘玉宏　孙壮志
李正华　李向阳　李雪松　李新烽　杨世伟
杨伯江　杨艳秋　何德旭　辛向阳　张　翼
张永生　张宇燕　张伯江　张政文　张冠梓
张晓晶　陈光金　陈星灿　金民卿　郑筱筠
赵天晓　赵剑英　胡正荣　都　阳　莫纪宏
柴　瑜　倪　峰　程　巍　樊建新　冀祥德
魏后凯

（二）编辑部
主　任：李洪雷
副主任：赫　更　葛吉艳　王若阳
成　员（按姓氏笔划排序）：

杨　振　宋　娜　赵　悦　胡　奇　侯聪睿
姚冬梅　贾　佳　柴　颖　梅　玫　焦永明
黎　元

《中国社会科学博士后文库》
出版说明

  为繁荣发展中国哲学社会科学博士后事业，2012年，中国社会科学院和全国博士后管理委员会共同设立《中国社会科学博士后文库》（以下简称《文库》），旨在集中推出选题立意高、成果质量好、真正反映当前我国哲学社会科学领域博士后研究最高水准的创新成果。

  《文库》坚持创新导向，每年面向全国征集和评选代表哲学社会科学领域博士后最高学术水平的学术著作。凡入选《文库》成果，由中国社会科学院和全国博士后管理委员会全额资助出版；入选者同时获得全国博士后管理委员会颁发的"优秀博士后学术成果"证书。

  作为高端学术平台，《文库》将坚持发挥优秀博士后科研成果和优秀博士后人才的引领示范作用，鼓励和支持广大博士后推出更多精品力作。

《中国社会科学博士后文库》编委会

摘　要

　　本书尝试在对撒路斯特的《喀提林阴谋》和西塞罗的《反喀提林辞》两个文本进行细致阅读的基础上，探讨有关古典 historia 的基本问题，进而探究西方的政治纪事传统。

　　本书首先对 historia 在古典的面向进行了探讨，试图区分古今 historia 之间的差别，从而为本书的写作定下基调。但本书并非仅仅探究历史事实，而是试图恢复古典 historia 的面目，并以此来认识相关的两部文本。第一章将探讨这两部作品的思想历程，它们在历代被接受的情况以及现代研究涉及的问题，从而展开我们的研究。第二章对西塞罗《反喀提林辞》的文本以及相关问题进行探讨，尤其关注西塞罗与喀提林的关系、有关"元老院最终指令"（也即 SCU）的争论，并结合西塞罗的《论演说家》和书信对他的纪事思想进行探讨。第三章将回到撒路斯特的《喀提林阴谋》，重点讨论作品中凯撒与卡图的论辩，以及撒路斯特的纪事思想来源。第四章将在文本分析的基础上，探讨纪事的基本问题，探讨纪事与危机、纪事与诗歌、纪事与哲学的关系，并探讨政治纪事的基本问题，也即命运与德性之间的关系。第五章将简要探讨西方的政治纪事传统，包括古希腊的纪事以及现代的普遍历史和历史主义相关问题。

　　本书尝试通过对经典文本的分析，探讨西方 historia 的古典含义、关注"政治纪事"这一纪事形态，进而探究西方的政治纪事写作传统，以此反思普遍历史和历史主义的问题、认识我们的学术处境和思想处境。

　　关键词：撒路斯特　西塞罗　政治纪事　喀提林

Abstract

This book attempts to analyze Sallust's *Bellum Catilinae* and Cicero's speeches *In Catilinam*, on the basis of close reading of their texts, to explore the basic problems of classical historia, and to explore the tradition of political history in the West.

The book begins with a discussion of historia, trying to distinguish the differences between ancient and modern historia, thus setting the tone for the writing of the book. This book does not merely explore historical facts, but attempts to restore the original face of classical historia and to understand the two related texts in its way. The first chapter will discuss the ideological course of these two works, their acceptance in the past and the problems involved in modern research, The second chapter discusses the text of Cicero's *In Catilinam* and related issues, especially the relationship between Cicero and Catiline, the debate on "the final decree of the Senate", ie. SCU, and finally discusses Cicero's thoughts of historia in combination with his work *De Oratore* and letters. The third chapter will return to Saluster's *Bellum Catilinae*, focusing on the debate between Caesar and Cato in the work, and exploring the origin of his thoughts of historiography. The fourth chapter will discuss the basic issues of historia on the basis of textual analysis. Relying on the text of Sallust, the relationship between historia and crisis, historia and poetry, historia and philosophy, and the basic issues of political historia, that is, the relationship between Fortune and Virtue will be discussed. The fifth chapter will briefly discuss the Western tradition of political history from ancient Greek political history to modern universal history and historicism.

Through the analysis of classical texts, this book attempts to explore the classical meaning of western historia on the basis of text analysis, pay attention to the form of "political history", and then explore the writing tradition of western political history, so as to reflect on the problems of universal history and historicism, understand our academic and ideological situation.

Key words: Sallust, Cicero, Political History, Catiline

目　录

绪　论 ……………………………………………………………（1）

第一章　思想史中的"喀提林阴谋" ……………………………（17）
　　第一节　历史与思想："喀提林阴谋"的面向 ………………（17）
　　第二节　恶人与恶行：历史中的"喀提林阴谋" ……………（21）
　　第三节　政治与修辞：现代"喀提林阴谋"研究 ……………（28）

第二章　西塞罗与"反喀提林辞"的修辞 ………………………（38）
　　第一节　西塞罗与喀提林 ……………………………………（38）
　　第二节　《反喀提林辞》的政治修辞 …………………………（46）
　　第三节　"元老院最终指令"的争论与修辞 …………………（69）
　　第四节　论西塞罗的纪事思想 ………………………………（80）

第三章　撒路斯特与"喀提林阴谋"的叙述 ……………………（92）
　　第一节　撒路斯特与《喀提林阴谋》 …………………………（92）
　　第二节　撒路斯特的《喀提林阴谋》 …………………………（98）
　　第三节　庭审修辞：审判与正义 ……………………………（107）
　　第四节　撒路斯特纪事思想来源考略 ………………………（116）

第四章　"喀提林阴谋"与纪事 …………………………………（126）
　　第一节　危机与纪事 …………………………………………（127）
　　第二节　纪事与哲学 …………………………………………（136）
　　第三节　诗歌与纪事 …………………………………………（145）
　　第四节　德性与命运 …………………………………………（155）

第五章　西塞罗、撒路斯特与西方政治纪事传统 ············ （164）

　　第一节　多面的纪事：古希腊政治纪事的面向 ············ （165）
　　第二节　开端与罗马史：古罗马纪事的起源崇拜 ·········· （173）
　　第三节　德性与命运的竞争：文艺复兴时期的纪事
　　　　　　——以马基雅维里为例 ······················ （183）
　　第四节　普遍历史与历史主义：政治纪事的衰落与
　　　　　　现代史学的展开 ·························· （192）

结　　语 ·· （200）

附　　录 ·· （205）

参考文献 ·· （246）

索　　引 ·· （266）

后　　记 ·· （269）

Contents

Introduction ··· (1)

Chapter 1　Catiline Conspiracy in the History ······················ (17)
Section 1　History and Thought: The Aspects of the Catiline
　　　　　　Conspiracy ·· (17)
Section 2　Wicked Man and Wicked Deeds: Catiline
　　　　　　Conspiracy in History ····································· (21)
Section 3　Politic and Rhetoric: Modern Catiline Conspiracy
　　　　　　Studies ·· (28)

Chapter 2　Cicero and the Rhetoric of *In Catilinam* ·············· (38)
Section 1　Cicero and Catiline ·· (38)
Section 2　Political Rhetoric of *In Catilinam* ························ (46)
Section 3　Debate and Rhetoric on the SCU ·························· (69)
Section 4　On Cicero's History Thoughts ······························ (80)

Chapter 3　Narration of Sallust and the Catiline Conspiracy ······ (92)
Section 1　Sallust and the *Catiline Conspiracy* ····················· (92)
Section 2　The *Catiline Conspiracy* in Sallust ······················ (98)
Section 3　Rhetoric of Trial: Trial and Justice ······················· (107)
Section 4　The Source of Sallust's History Thought ················ (116)

Chapter 4　Catiline Conspiracy and History ·························· (126)
Section 1　Crisis and History ··· (127)
Section 2　History and Philosophy ······································· (136)
Section 3　Poetry and History ·· (145)

Section 4	Virtue and Fortune	(155)
Chapter 5	Cicero, Sallust and the Tradition of Western Political History	(164)
Section 1	Multifaceted History: The Aspects of Ancient Greek Political History	(165)
Section 2	Beginning and Roman History: The Origins of the Roman Early History	(173)
Section 3	Competition between Virtue and Fortune: Political History in the Renaissance	(183)
Section 4	Universal History and Historicism: The Decline of Political History and the Development of Modern Historiography	(192)
Conclusion		(200)
Appendix		(205)
References		(246)
Index		(266)
Postscript		(269)

绪　论

一　历史、纪事与政治纪事

Ἱστορία（拉丁语为 historia），一般译为"历史"，此词来自希腊语，原义有探究、调查之意。① 早在荷马的《伊利亚特》中就使用过（《伊利亚特》18.501，罗念生译本译为"公判人"）Ἵστωρ，表明一个能够进行判断和裁决的人，再由这个词根衍生出相关的名词和动词。名词的 Ἱστορία 主要有三义：一是探究这种行为；二是探究的知识；三是有关这种探究的作品。从其最初文献来源和使用来看，Ἱστορία 有究其终始的志趣，并不完全等同于我们现代观念中的历史。同时，Ἱστορία（就其作为作品而言，在此译为"纪事"）在古典时期也表示一种不同于诗歌的文体。亚里士多德在《诗学》中对诗歌、纪事和哲学曾经有一个经典的评价，他认为"写诗这种活动比写作纪事更富于哲学味，更被严肃对待"（《诗学》1451b）。亚里士多德的评价是对两种写作活动的评价，即写作纪事与写作诗歌这两种活动，其评价标准却是"哲学"。② 这个评价也突出了两者之间的区别，

---

① 参希英词典 "Ἱστορία"。阿隆对现代的历史做了简单的探索，在英语中，历史（history）又有故事（story）之义。德语中的历史可以分成两个词（Geschichte 和 Historie），前者是我们关于现实所具有的所有认识；后者指认识或者重建、叙述、书写过去发生事情的方式（参［法］雷蒙·阿隆《历史是什么》，载［法］雷蒙·阿隆《历史讲演录》，张琳敏译，上海译文出版社2011年版，第89—105页）。对于"历史"的观念探讨，国内外有相当多的探讨，国内也出版了"历史的观念译丛"，从不同角度探讨历史观念，这也体现出对历史观念存在的巨大争议。本书并不想也没有能力介入这些争论，而旨在尝试简单探讨西方古典时期对此的认识。
② 亚里士多德的这一说法也引起很多争议。很多学者认为亚里士多德并非贬低纪事的价值，而且他还写作了《雅典政制》这样的纪事作品，甚至也认为亚里士多德是纪事家（历史学家），立足于科学的知识。参 Lucio Bertelli, "Aristotle and History", in Giovanni Parmeggiani ed., *Between Thucydides and Polybius: The Golden Age of Greek Historiography*, Washington, D.C.: Center for Hellenic Studies, 2014.

两者的区别与它们的关注对象和知识类型有关。本书尝试使用"纪事"来翻译作为一种文体的Ἱστορία，既明确其有记述重大历史事件的意思，又突出其作为一种隶属于修辞学的文体形式。① 同时，本书暂时采用这个译法，也是为了凸显其与现代作为学科和方法的"历史"之间的区别，彰显其与现代史学之间不同的旨趣。② 古典的"纪事"属于文体的分类。在现代西方英语学界，由 historia 又衍生出两个词，一个是 history，一个是 historiography，前者是我们一般意义上使用的历史，而后者被译为"历史编纂"或者"历史写作"，这两个词都可以用在我们对纪事的定义中，但在重要方面又有根本差异。③

古希腊的希罗多德被认为是西方第一位纪事家，他的作品的标题被冠以《历史》(Ἱστορία) 之名。④ 希罗多德被誉为西方的"纪事之父"[patrem historiae，西塞罗语，见《论法律》(1.5)]，但同时又被称作"谎言之父"(Juan Luis Vives 语)，围绕希罗多德作品的争论可帮助我们进一步

---

① 在中文语境中，"纪事"既有记载重大事实之义，同时也有作为文体的意义，可以尝试用来翻译西方古典意义上的 history，和我们常用的历史区分开来，以便更好呈现其差异。
② 有关古典时期的"纪事"的地位，学者们有很多探讨。在古典史学中，纪事与修辞学关系密切，甚至可以认为是修辞学分支，更类似于展示性演说 (epideictic)。伍德曼在《古典纪事中的修辞》(Woodman, A. J., *Rhetoric in Classical Historiography*: *Four Studies*, Areopagitica Press, 1988) 中分析了狄奥尼修斯 (Dionysius) 的《罗马古纪》(1.1.2—3, 2.1) 把纪事当成一种赞颂辞 (encomiastic)。而在波里比乌斯处，他提到纪事家的任务和纪事的功能："一位纪事家应该留给子孙后代，不仅是那些可以确证诽谤性谴责的东西，而且要记述那些有助于这位君王声名的东西，这才是纪事恰当的功能。"(16.4) 西塞罗更是站在演说家的角度讨论纪事，详见后文。由此可见，古典纪事要从赞扬和谴责 (praise and blame) 的角度来看待，这也体现出其修辞性质。另外，施特劳斯对比了古典的历史观与现代的历史观，前者是一种探询，是研究知识的方法，后者则成了一种知识类型，是一种关于历史进行的哲学 (参见 [美] 施特劳斯《尼采如何克服历史主义》，马勇译，华东师范大学出版社 2019 年版，第 44 页)。相关观点亦出现在其《自然权利与历史》中。施特劳斯认为，现代历史的观念与卢梭关系密切，本书将在后文进行简要探讨。
③ 有关现代"历史"或者"史学"观念的现代演变，亦可以参见 [德] 科瑟勒克《历史/史学概念的历史流变》，载刘小枫编《从普遍历史到历史主义》，华夏出版社 2017 年版，作者主要在德国语境中探讨 18 世纪之后有关历史与史学这种概念的变化，可以让我们认识历史或者史学概念的复杂性。
④ 这个名称应该是后来编辑者所加，取的是第一句话使用的词。国内学术界之前把该书书名翻译成《历史》，现在翻译成《原史》《纪事》等，突出其探究之义。另外，在外文本中，除了直接译成 histories 外，英文有翻译成 inquires，法语则译成 L'Enquête，也突出了其探究的意义。本书均采用《历史》的译法。

绪 论

理解纪事与历史的复杂性。① 希罗多德在其作品开篇就使用了这个词，弄清楚他使用这个词的意义，对我们理解纪事在西方古典中的意义很有帮助。按凯利的说法，"历史"的许多基本主旨在该书一开始就以后希罗多德（post herodotus）的意义出现了（凯利《多面的历史》，第37页）。希罗多德在一开始就提到此书的内容和他的目的，他说此书的内容是其"调查研究"（ἰστορίης）的成果，其写作目的既在于保存希腊人的业绩，同时又在于探讨其斗争的原因：

> 以下所发表的，乃是哈利卡纳苏斯人希罗多德调查研究的成果。其所以要发表这些研究成果，是为了保存人类过去的所作所为，使之不至于随时光流逝而被人淡忘，为了使希腊人和异族的那些值得赞叹的丰功伟绩不致失去其应有的光彩，特别是为了把他们相互争斗的原因记录下来。（徐松岩译文）

据此，Ἱστορία 在希罗多德处既有调查、研究之义，同时又有记录和保存之义，其关注点在于"原因"。同时，希罗多德也突出其书的重点是人类的行事，尤其是"丰功伟绩"，这也是其与现代史学的关注点明显不同的地方。人类事务，尤其是重大的政治事务是古典纪事关注的核心。希罗多德开创了西方的纪事传统，将西方纪事与调查研究、人类的行事等关联起来，奠定了纪事的基本原则。古希腊的另一位纪事家修昔底德，在其著名的《伯罗奔半岛战争志》中，也提到其写作该书与探讨政治事件的原因有关，这一点基本也成为后来纪事作品的旨归。古典纪事家在写作中，大多突出其对人类行事的关切，以及对原因的探讨。由此可以看出，西方纪事的产生与政治生活密切相关。

希罗多德虽然不信任诗人的说法，试图把自己的作品与诗人（尤其是荷马）在内容和方法上区别开来，但是希罗多德的纪事作品与荷马史诗有非常密切的关系。② 比如，希罗多德在"战争场景、英雄的气概、叙述方法和

---

① 参西塞罗《论法律》（1.5）。同时，这个说法又充满争议性，表明历史与虚构之间的复杂关系。
② 在前面开篇的引文中，希罗多德特别强调自己的作品是为了不淡忘（ἀκλεᾶ），其指涉的可能是《伊利亚特》（9.189）中阿喀琉斯歌颂的"人的伟大行迹"（κλέα ἀνδρῶν）。其最后一句有关原因的说法，又可能指向《伊利亚特》（1.8）荷马借缪斯之口问"哪位天神让他们两人（接下页）

· 3 ·

离题，经常使用直接引语、土语或者在节律上"模仿了荷马。①此外，希罗多德借用了荷马的叙述手法，也直接借用了荷马的一些材料。希罗多德明显是以荷马的后继者自居。在其之后的修昔底德，他的作品被认为是古典纪事的典范，类似于我们现代"科学"的历史。但是，如果我们细致分析修昔底德的作品，会发现它与我们现代意义上的"历史"仍然存在很大差异。修昔底德作品中突出"大"，而它的"大"主要指涉其战争和灾难，这一点与《伊利亚特》开头的陈述有类似之处。此外，修昔底德作品中也插入了演说辞，而这个演说辞明显来自作者的虚构。在修昔底德对瘟疫的描述中，可以明显看出希腊悲剧对他的影响。分析古希腊最早的纪事家希罗多德和修昔底德的作品，我们可以看出他们的作品与现代史学作品之间的明显区别，以及古典纪事与诗歌和修辞的密切关系。②我们暂时使用"纪事"来指称古典史学作品，也是为了突出古典与现代的区别。

　　古典纪事与现代史学有一些非常明显的区别。首先，古典纪事对编年的兴趣不大，而现代历史学则严格编年。其次，在对材料和文献的使用上，古典纪事吸收作者用过的材料，变成自己作品的内容。而现代史学则是从材料中产生事实。古典纪事的修辞源于史诗，将纪事家当成全知的，至少是有能力和可靠的叙述者。最后，古典纪事不是科学的和知识性的（所以现代的更适合被称为历史学，属于社会科学），而经常与政治事务相关，它试图建立典范，尤其是政治—军事的，或者伦理的典范。大多纪事家的典范都有教育目的或者政治目的，比如塑造统治阶层、提供分析

（接上页）争吵起来"。此外，《奥德赛》（1.3）中的"见识过不少种族的城邦"（πολλῶν δ᾽ἀνθρώπων ἴδεν ἄστεα），明显影响了他序言（1.5.3）的说法"见识种族的城邦"（ἄστεα ἀνθρώπων ἐπεξιών μ）。在后面讲到波斯战舰开到希腊（7.20.2—21.1）时，他又提到了特洛伊战争（参见 Woodman, A. J., *Rhetoric in Classical Historiography: Four Studies*, Areopagitica Press, 1988, p.2）。另外，有关希罗多德与荷马，可以参考刘小枫《巫阳招魂》的前言，其专门论述了希罗多德与荷马的关系。而国内对希罗多德的研究，亦可参考吴小锋编译的《希罗多德的王霸之辨》（华夏出版社2011年版），该书收录了拉夫劳普的《希罗多德、政治思想与史书的意蕴》一文，探究了希罗多德的史书（也就是本书所谓的纪事）的意蕴以及其如何提供教谕。

① Woodman, A. J., *Rhetoric in Classical Historiography: Four Studies*, Areopagitica Press, 1988, p.3.
② Woodman, A. J., *Rhetoric in Classical Historiography: Four Studies*, Areopagitica Press, 1988, pp.1—69. 伍德曼通过细致分析修昔底德作品开篇的陈述、对演说与行动的陈述，以及对瘟疫的描述，得出修昔底德极大受益于诗歌，并非我们现代意义上的"科学"的史学家的结论。

方式和行动范式（修昔底德式）；把某种品格当成一种范例，由此来作为道德评价的参数（比如塔西佗等的传记纪事）；或者建立民族或者集体的身份记忆（比如民族史学家）。①

"纪事"作为一种文体和一种写作活动，在古代并没有像现代史学这样基础性的位置。亚里士多德就认为，纪事的地位不如诗歌和哲学，这也是古典时期的基本共识。比如，我们知道柏拉图在《理想国》中发起的诗歌与哲学之争，引起了西方思想史上悠久的"诗辩"传统，但在哲学家那里没有发起过与"纪事"相关的争论。在《理想国》中统治者的教育序列中，有诗歌和哲学的位置，但没有纪事的。中世纪的"自由七艺"中，纪事也仅被归入修辞学。② 纪事在西方长期隶属于修辞学，与修辞关系密切。纪事除了求"真"之外，也表达赞扬和谴责。纪事的"真"不同于我们现代理解的真实，其更相类的意思应该是"不偏不倚"。有关纪事的"真"，最典型的表现就是纪事中的演说。在修昔底德的作品中，他专门提到其记录的演说，并非当时发表的实录，而是说出在各种不同场合必需说的话[《伯罗奔半岛战争志》(1.22.1)]。如果我们回到亚里士多德对诗歌与纪事关系的评价再来看，就会发现求"真"的纪事却不如"爱说谎"（希罗多德语）的诗歌，这的确耐人寻味。

有关纪事的地位，以及它与诗歌的关系，最有代表性的是西塞罗的说法。西塞罗在其《论演说家》中专门讨论了纪事的地位，但他是在演说家的立场上进行阐释的，他提到纪事是"时代的见证，真理的光辉，记忆的生命，生活的导师，古代社会的信使"[《论演说家》(2.36)]。但他没有专门撰写过纪事，他辩解是因为自己太忙，他也提到纪事的两种取向：一是专注古事；一是注意当代[《论法律》(1.8)]。他在其他修辞作品中也简要论及过纪事的问题，说到纪事关心的是远离我们这代人记忆所及的各

---

① Roberto Nicolai, "The Place of History in the Ancient World", in John Marincola ed., *A Companion to Greek and Roman Historiography*, Oxford: Wiley-Blackwell, 2007, pp.13–14.
② 有关中世纪的"自由七艺"，主要指"文法、修辞、辩证法、音乐、天文、算术、几何"，可参[美]瓦格纳编《中世纪的自由七艺》，张卜天译，湖南科学技术出版社2016年版。20世纪的海登·怀特在其《元史学》中也突出了历史的文学性质，参倪滕达《历史学对修辞学的偏见》，《史学理论与史学史学刊》2014年第1期。后现代学者也特别重视历史修辞，但却基于与古典纪事不同的旨趣。

种行为[《论取材》(1.27)]。① 他在《论演说家》中提到纪事的原则是不能不真实（ne quid veri, 2.15）。但是，西塞罗讲的纪事之"真"更类似于"不偏不倚"，并不同于我们现代所谓的"客观真实"。② 由此，在希罗多德、修昔底德以及后来的西塞罗的作品中，他们虽然以"真实"把纪事与诗歌明显区别开来，但仍然保留了纪事的修辞要素，认为纪事必须遵守"不偏不倚"这一原则。与探讨其内容是否"真实"相比，我们对西方古典纪事的认识，更要关注其"书法"，认识其如何理解和叙述人类行事。③ 这也是本书使用"纪事"这个词的原因，以区分于现代的"历史"学，保持其与现代史学的张力，突出古典纪事或者古典史学的特殊品质和关切。④

---

① 西塞罗在《论取材》(1.27)中认为与事件相关的陈述主要有三种形式：传说（fabulam）、纪事（historiam）与杜撰（argumentum），并且分别对这三者进行了简要介绍。传说的东西不真实，也无法证明；纪事关心的是远离我们这代人记忆所及各种行为；杜撰则是对可能发生的事情的虚构性解释。

② 参蔡丽娟、杨晓敏《论西塞罗的历史思想》，《中南民族大学学报》2011年第6期。蔡、杨文中称之为"公正"，但"公正"一词容易与"公平正义"混淆，而该词拉丁语是 ne gratia，英译为 impartiality，本书直译为"不偏不倚"。具体亦可参本书第二章第四节"西塞罗的纪事思想"。

③ "书法"一词，最初指古代史官修史，对材料处理、史事评论、人物褒贬，各有原则、体例。见《左传·宣公二年》："董狐，古之良史也，书法不隐。"刘知几的《史通·惑经》有："故知当时史臣各怀直笔，斯则有犯必死，书法无舍者矣"。笔者认为"书法"一词更切合西方的纪事作品。西塞罗在《论演说家》中，把纪事的"真实"当成其"地基"（fundamenta），但更突出了"建筑物"（exaedificatio），也即修辞。具体可以参本书第二章第四节"西塞罗的纪事思想"。

④ 现代对古希腊罗马"纪事"的观念很大程度上受雅各比（Felix Jacoby）的影响。雅各比将希腊纪事分成五个次类，以此来解释希腊纪事的发展线索，他认为最早的是"神话学"（即第一类），主要是给予不同的希腊传统以秩序及连续性，并且记录神话时代。其中以米利都的赫克特斯（Hecataeus of Miletus）的《系谱》（Genealogies）为代表。第二类是民族志，研究土地、人们以及他们的风俗和奇迹。他认为民族志也肇始于赫克特斯的《土地环游》（Circuit of the Earth），但最全面的民族志开始于他的《波斯志》（Persica）。第三类是编年史，始于莱斯博斯岛的赫拉尼库斯（Hellanicus of Lesbos）的《阿尔戈斯的赫拉女祭司》（Priestesses of Hera at Argos）。他在此书中将不同的事情按年记录，不仅记录了阿尔戈斯的事务，也记录了其他的希腊事务。他的作品并非地方的，而是泛希腊的，包括了希腊事务。雅各比认为最重要的一种次类是"当代史"（即第四类），他将其定义为："这些作家不受本土限制，叙述他们时代或者直到他们时代的普遍的希腊史。"他认为当代史有三个特点：一是主要叙述作者所处的时代，而不管它开始的时候；二是从希腊的视角来看待；三是以泛希腊的方式来对待，也即包含所有希腊而非单个希腊城邦。这种次类始于希罗多德《历史》的卷7—9，后来的修昔底德完善了当代史。他建立了赫克特斯—希罗多德—修昔底德这样序列的纪事系统。在修昔底德之后，当代史的作家要么写作单独的战争，要么对当代史进行编年，不仅关注具体的事务，（接下页）

绪 论

　　西塞罗从演说家的角度来理解纪事，并非其独创，而是古典时期的基本看法。不管在西塞罗以及同时代的撒路斯特、李维以及塔西佗处，还是在前面分析过的古希腊的希罗多德和修昔底德处，还是在后来的琉善（Lucianus）等处，都持有类似的看法。①这些纪事家都认为纪事的首要要求是不偏不倚的"真实"，而且他们都从修辞学的角度来理解纪事。纪事在古典时期更像是修辞学的分支，更类似展示型的演说。②

　　"纪事"这种文体在古希腊一开始就明显分成了两大派：一是以希罗多德为代表的"民族纪事"；二是以修昔底德为代表的"政治纪事"。③希罗多德的纪事主要探讨不同民族的风俗，后来的老卡图（Cato Elder）、瓦罗（Varro）、老普林尼（Plinius Secundus）等人也是如此，这一传统与现代史学中的文化史等关系更为密切。另一派则是以修昔底德为代表的"政治纪事"派，"政治纪事"关注人的活动尤其是重大政治事件的背后人的活动，探究政治事件背后折射的政治和哲学问题，试图通过政治事件来理解人类事务。修昔底德奠定了西方政治纪事的基本传统，如果要想理解西方政治纪事的特点，必须回到修昔底德。我们可以参考修昔底德在其作品

（接上页）而且关注特定的时间，比如色诺芬的《希腊志》。纪事家关注个体，但没有被其限制住。就当代史而言，又再分出亚类：战争纪事、连续史以及个体史。第五个次类则为地方志。地方志的特点在于，它有编年结构，关注具体城邦，不仅包括政治和军事事务，还包括了宗教、仪式以及"文化"材料。雅各比对希腊纪事的划分也影响到后来罗马纪事的划分（参 John Marincola ed., *A Companion to Greek and Roman Historiography*, Oxford: Wiley-Blackwell, 2007, preface）。但同时，我们也要注意到，试图用某种观念来限定纪事，会遇到很大的困难。我们尝试从其最初形态开始，大体划分成两大主要类型，分别以修昔底德和希罗多德为代表。

① 我们可以稍微对比下相关的陈述，比如撒路斯特提到的"因为我的灵魂已经从国家的希望、恐惧和党派中解脱"（《喀提林阴谋》4.2）；李维提到"至少在我一心一意地追溯往事时，我可以避而不见我们时代多年来目睹的弊端，并免去即使不能使纪事家离开真实，也会使他心绪不宁的忧虑"（prae. 5）；塔西佗提到"但是自称始终不渝地忠于真理的人们，在写到任何人之时都不应存个人爱憎之心"和"我下笔的时候既不会心怀怨恨，也不会意存偏袒，因为实际上我没有任何理由要受这些情绪的影响"（His. 1.1.3，Anal. 1.1.3）。此外，琉善在《如何写作历史》（*Quomodo historia conscribenda sit*）7 中也有类似说法，把"真实"当成不偏不倚。

② 伍德曼认为纪事、诗歌和演说都隶属于修辞学，而且它们三者并不能截然开开，而是互相影响、互相渗透的。

③ 两人的作品都与荷马密切相关，要么是接续荷马，要么是挑战荷马。在西方古典时期，纪事的产生和发展与诗歌关系密切。

一开始的说法："修昔底德，雅典人，于伯罗奔尼撒人与雅典人交战伊始，就着手记载这场战争。他从一开始即预见到这场战争规模宏大，比以前任何战争都更值得叙述。"他除了突出了其记载重点是政治的"战争"外，还突出了战争独特的价值。虽然两种类型纪事的关注的重点不同，但政治都是其关注对象。希罗多德的《历史》，又同时被冠以"希波战争史"的副标题，因为作品后面主要是叙述希波战争，这也表明它同样关注特别的政治事件，只是其更偏重"民族纪事"。由此而言，不管是希罗多德还是修昔底德，政治尤其是人类的行事都是其基本关切，人类的行事具有非同寻常的重要意义，这也是西方古典纪事与现代史学之间的不同所在。

本书主要按照纪事家的写作方式和风格来进行分类，这与现代史学的分类方式非常不同。历史在现代成了独立的知识对象，与写作者区别开来，它成了社会政治话语的基本对象。自文艺复兴以来，对历史则采用不同的划分方式：有按照时间来切分历史，如四个帝国的更迭，或者"古代、中古、近代"的分法；有按研究对象分门别类，分为神圣史、文明史和自然史；有按照形式范畴分类，分为普遍史和专门史；有按照撰述方式分类，将历史定义为叙事或者描述的艺术。从现代对历史的分类来看，历史的学科性质越来越明显，我们可以明显看到现代历史和古代纪事之间的差异。本书试图从古典纪事出发，探讨纪事在西方原初的形态，进而反思现代史学。

除了作为一种文体分类的政治纪事，本书的政治纪事还有另外一层意思。"政治纪事"中的"政治"，既是指由修昔底德开创的文体类型，主要记述当代发生的重大政治事件，以区别于希罗多德的"民族纪事"以及其他的编年纪事作品，同时也意在点明古典纪事的基本特点，也就是以"政治"为其核心和旨归。古典纪事主要关注政治事件，关注战争、权谋、媾和等，与现代的史学有很大差异。本书使用的"政治纪事"，主要指修昔底德开创的"政治纪事"，也用来指称以政治为核心关注的纪事，也就是我们现代所谓的"政治史学"。本书第五章中的讨论也将超出狭义的政治纪事范畴。本书保持了这种含混，也是为了呈现其张力。

二　希腊罗马的纪事

那不勒斯曾出土过一尊非常著名的雕像，它有两张脸：一个是希罗多德，一个是修昔底德；一个回望过去，一个展望未来。① 两者的合一正呈现了纪事的双重性和复杂性。正如前文所言，希罗多德和修昔底德分别代表了西方纪事的两大传统：希罗多德更关注古事与不同民族的特征，对异教民族的神秘性充满兴趣，它也孕育了后来18世纪的"文化史"。希罗多德的历史更加接近我们现代的历史观，但在根本旨趣上仍然与现代史学大异其趣。修昔底德则更关注当下，发生在自己身边的历史，他把战争当成其最为重要的关切，由此探讨政治事务变动的原因。本书依据这两位作家的特点，尝试把西方这两大纪事传统暂称为"民族纪事"与"政治纪事"。"民族纪事"关注民族特性，古老的事物等。"政治纪事"则专注于当代史，聚焦于特定的政治事件。本书将重点关注由修昔底德开创的西方政治纪事传统，以政治纪事传统的视角进入西塞罗与撒路斯特的"喀提林阴谋"。

如果依"民族纪事"与"政治纪事"两大阵营来划分，可以清楚地看到西方早期的纪事形态的分歧：希罗多德开创的民族纪事和修昔底德开启的政治纪事。② 当然这种分类是一个相当粗浅的分类，只是从其开端的不同方向进行简要的探讨。本书并非要详细梳理西方政治纪事，而仅择其要者而言。这两人对纪事的不同看法也在西塞罗和撒路斯特处得到回响。西塞罗更偏向希罗多德式纪事，而撒路斯特更偏爱修昔底德式纪事。希腊时期的纪事以修昔底德的《伯罗奔半岛战争志》开始，其代表作家作品还有色诺芬的《希腊志》、波里比乌斯的《罗马兴志》（也译为《罗马帝国的崛起》）、西西里的狄奥多罗斯的《历史文库》、狄奥尼修斯的《罗马古事纪》等。

前文说过，修昔底德开创了西方的政治纪事，他主要关注同时代发生的事情。作为事件的参与者，他曾经是一位将军，但后来被流放，晚年才回到雅典，开始撰述《伯罗奔半岛战争志》。③ 他的作品写到公元前411年

---

① 该雕像现藏于那不勒斯国家博物馆，本章参考书之一 John Marincola 编《希腊罗马纪事编纂导读》即用这个雕像作封面，凯利在《多面的历史》中也专门提及了这个雕像（参［美］凯利《多面的历史》，陈恒等译，生活·读书·新知三联书店2000年版）。
② 西塞罗在《论法律》（1.8）中也对纪事作过这样的划分：一种是专注古事；一种是关注当代发生的事情。
③ 有学者则从其经历来分析其作品，认为其被流放的事实导致其对雅典有明显的贬损，而偏爱雅典的敌人斯巴达。但这种理解明显是一种误解，我们可以注意到，在古希腊的知识人中，对斯巴达的钟爱随处可见。比如色诺芬和柏拉图在他们的作品中都表示过类似看法。

便突然中止，后来由色诺芬续写。该书仅有第一卷与历史的"考古"相关，涉及其纪事原则以及为凸显作品价值而写作的与荷马史诗的比较。作品的其他部分都在叙述他所参与的雅典与希腊同盟长达二十多年的战争。修昔底德的写作明显不同于希罗多德，他更关注自己那一代人以及希腊战争的直接经验，更关注雅典帝国的政治、军事方面，他调查和分析这些事情，以此来进行训导和启迪。修昔底德不同于希罗多德的地方还在于，他自称不直接引用传说和他人讲述的东西，而是更依赖自己的经历以及目击者提供的证词，并且经过严格的检验[《伯罗奔半岛战争志》(1.22.2)]。修昔底德通过记述这场自己参与过的"有史以来最伟大的战争"，探讨了人类的本性，通过战争这种剧烈的运动认识自然的人类，并称自己的作品是"永世瑰宝"。

　　修昔底德的写作后来由色诺芬承继。色诺芬的作品一直到 18 世纪都很受欢迎，但在后来却不受待见。色诺芬既模仿了希罗多德又接续了修昔底德。修昔底德的《伯罗奔半岛战争志》没有写完，由色诺芬接续，但他却以一种完全不同的风格进行接续。色诺芬是苏格拉底的学生，也是个高产作家。相比于母邦雅典，他对波斯怀有特别的兴趣，写作了《上行记》《居鲁士的教育》等涉及波斯的作品。除了接续《伯罗奔半岛战争志》的《希腊志》外，色诺芬的纪事作品中的《上行记》（又译为《长征记》），①讲述的是色诺芬自己参与了波斯王子居鲁士的征战，并且在居鲁士阵亡后，成功带领希腊人返回希腊的故事。这部作品以征战为线索，但其中融合了征战各处的民俗等，在风格上类似于希罗多德的《历史》。

　　在他们之后，希腊世界没有再出现大的纪事家。公元前 2 世纪的波里比乌斯接续了希腊的纪事传统。波里比乌斯的作品一般被认为是"实用主义"的写作。他与小斯基皮奥交好，对蛮族的历史产生了巨大的兴趣。其作品《通史》(*History*) 是他留给西方纪事的重要遗产，该书共有四十卷，但今仅存 1—5 卷，以及其他部分的片断。现存的部分又被命名为《罗马兴志》，主要关注罗马帝国崛起的几次战争，尤其是与迦太基的第二次和第三次布匿战争，从两次战争的情况来探究罗马崛起的缘由。在波里比乌斯看来，纪事的目的是为政治提供一般的教育和训练，包括对待命运和不

---

① 该书的标题是 Anabasis，直译就是"上行"。如果放在哲学视野下，结合柏拉图的"洞穴"，这一标题可能有着更丰富的内涵。

绪 论

可预测事件的可怕的考验方法。

　　罗马的政治纪事传统非常深厚，也极大地影响了后世的纪事写作，并且形成了蔚为大观的"罗马史"研究。罗马纪事的主要特点之一是对于罗马起源的探讨尤其是对罗马兴衰的解释。罗马的大多作品都会涉及罗马建城的开端，由此来探讨罗马强大和衰落的根源，这点成了罗马纪事的鲜明特点。不管是法学家、文学家还是纪事家，都喜欢把问题追溯到开端和起源。

　　罗马时期的纪事家则以撒路斯特、李维和塔西佗三大纪事家为代表，此外还有后来的马塞利努斯等人。在撒路斯特之前还有老卡图等人，他写下了《始源》（Origines），主要追溯罗马建城以来的历史以及意大利各民族的历史，但仅留有残卷。同样作为政治家的恺撒，也写作了《高卢战记》《内战记》等著作，但其中纪事的分量较少。撒路斯特则写下了《喀提林阴谋》《朱古达战争》以及《纪事》（涉及公元前78—前60年）。紧随其后的李维，被誉为纪事的奠基人（conditor historiae），他写下了巨著《建城以来史》，该书共一百四十二卷，不过现在只留存下来前面十卷以及21—45卷。该书从罗马建城开始叙述，一直到奥古斯都为止，跨越了四个半世纪。李维对其他民族的故事并不关心，也无意于关注文化和风俗，而是热心于与罗马兴起相关的道德品质。他不仅关注使罗马强大的战争，同时更关注德性，这也是罗马纪事家的共同特点。此外，李维的文本呈现出一种循环模式，奠基人和危机反复出现。这与他的写作方式有关，他想要在过去的伟大人物中寻找权威以及行为和道德的典范；他还把过去和现在联系起来，给予罗马史以某种延续性。李维的作品后来引起了意大利人马基雅维利的极大兴趣，他专门写作了一部《论李维》，作为其作品《君主论》的姐妹篇。

　　李维之后最重要的罗马纪事家是塔西佗，后者在当代学者中被认为是最伟大的罗马纪事家。塔西佗最有名的两部作品是《纪事》《编年纪》。《纪事》从作者年轻时代写到图密善（Domitianus）之死，而《编年纪》则是从公元14年写到公元68年，其中只有部分留了下来。与前面的作者讲述罗马的兴起不同，塔西佗开启了罗马的衰落模式的讲述。塔西佗也和之前的纪事家一样，非常关注罗马人的德性与罗马盛衰之间的关系。他的另外一部作品《日耳曼尼亚志》，就非常关注日耳曼美德的体现者阿尔米尼乌斯（Arminius），从而与罗马统治者形成对比。塔西佗通过罗马看到塑

· 11 ·

造历史的一种更大的人性模式，其承袭了修昔底德的写作模式，同时也开启了后来维柯以及马基雅维利的写作模式。塔西佗的写作和这种伦理政治模式相合，承袭了罗马纪事的传统，也影响了后来的纪事。塔西佗把纪事写作放入一个更广阔的时空中，试图达成对于当时和后世的教育。罗马的纪事以三大纪事家为代表，之后则鲜见有影响力的作家出现，塔西佗的传人马赛利努斯（Marcellinus）继承了塔西佗的写作，他生活在基督教统治下，却以异教的立场在罗马从事拉丁文写作。

从希腊、罗马纪事作品的管窥中，我们可以看到古典的纪事都特别关注政治生活以及人的德性，而人的德性影响了历史事件的发展，并且导致国家的兴衰。纪事的首要任务，就是探究这些人的德性如何与政治事务相关，命运又在多大程度上影响了政治生活，从而达成对后世人的教育。此外，纪事的追求之一还在于能够吸引读者，达成某种互动，这也是古典纪事的修辞特质，这点迥异于现代史学。从修昔底德开始，纪事作品中大量插入了作者创作的演说辞，既增加了作品的可读性和趣味性，又借此呈现了人物品格，这也成了西方古典纪事作品的典型特征。在这个意义上，纪事与修辞有非常密切的关系。

三 撒路斯特、西塞罗与罗马的政治纪事

西方政治纪事传统是一个非常宏大的问题，本书将主要集中于其中一个细微的点，以"喀提林阴谋"这一事件为切入点，通过细致分析"喀提林阴谋"的相关文献，来探讨西方的政治纪事传统，并且探讨纪事与诗歌和哲学的关系。同时，本书尝试梳理西方政治纪事传统，可以反过来在这一传统中看"喀提林阴谋"。"喀提林阴谋"这一事件至少涉及两部文本和两位作家，分别为纪事家撒路斯特的《喀提林阴谋》与政治哲学家西塞罗的四篇《反喀提林辞》。本书之所以选择这一事件作为突破口，至少基于两方面的考虑：一是罗马的政治纪事发达，形成了后来的罗马纪事传统，深刻影响了西方的纪事传统。撒路斯特作为罗马代表性政治纪事家，开启了罗马政治纪事传统，关注罗马早期的政治纪事更有利于认清西方的政治纪事状况。二是这一事件既涉及纪事家撒路斯特，同时也涉及古罗马共和国末期最重要的政治家和哲学家西塞罗，西塞罗虽然没有写作纪事，但他奠定了古典纪事的基本原则。这两位作家对西方的纪事传统都产生了

绪　论

重要影响。

西塞罗既是事件当事人，又是罗马政治纪事理论的主要奠基人。一方面，他作为事件当事人，于公元前 63 年时任执政官，成为喀提林的竞争对手，亲历了喀提林阴谋全过程，并且因为挫败喀提林阴谋成了"祖国之父"（pater patriae）、"共和国救星"。西塞罗在这一事件中发表的四篇《反喀提林辞》正是当时的一手政治文献。西塞罗在没有确凿证据的情况下，在元老院当着喀提林的面发表了第一篇《反喀提林辞》，借助演说辞的修辞力量，成功逼走了喀提林。在喀提林离开以后的第二天，又发表第二篇演说，进一步坐实喀提林的行为。在西塞罗发现了喀提林同伙意图谋害他以及勾结高卢人的证据后，又发表了第三篇演说。在针对阴谋分子的庭审中，他又发表了第四篇演说辞，支持对喀提林的同伙施以极刑，极大地改变了当时元老们的态度。在事件两年后，这四篇演说辞可能经过西塞罗的修改后才出版，并且被他置于他的"执政时期十篇演说辞"中的核心位置。这四篇演说辞包含了他对于该事件的认识与反思。另一方面，西塞罗也是当时乃至古罗马最著名的政治哲学家，他对该事件的认识和思考与对整个古罗马共和国末期的政治思考结合在一起。"挫败喀提林阴谋"这一事件在他后来的著述中不断被提及。西塞罗虽然没有写作纪事作品，但他却写作了《论共和国》《论法律》等涉及共和制度的政治作品，在其中探讨了罗马早期历史。此外，他又写作了《论演说家》《演说家》《论取材》等修辞学作品，在其中讨论了有关纪事的原则等问题，把纪事放在修辞学的视野之下，奠定了古典纪事的地位。他在这些修辞学作品中关注如何写作纪事，以及纪事的地位，甚至在其演说和其他作品中有意识地塑造罗马的历史。西塞罗关于纪事的讨论极大地影响了后来的纪事家，成为西方纪事思想的重要组成部分。本书关注西塞罗，既有助于我们从更宽阔的视角来理解这一事件，同时也可以认识西方的政治纪事传统。

前面提到，西塞罗对纪事的最大贡献在于他建立了古典纪事的基本原则。他虽然没有专门写作纪事，但他在《论共和国》中，以斯基皮奥（Scipio）的口吻，重新叙述了古罗马早期王政，既美化古罗马早期的历史，同时为共和制度提供借鉴，也以此来践行他提及的纪事原则。此外，西塞罗在后来给写作《意大利战争》的朋友路克凯乌斯（Lucceius）的信中，敦促他记述自己任执政官时的丰功伟绩，提出纪事原则：希望以英雄人物（即西塞罗自己）为中心组织事件，并且关注一人一事［《家书集》

(5.12.2)，该信译文见第84—86页]，他在信中也简要探讨了纪事的基本原则，后来在《论演说家》中更细化。除了给予纪事特殊的关注外，他还把纪事提高到"生活的导师"（magistra vitae）这一地位，从而把纪事的写作与政治生活甚至哲学联系起来。西方纪事的一些基本观念都承袭自西塞罗。西塞罗还进一步建立了纪事的三原则：第一是不可说谎；第二是不可不真实；第三则是不可偏私和怀怨［《论演说家》(2.15)］从而把"真"作为纪事的首要原则。但是，前文已经说过，西塞罗是站在演说家的角度来谈论纪事，他的"真实"与我们现代理解的真实有很大区别。西塞罗赋予了纪事修辞品格，这也成了西方纪事非常典型的特征。西方纪事既有真实记录的追求，同时又有吸引读者阅读的努力。文学修辞一直是西方纪事非常典型的特征，这尤其明显地体现在演说辞当中。

撒路斯特与西塞罗同时代，但比西塞罗稍年轻。他曾经在恺撒手下做事，受到恺撒庇护，所以也曾被认为是恺撒党徒。"喀提林阴谋"发生时，他不在罗马，并没有亲历这一事件。他的从政生涯并不如意，后来退出了政界，开始写作纪事（见《喀提林阴谋》的序言）。他的第一部作品《喀提林阴谋》大体开始于恺撒遇刺和西塞罗被杀之间（公元前44—公元前43年）。他虽然没有亲历喀提林阴谋的具体过程，但也从身边人那里了解到一些细节。他也和西塞罗一样都经历了古罗马共和国末期的混乱，见证了前三巨头和后三巨头时期的混乱。他的纪事写作明显带有对当时政治乱象的认识与反思。他一共留下了三部作品，第一部作品是《喀提林阴谋》，背景是发生时间最晚、离写作时间最近的所谓的"所见世"。撒路斯特把"喀提林阴谋"作为其思考罗马共和国衰亡的起点，通过"喀提林阴谋"展开他的追思。在此之后又写作了《朱古达战争》，关注公元前100多年时，在"所传闻世"时期所发生的罗马人与努米底亚人朱古达之间的"朱古达战争"。他最后写作了大概发生于公元前78年到公元前60年间，也就是"所闻世"的《纪事》，形成比较完整的对罗马衰亡的思考。由此，"喀提林阴谋"在撒路斯特那里，既是一个当代发生的历史事件，同时也是一个反思罗马共和国衰亡的思想事件。在《喀提林阴谋》中，作为事件最重要的当事人的西塞罗却很少出现在他的叙述当中，只被简要提及。他的重心落在其他人物身上，比如负面人物喀提林以及正面人物恺撒和卡图身上。撒路斯特借助这种方式，一方面解释了喀提林出现的个体及外在原因，另一方面通过庭审辩论，塑造了恺撒和卡图明显不同的形象，由此引

绪 论

出德性与罗马兴衰的关系。他以一种不同于西塞罗的视角来认识这一古罗马共和国末期的重要政治事件。

西塞罗的纪事观塑造了后来罗马的纪事观念，并且深刻地影响了后来的纪事，通过西塞罗的眼光，我们也才能更清楚地看到纪事中的问题。此外，从撒路斯特的政治纪事中可以看到后来政治纪事写作的一些模式和思考。本书从这两位作家切入，关注这两位作家的两部经典文本，这将有助于我们更深刻地理解西方政治纪事的传统。

本书将从五个方面展开。一是关注作为思想事件的喀提林阴谋，探讨其在西方思想史中的认知以及当前的研究重点。二是关注作为历史事件的喀提林阴谋、西塞罗与喀提林阴谋事件的关系，以及其作品的出炉等情况，并且简要涉及其中包含的重要争论。这其中的争论正与西塞罗处置喀提林分子所涉及的政治和法律问题有关，而这个政治和法律问题导致他五年后被政敌流放。三是关注撒路斯特与喀提林阴谋的关系。撒路斯特不是事件亲历者，而且被认为是恺撒党徒，却以"喀提林阴谋"开始其政治纪事，思考古罗马共和国衰亡。此外，其作品基本忽视西塞罗，却把最大的篇幅用于描写审判环节。虽然没有重点突出西塞罗，但也回应了西塞罗的问题。四是关注围绕"喀提林阴谋"而来的政治与哲学问题。主要涉及四点：其一是政治纪事由何而作的问题，它与政治危机密切相关；其二是必然与正义之间的冲突，涉及纪事与哲学的关系，这是从修昔底德而来的问题，也是政治与哲学之间的冲突；其三则涉及诗歌与纪事的关系，这既是文体之争，也是思想之争，本书将结合亚里士多德对此的说法来理解政治纪事的特点；其四是纪事中的德性与命运的问题，同样涉及政治与哲学之间的关系，是纪事中非常突出的问题，后来也形成基本的哲学问题。五则是简要展开历史探讨，从西塞罗和撒路斯特引出的问题出发，从古希腊开始探讨西方的政治纪事传统，在简要的梳理中，大体认识政治纪事经历了怎样的古今之变，从关注重大政治事件的政治纪事最后变成现代的史学。

本书关注围绕"喀提林阴谋"而展开的政治纪事，既探讨古典纪事的基本问题，也尝试探讨政治纪事的变化。古典纪事关注当代发生的政治事件，把政治事件当成其最重要的关切。现代史学则成了现代学术的前提，基本各种学科都成了某种意义上的史学：哲学成了哲学史，文学成了文学史，甚至史学也出现了史学史。现代的史学对政治事件没有特别关注，把它与文化史、经济史等而视之，同时也失去了对事件与价值的判断。此外，现代兴起的历史主义试图把所有思想观念还原到其历史背景中，对其价值判断付之阙如。现代史学的特点与现代哲学观念密切相关。经过现代哲学的洗礼之后，现代史学与古典纪事已经具有相当不同的旨趣。本书尝试在一个大背景中来简要探讨古典的纪事最后如何演变成现代史学的问题，其中核心的关注点就是属人的德性问题及外在于人的命运的关系。古典纪事家曾经尝试以纪事来认识和规约人类生活，这在现代则慢慢演变成某种历史理性，最终却又成为历史主义的观念。

最后，还要简单提及本书的方法论。本书主要进行跨学科研究，其首要原因在于这些作品在原作者那里并没有进入我们现代的学科视域，应该以尊重作者的方式来理解这些作品。本书并非简单把这些文本还原到历史当中进行解释，而是试图发现历史的吊诡之处：大多对历史的解释，反而来自对文本的解释。比如我们经常看到纪事家和研究者引用普鲁塔克的《西塞罗传》来解释古罗马后期的历史，但该作品中很大部分内容来自西塞罗的自述。之后其他的研究者，辗转采用后来纪事家的材料。自述者又有其自身立场的考虑，由此会让历史事实显得更加晦暗不明。但不可否认的是，历史文本有时拥有比所谓的"历史事实"或者"历史背景"更大的权威。我们所谓的"历史事实"和"历史背景"反而需要这些更为可靠的历史文献来部分还原，也需要对历史文本进行合理的解读。这也是本书的目标之一，通过对历史文本的适当解读，重新面对"历史事实"。由此，重新提起与修辞密切相关的"纪事"而不是现代带有客观意味的"历史"，可以彰显历史文本与历史事实之间的张力，有助于我们进一步理解我们的过去和自身。

第一章 思想史中的"喀提林阴谋"

第一节 历史与思想："喀提林阴谋"的面向

公元前63年12月3日傍晚，罗马元老院前面人声鼎沸。执政官西塞罗走出元老院，他稳步来到广场正中，以略显激动的声音向听众宣告，祖国和人民得到解救，阴谋分子已被抓获。他向在场民众发表了非常著名的第三篇《反喀提林辞》，报告自己取得喀提林阴谋罪证的经过。台下群情激昂，欢呼雀跃。这时的西塞罗，已经掌握了喀提林同谋者勾结高卢使节的证据，刚刚在罗马元老院举证了阴谋分子的阴谋，并让他们当庭服罪。西塞罗向民众披露，阴谋分子居然勾结了高卢人打算放火烧城；罗马城外，喀提林纠集了他的军队，准备趁罗马城内乱之际里应外合，共和国危在旦夕。西塞罗特别强调，正是由于共和国的幸运、诸神的爱护以及他个人的努力，这场恶行被成功制止。民众欢欣鼓舞，好像他们已经摆脱了被奴役似的。虽然一直以来，民众迫切希望通过一场变革来改善自己的生活。但是，当他们听说了阴谋分子准备焚烧罗马城的行径后，他们又暗自庆幸这场"战争"并没有来临。西塞罗发表演说过后，罗马城举行了盛大的庆祝仪式。西塞罗被民众护送回家，他也被称作"共和国救星""祖国之父"。这次被挫败的阴谋，就是西方历史上著名的"喀提林阴谋"。

喀提林是谁？他出身贵胄，体力和智力非凡，秉性却邪恶又堕落。他曾多次担任罗马共和国官职，但政治生涯劣迹斑斑。喀提林曾多次竞选执政官，却每每惨淡收场。公元前66年，他曾试图伙同一些人阴谋推翻共和国，因为事情泄露而失败，史称"第一次喀提林阴谋"。这个事件并没有多少证据，此事的真实与否也众说纷纭。① 但值得注意的是，撒路斯特在《喀提林阴谋》中虽然说不想为这个事情作出论断，他却特别记述了那一次阴谋，把这一事件穿插在喀提林的品格和喀提林阴谋中。在公元前66年，喀提林因为被指控勒索罪而被取消了竞选执政官的资格。② 当时，一个叫皮索的青年贵族，在12月5日那天密会和拉拢喀提林，谋划元旦当天在朱庇特神殿谋杀执政官，但因为喀提林提早发出信号，泄露了计划而失败。③ 皮索被元老院派往西班牙，最后被自己的手下所杀。撒路斯特虽然没有表明对此事的态度，但通过记述这件事情，也暗示了后来喀提林阴谋发生的必然。

喀提林曾经在公元前63年执政官选举中与西塞罗同台竞争执政官。当时西塞罗虽然各方面都符合执政官的资格，但他还是个"新人"（homo novus，祖先没有在罗马任高级官职），基本没有机会当选执政官。但是恰恰因为他的对手是喀提林，而喀提林劣迹斑斑，再加上他过激的政策在元老院和贵族阶层中引起了恐慌，导致他无法得到显贵们的支持。同时，喀提林的一个同伙泄露了喀提林阴谋的情况，导致贵族们更倾向西塞罗。但在此之前，贵族们认为，如果新人当选执政官，会让这个职位受到玷污。西塞罗由此顺利击败了喀提林，以"新人"的身份当选了公元前63年的执政官，这也是他政治生涯的巅峰。在第一年的执政官选举失利后，喀提林又打算竞选公元前62年的执政官，西塞罗则尽力阻止喀提林的当选。在喀提林意识到自己第二年当选执政官也无望之后，他模仿第一次阴谋时的做法，策划谋杀执政官西塞罗，甚至想阴谋推翻罗马共和国进而夺取权力。这部分原因在于他背负了巨额债务，还大量挥霍了自己的财产，他希望能够像之前那些苏拉老兵一样挑起内战，由此可以在获胜之后洗劫财物（撒路斯特《喀提林阴谋》，21）。撒路斯特在他的作品中更为详细地记载了喀提林阴谋的具体组织过程，甚至还不惜篇幅罗列了参与者的具体名字，指出参与者有广泛的社会基础。这个阴谋的参与者既有元老级的人物，也有各地的贵族，同时还有一些贵族以隐蔽的方式参与了喀提林阴谋，甚至还指向了克拉

---

① 有关"第一次喀提林阴谋"的真伪，学术界一直有争论，下文将有简单探讨，亦可参本书附录译文西格的《论第一次喀提林阴谋》。
② 这一说法来自撒路斯特，却受到学者的反驳，被认为是混淆了两次事件，公元前66年年底才发生了作者提到的勒索罪。公元前65年他才被控贪污罪，导致他错过了法定的竞选时间。
③ 苏维托尼乌斯的《罗马十二帝王传·尤利乌斯传》第九章有不同说法。

第一章 思想史中的"喀提林阴谋"

苏,虽然他曾经极力否认。另外,很多年轻人也参与了这次阴谋。

其实在公元前63年9月到10月间,西塞罗已经向元老院报告过,喀提林准备夺取政权的阴谋,并且召开元老院会议,商议决定推迟执政官选举。当时,喀提林也参与了这次会议,西塞罗在其一篇辩护词《为穆瑞纳辩》中对他的表现作了描述:"他竟扬言国内有两个身体,一个身体孱弱,头脑不灵;另一个健壮,但没有脑袋。只要他活着,这个身体理应该得到他的支持的话,它是不会缺少这个脑袋的。虽然元老院对他不满,但并没有作出什么决定。"后来在公元前63年下一届执政官选举时,西塞罗甚至还穿上了甲胄,当然喀提林最终没有当选。

公元前63年11月6日,喀提林在莱卡(Laeca)家中召开秘密会议,商量在第二天刺杀西塞罗并且攻占全城。骑士瓦尔恭泰乌斯(Vargunteius, L.)和元老科尔涅乌斯(Cornelius, C.)两人自告奋勇,准备借早上向西塞罗请安时,刺杀西塞罗。但西塞罗事前得到消息,得以幸免。他随之召开元老院紧急会议,元老院投票决定"执政官应该注意不使共和国遭受任何损害",也就是我们一般所称的"元老院最终指令"(SCU)。几天之后,喀提林甚至还来到元老院,西塞罗出于义愤或者害怕,发表了"对共和国十分有意义,非常精彩"(撒路斯特语)的第一篇《反喀提林辞》,提醒元老院,喀提林正策动一场反对罗马城邦的战争。他那时候并没有直接证据,他的提醒虽然没有得到元老们重视,但是在演说中警告喀提林,他如果不离开罗马,会面临处死的命运。喀提林想在元老院回应西塞罗,却遭到元老院的制止。在喀提林留下"既然我的敌人这样逼我,把我投入绝望的深渊,那我是会用一片瓦砾把烧向我的大火压下去的"的话之后,他连夜到了曼利乌斯(Manlius, C.)的军营。喀提林离开的第二天,西塞罗又向民众发表了第二次反喀提林辞,他用四个表示喀提林离开的词"离开了,退去了,溜掉了,逃跑了"(abiit, excessit, evasit, erupit),以表达他的激动之心。他在演说中向人民表明自己所做所为,再次谴责喀提林的恶行并且警告阴谋分子。

喀提林虽然离开了罗马,但他的同伙却留在城里,阴谋里应外合。这个时候,恰好高卢来了一个阿洛布罗吉斯(Allobroges)部族的使团。他们本打算到罗马控告罗马统治者对他们的压榨。阴谋者与他们联系上了,试图利用他们的反罗马情绪。高卢人在权衡利弊之后,最后还是决定通过他们的保护人法比乌斯·桑伽(Sanga, Q. Fabius)将这件事情通知

· 19 ·

了西塞罗。西塞罗则指示他们趁机取得确凿罪证。在高卢人获得他们亲笔书信的保证后，西塞罗派人在城外拦截使节，获得了书信罪证，同时逮捕了沃尔图尔奇乌斯（Volturcius, T.）。西塞罗随即召开元老院会议，逮捕了其他阴谋分子，在他们家里搜出了大量的武器，让他们在书信和搜查出的武器面前认罪。西塞罗在会议之后出现在广场，向人民宣告了这一事件，并转述了罗马元老院最后作出的决定。

两天之后，元老院召开会议，讨论如何处置阴谋分子。新当选的执政官西拉努斯发表建议处决的意见，得到大多数元老的同意。但是新当选行政长官的民主派恺撒发表了不同看法。恺撒提到祖先仁慈宽厚的美德以及当前的法律，反对处死的意见，认为元老院应该终生关押阴谋分子。这个时候，西塞罗发表了著名的第四篇《反喀提林辞》。他总结了恺撒的意见，支持西拉努斯的意见。随后，共和派的卡图出面发言，与恺撒针锋相对，提及当前的政治危机和祖先的行为，支持判处死刑。在执政官要求下，元老院进行表决，最终通过了处死的决议。西塞罗亲自监督了死刑。处决了阴谋分子后，西塞罗只说了一个词"Vixerunt"，用了过去完成时，指他们活过了。在此之后，元老院派出军队开赴高卢山区戡乱，最终剿灭了喀提林的军队。

因为挫败这次阴谋，西塞罗被赞以"祖国之父""共和国救星"的美誉，并且留下了四篇流传千古的《反喀提林辞》，后来他又专门编选了任执政官时期的十篇演说，命名为"执政官演说"，其中核心的就是这四篇《反喀提林辞》。他在后来的作品中不断地提及自己的这一丰功伟绩。在事件发生八年后，西塞罗写信给曾写作《意大利战争》的朋友路克凯乌斯，敦促他记述自己任执政官时的丰功伟绩，并且提出纪事原则：希望以英雄人物（即西塞罗）为中心组织事件，并且关注一人一事［《家书集》(5.12.2)］。① 但是，好友并没有回应他的请求。喀提林阴谋发生近二十

---

① 见西塞罗《家书集》（Ad familiares, 5.12.2）。见 Shacklton Bailey 选编《西塞罗书信选》(Shacklton Bailey ed., *Cicero: Select Letters*, Cambridge: Cambridge University Press, 1980, pp. 40 - 41)，以下为笔者译文，全文见第二章：

　　将喀提林阴谋与外敌的战争区分开来？就我的名气而言，我不认为它们会有什么影响；但我非常没耐心，我并不想你再等了，马上进入你的位置写作：我希望你开始从整体上把握那个时期的事件本身。如果你将全副心思关注一人一事，我能够发现，所有事件将会丰富而精巧。

年后,[①] 共和国业已轰然坍塌,年老的政治家西塞罗带着怨哀长眠地下。撒路斯特,这位曾两度被开除出元老院的"恺撒党徒"(蒙森语),将目光投向罗马共和国的这次危机,开始写作纪事《喀提林阴谋》,探讨罗马共和国的兴衰存亡之由。

在《喀提林阴谋》中,撒路斯特不仅记述了喀提林阴谋发生的背景和过程,更重要的是,他还探究了灵魂与身体、纪事意义、城邦衰落与个人灵魂变迁等问题,把喀提林阴谋这一事件放在更大的历史和哲学背景下。撒路斯特的危机纪事,不仅直面古罗马共和国的这次危机,而且涉及了政治危机与共和国覆灭的关系,以及背后隐藏的灵魂德性的重大问题,从事件本身上升到更深刻的思想层面,达到对"喀提林阴谋"的思想求索。

第二节 恶人与恶行:历史中的"喀提林阴谋"

"喀提林阴谋"一开始因为西塞罗的缘故,成了罗马末期著名的政治事件,但有关它的记述和书写却形成了一个思想事件。有关"喀提林阴谋"的第一手文献来自西塞罗的四篇《反喀提林辞》,这是事件亲历者在当时针对"喀提林阴谋"所发表的演说。这几篇演说在挫败喀提林阴谋中发挥了重要作用,同时又展现出演说者对该事件的思考,既有明确的政治目的和意图,又有超越当时的思考。稍晚的撒路斯特并没有亲历这一事件,他那时刚好在外,却在之后借助他人的材料撰写了有关此事件的详细记录。他们两位作家的作品,都不仅仅止步于反映这一事件,而是远远超出了事件本身。西塞罗把这一事件与整个罗马共和国的晚期政治困境联系在一起,试图通过对喀提林的攻击,唤起大家对罗马

[①] 有关《喀提林战争》的写作时间,学界一般界定在公元前44年到公元前40年,也就是恺撒遇刺之后,可参看中译本前言,见[古罗马]撒路斯特《喀提林阴谋 朱古达战争》,王以铸、崔妙因译,商务印书馆2009年版,第12页;L. A. MacKay, "Sallust's 'Catiline': Date and Purpose", *Phoenix*, Vol. 16, No. 3, 1962, pp. 181–194.

祖制的热情。① 撒路斯特更是把这一事件放到罗马共和国衰亡的背景下进行理解，并且借用了柏拉图的思想资源，在城邦与灵魂的双重背景下进行审视，给这一政治事件赋予了特别的思想价值。由此来看，我们对这一事件的关注，不仅在于事件的真实性，还在于两位作家的理解和认识，同时也要注意之后的作家对此的认识和理解。

西塞罗和撒路斯特对喀提林阴谋的关注重点不同。首先，他们对喀提林形象的描绘明显不同。西塞罗在其演说辞中把喀提林塑造成一个大恶人，一个叛国者的形象，他居然勾结高卢外敌，阴谋推翻罗马共和国。② 但在撒路斯特笔下，喀提林的面目却显得相对模糊。一方面撒路斯特指出其劣迹斑斑，品性极为恶劣。另一方面又在作品结尾处，褒扬了其军事德性。他率领将士勇敢面对罗马军队，没有人投降最后都战斗至死。③ 在撒路斯特那里，他从喀提林这个人物身上明显展现出罗马后期政治混乱的根源。其次，他们关注的主要人物不同。西塞罗站在喀提林的对立面，把自己作为善的一面而把喀提林作为恶的一面，正是自己所在的罗马元老院挫败喀提林阴谋，自己是其中最重要的人物。但是，在撒路斯特那里，他把对罗马共和国的思考体现在负面人物喀提林身上，而非体现在正面人物西塞罗以及恺撒和卡图身上。最后，在对正面人物的描述中，对于挫败喀提林阴谋最重要的人物西塞罗，撒路斯特只给了非常少的篇幅。他把大量的篇幅放在恺撒和卡图上，除了记录了他们的庭审演说外，还在之后对比了他们的德性。④ 按贝里（Berry）的说法，其实喀提林阴谋并没有多大的特别之处，它与共和国末期多次发生的混乱没有太多不同之处，甚至也很类似于公元前78—公元前77年雷皮杜斯（Lepidus）发起的事端，但因为它刚好发生在西塞罗任执政官那一年，并且促成了拉丁文学中最有名的作品之一《反喀提林辞》的出版。西塞罗将喀提林阴谋置于这样一个境地，不断地吸引人们去

---

① 在《致阿提库斯书》（2.1.3）中，西塞罗谈到他模仿德摩斯梯尼的《腓力演说》，将他的这四篇演说编入他后来编选的十篇执政官演说中，并且称它们是一个机体。亦参 Andrew R. Dyck ed., *Cicero*: *Catilinarians*, Cambridge: Cambridge University Press, 2008.
② 在贝里（Berry）看来，西塞罗对喀提林也有非常复杂的态度，他在公元前65年曾为喀提林辩护，在公元前56年的《为卡利乌斯辩》（*Pro Caelio*）中又称赞了喀提林（Berry, 153—155）。这与其在《反喀提林辞》中的立场相左。
③ 参 Wilkins, A. T., *Villain or Hero*: *Sallust's portrayal of Catiline*, Peter Lang Publishing, 1994. 作者分析了《喀提林阴谋》中"喀提林"这个人物相对模糊的形象。
④ 参 Berry 前言，见 Berry, D. H., *Cicero Political Speech*, OUP, 2006.

第一章 思想史中的"喀提林阴谋"

回忆和争论。西塞罗的演说在两年以后，经过他的重新修改才出版，很快就成为拉丁文学的重要代表作品。[1] 他的这几篇演说也是他的作品中被阅读最多的作品。其中几个非常著名的句子，比如"这是什么时代，这是什么风尚"（O, Tempora; O, Mores），以及前面讲到的"离开了、退去了、溜掉了、逃跑了"（abiit, excessit, evasit, erupit），不断被后世引用。西塞罗的《反喀提林辞》与撒路斯特的《喀提林阴谋》，使得"喀提林阴谋"这一事件千古闻名。后世对"喀提林阴谋"的认识，主要都来自这两位作家对这一事件的理解和塑造。

对于西塞罗而言，喀提林阴谋成了他政治生涯的一个特殊时刻。挫败喀提林阴谋是他政治生涯的巅峰，但同时也与他后来的政治起浮密切相关。他在后来的作品中多次提及自己的这一行动。仅仅在几年之后，政敌就攻击他未经法庭审判，处决了喀提林同伙。为了应对别人的攻击，他不断地宣扬和加强他处决喀提林阴谋分子的合理性，把自己任执政官当年的演说编选出版；陈述自己任执政官时期的所作所为；同时通过编选执政官演说，强化他的《反喀提林辞》的地位和价值。但在公元前58年，政敌最终还是流放了西塞罗，但他在次年即被元老院召回。所以，《反喀提林辞》在西塞罗的整个著述生涯中有着举足轻重的地位。对"喀提林阴谋"的评价和理解对于西塞罗来说至关重要。

西塞罗的《反喀提林辞》出版后，很快就进入罗马人的修辞学校，也成了撒路斯特的《喀提林阴谋》的主要资料来源。"喀提林"形象也随之很快进入罗马文学世界，虽然西塞罗先发表了《反喀提林辞》，定格了喀

---

[1] 对于该作品在公元前60年是否经过修改后再出版，很多研究者表达了不同意见。综合起来主要有三种意见：一是认为公元前63年就已经发表并且出版，也就是与我们所见类似，即便有修改，也只是少量，其中一个重要原因是当时见证人都还健在，西塞罗不能过于歪曲事实。二是西塞罗为了给自己辩护，经过比较重要的修改后再出版，其理由在于其非常完整和精致的修辞，不可能是即兴之物，但也可能是西塞罗之前已经写下来过。比如在《论演说家》中，就曾经提到好的演说家，在发表演说前，都是事先写就而非即兴演说。三是认为西塞罗省略掉一些内容后出版，大体的内容没有变化。现在比较主流的意见，认为没有修改，或者只有很少的修改。演说是否经过大幅度的修改会直接影响到我们的解读，进而影响到对当时情境和西塞罗的认识。本书基于两个理由认为西塞罗只作了一些很小的修改。其一是时间太近，西塞罗不可能完全不顾具体的情境，其二是西塞罗极可能是草就演说辞。本书尝试立足于现存文本来进行解释。相关的争论，可以参考巴特斯通（Batstone）的《西塞罗在〈第一演说〉中建立执政官的品格》以及本书附录的译文卡佩《西塞罗第四篇〈反喀提林辞〉中的政治修辞》。

提林的形象，但撒路斯特的《喀提林阴谋》明显对知识人有更大的影响。撒路斯特建立了个人与城邦的对应，以此来理解罗马共和国的衰落，极大地影响了后来的知识人。此外，西塞罗和撒路斯特分别代表了两种类型的语言风格，刚好形成对峙。撒路斯特的文笔、塑造的人物形象，还有他对罗马共和国衰落的理解都受到当时知识人的关注。撒路斯特文笔简约洗练，刻意带着古风，跟当时流行的绵密曲折繁复的西塞罗文风形成鲜明对比，被认为很好地平衡了西塞罗的文风。① 昆体良在他的《善说术原理》中，高度评价了撒路斯特，认为这位纪事家使得罗马纪事足以与修昔底德并驾齐驱。② 诗人马尔提阿利斯（Martialis）更将其称为罗马第一史家（14.191.2）。与他差不多同时代的纪事家李维，在其《建城以来史》中也明显有撒路斯特的影子。罗马帝国时期的纪事家塔西佗也极其推崇撒路斯特，有意识地模仿他简洁古拙的文风。③ 很多罗马作家也称赞和模仿他的文笔。如贺拉斯、塞涅卡就曾多次提到撒路斯特的写作并且效仿他的写作和解释模式。④ 瓦罗曾如此评价撒路斯特："撒路斯特的演说严谨朴素，在我们看来，他在纪事中包含并表达了监察官的观念……"公元2世纪，古风盛行，撒路斯特也特别受到追捧，盖利乌斯（Aulus Gellius）和弗龙托（Fronto）极为欢迎撒路斯特的行文，后者还是罗马皇帝奥尔留的老师。在哈德良时期，吉诺比乌斯（Zenobius）将撒路斯特的作品译成希腊语，足见撒路斯特在罗马世界的影响。对他赞不绝口的不乏其人，对其肆意攻击的也大有人在。苏维托尼乌斯在他的《论语法学家》（De Illus-tribus Grammaticis）里就提到有人攻击撒路斯特抄袭老卡图，说撒路斯特仅

---

① 参看罗曼（Roman）本序，见 Salluste, *Salluste Conjuration de Catilina Guerre de Jugurtha*, Paris: Les Belles-Lettres, 1924, pp. 17 – 18，罗曼还认为，恰恰撒路斯特的文体风格，使得他的作品能够在拉丁文学中独树一帜，而非单纯模仿卡图的语言。亦参中译本前言，第 75 页（此部分吸收了中译本王以铸的前言的部分材料，特此注明）。
② 昆体良：《善说术原理》（10.1、101），当然很多学者认为这仅仅是溢美之词。
③ [古罗马]塔西佗：《编年史》，王以铸等译，商务印书馆 2002 年版，卷三第三十章。对塔西佗与撒路斯特的研究可参看 A. J. Woodman, "The Preface to Tacitus' Annals: More Sallust?", *The Classical Quarterly*, New Series, Vol. 42, No. 2, 1992, pp. 567 – 568。
④ 对贺拉斯的影响，可参看 Paul R. Murphy, "Horace's Opinion of Sallust", *The Classical Weekly*, Vol. 37, No. 10, 1944, pp. 114 – 115。塞涅卡的说法可见《道德书简》（114.17）。

仅是"拾卡图牙慧",弗龙托也沿袭了这个看法。① 另外,两位史家李维和波利奥(Asinius pollio),对撒路斯特多有批评。不管赞也罢、贬也罢,撒路斯特已经成了罗马遗产一部分,其与西塞罗共同塑造的喀提林形象也深深嵌入罗马文学和政治当中。在维吉尔的史诗巨著《埃涅阿斯纪》中,喀提林已经作为一个邪恶的文学形象出现,在冥府的塔尔塔路斯,就影射了喀提林,在后面伏尔坎(Volcan)为埃涅阿斯做的盾中重述罗马历史,提到了"那些造孽受刑的人,其中有喀提林,挂在一块吓人巨石上,望着复仇女神们的脸瑟瑟发抖"②。后来,撒路斯特、维吉尔、西塞罗以及特伦提乌斯(Terentius),成了早期学校里最重要的四位拉丁作家,对应于希腊的纪事家修昔底德、诗人荷马、演说家德摩斯梯尼(Demosthenes)以及喜剧家米南德(Menander)。

撒路斯特同时也深刻影响了早期拉丁教父,其主要得益于撒路斯特在《喀提林阴谋》中给出的道德化的解释。撒路斯特的《喀提林阴谋》的一大特点就是,通过喀提林阴谋,提供了一种道德化理解罗马历史的视野,这一点被后来的基督教所承袭。我们现在对撒路斯特生平的了解出自哲罗姆(Jerome)所编的《年表》(Chronicle),他记述了撒路斯特的生卒年和一些逸事,并且称撒路斯特"最可靠"(certissimus),但据说哲罗姆尤以粗心和武断知名。③ 另外,撒路斯特的叙述笔法也影响了哲罗姆的写作。④ 奥古斯丁在《上帝之城》中称赞撒路斯特是"高贵真实的史家"(nobilitatae veritatis historicus, 1.5),更重要的是,他接受了撒路斯特对罗马共和国衰亡的解释。针对时人认为基督教导致罗马的羸弱,奥古斯丁解释道,

---

① 参看苏维托尼乌斯《论语法学家》第十章、第十五章,《奥古斯都传》第八十六章;Fronto, *Ad M. Caesarem*, 4.3.2。现代学者谈两者的关系的文章,可参阅 F. Deltour, "De Sallustio Catonis Imitatore", dissertation, Paris, 1859; A. Ernout, "Salluste et Caton", *Information Litteraire*, Vol. 1, 1949, pp. 61-65; D. S. Levene, "Sallust's 'Catiline' and Cato the Censor", *The Classical Quarterly*, New Series, Vol. 50, No. 1, 2000, pp. 170-191.

② 参《埃涅阿斯纪》(6.623, 8.668),他的形象与小卡图相反;另外,塞尔维乌斯(Servius)给《埃涅阿斯纪》所作的注释中包含了撒路斯特生平的一些情况。同时,西塞罗与维吉尔作品中的"喀提林"形象,可参 John J. Savage, "Catiline in Vergil and in Cicero", *The Classical Journal*, Vol. 36, No. 4, 1941, pp. 225-226.

③ 参 McGushin, P. C., *Sallustius Crispus: Bellum Catilinae. A Commentary*, Mnemosyne Supp. 45. Leiden, 1977, p. 1.

④ 参 Neil Adkin, "The Prologue of Sallust's 'Bellum Catilinae' and Jerome", *Hermes*, Vol. 125, No. 2, 1997, pp. 240-241, 以及 H. Hagendah 的有关哲罗姆与拉丁世界的相关研究。

并非基督教而是罗马道德的衰败才导致罗马帝国的毁灭。① 奥古斯丁对撒路斯特的解释也奠定了撒路斯特在中世纪的特殊地位。在中世纪,撒路斯特的两部作品《喀提林阴谋》和《朱古达战争》得到广泛的阅读。② 据说,在12世纪,撒路斯特作品流传的抄本就已经超过八种,当时的古典学者不得不开始重新整理撒路斯特的抄本。另外,"喀提林"的形象在中世纪也以传奇的形式在意大利邦国之间流传。③

文艺复兴时期,随着古典文明的复兴,撒路斯特同样受到极大欢迎,尤其在政治层面。处于"古今之争"节点的马基雅维利也部分模仿了撒路斯特的写作。他在《论李维》的核心一章"论阴谋"中提到撒路斯特的"喀提林阴谋",称"人人都读过撒路斯特的《喀提林阴谋》"。另外,他的《君主论》也隐约有《喀提林阴谋》的影子。④ 在1450—1550年间,撒路斯特是最知名的纪事家,即使到了17世纪,他仍然是名列前三的纪事家。⑤ 1559年,德国语文学家科勒(Coler)在他编订的《撒路斯特全集》致纽伦堡元老院的献辞中,挑战了当时的权威黎皮西乌斯(Justus Lipsius)对罗马史家序列的划分。科勒认为撒路斯特超过塔西佗,为第一史家当之无愧。科勒认为,撒路斯特谈及所有形式的政府和政制,他说:"在我看来,撒路斯特教导所有人,而塔西佗只教导一部分有教养(docti)的人。塔西佗只对'元首制'有用,而撒路斯特却有利于所有国家(res publica)。"在16世纪早期,撒路斯特的两部作品《喀提林阴谋》和《朱古达战争》助长了意大利邦国争取自由的意识以及北欧诸国有关政府统治的理念。布克哈特也认为,佛罗伦萨当时发生的阴谋就模仿了撒路斯特笔下的"喀提林阴谋",以争取自由的名义实施叛变,甚至连发动阴谋的方

---

① 参 McGushin, P. C., *Sallustius Crispus: Bellum Catilinae. A Commentary*, Mnemosyne Supp. 45. Leiden, 1977, p. 23.

② 参 Laistner, M. L. W., *The Greater Roman Historians*, University of California Press, 1963, p. 45.

③ Patricia J. Osmond, "Catiline in Fiesole and Florence: The After-life of a Roman Conspirator", *International Journal of the Classical Tradition*, Vol. 7, No. 1, 2000, pp. 3 – 38.

④ 参马基雅维利《论李维》I.5、I.46、III.6以及《君主论》IX。马基雅维利与撒路斯特的关系,可参 Daniel Kapust, "Cato's Virtue and the Prince: Reading Sallust's War with Catiline with Machivelli's Prince", *History of Political Thought*, Vol. XXVIII, No. 3, 2007; Benedetto Fontana, "Sallust and the Politics of Machiavelli", *History of Political Thought*, Vol. XXIV, 2003, pp. 86 – 108.

⑤ 见 R. Poidnault ed., *Présence de Sallust*, Tours, 1997. 此书介绍了撒路斯特在近代的接受情况,包含了20世纪的研究情况。

式都极其类似。①

到了16世纪后期,撒路斯特的作品被当时的学者以另一种方式解释,变成支持权威统治和公共审慎,由此可见撒路斯特作品的张力之大。文艺复兴时期同时伴随着一股反撒路斯特的暗流,后来影响了18世纪英美的政治思想。② 另外,撒路斯特的叙述体例也影响了法国作家的阴谋叙述,比如雷斯红衣主教(Le Cardinal de Retz)的《菲斯克阴谋》(Conjuration de Fiesque, 1665)、萨拉赞(Sarazin)的《瓦尔斯兰的阴谋》(La Conspiration de Valslein)、圣列亚尔(Saint-Réal)的有关格拉克人和威尼斯的阴谋的作品,乃至后来的孟德斯鸠、伏尔泰、里瓦洛尔(Rivarol)等都高度评价撒路斯特并且多次借鉴他的作品。此外,英国著名的剧作家、诗人琼森(Ben Johnson)也接受了撒路斯特的解释模式,创作了悲剧《喀提林》(Catiline, 1611),对当时堕落的道德风气进行猛烈攻击。③

到了法国大革命时期,"喀提林阴谋"也受到特别关注,但重点却发生了转移。据德穆兰(Desmoulins)的回忆,当他们阅读西塞罗的《反喀提林辞》时,他们的老师批评西塞罗想要统治罗马的意图。在大革命时期,这些古典作品的名字也用来指涉个人。在1792年的一次会议中,卢伟(Louvet)模仿了《反喀提林辞》,宣称有个当前的"喀提林"支持有权势的政治家来发起谋杀、纵火和劫掠,就像原来的喀提林那样支持恺撒。卢伟指的"喀提林"就是罗伯斯庇尔以及他们的有力支持者丹东。后者在一周后模仿了西塞罗的《为苏拉辩》(Pro Sulla)进行回应。

在1848年的三月革命中,喀提林的形象从犯罪分子变成了革命者的形象。其中最典型的例子就是古恩伯格(Ferdinand Kürnberger)的《喀提林》(Catiline, 1855),古恩伯格曾经参加了维也纳和德莱顿的起义并且被捕。在他的剧中,喀提林是一个理想主义者,追求自由和正义的社会,拒绝同伙谋杀西塞罗的建议,而西塞罗在这里则是个儒夫,其他元老则残酷

---

① [瑞士]布克哈特:《意大利文艺复兴时期的文化》,何新译,商务印书馆1979年版,第56—59页。
② 相关研究可参看 Rob Hardy, "A Mirror of the Times: The Catilinarian Conspiracy in Eighteenth-Century British and American Political Thought", *International Journal of the Classical Tradition*, Vol. 14, No. 3/4, 2007, pp. 431–454.
③ Ben Jonson, *Catiline*, Lincoln: University of Nebraska Press, 1973. 对于文艺复兴时期撒路斯特的政治影响可参看 Patricia J. Osmond, "Princeps Historiae Romanae: Sallust in Renaissance Political Thought", *Memoirs of the American Academy in Rome*, Vol. 40, 1995, pp. 101–143.

而腐化，只有卡图是值得赞扬的人物。作者对喀提林的理解，其实也是他们对 1848 年三月革命的理解。①

第三节　政治与修辞：现代"喀提林阴谋"研究

《喀提林阴谋》的现代研究始于罗马史著名学者蒙森（Theodor Mommsen），他开始了撒路斯特的政治解释，他的观点在罗马史界长期占据学术主流。后来随着政治研究式微，研究又主要细分成两大派：一派研究撒路斯特的思想源头，可以称之为"溯源派"；一派则关注作品的修辞，可以暂称之为"修辞派"。另外我们可以注意到，政治解释派、溯源派和修辞派这三派的研究形成了《喀提林阴谋》现代研究的主要方向，但其实都有其古典的来源。现代的撒路斯特研究虽然众多，但大体不超出这三派的范围。西塞罗的《反喀提林辞》与撒路斯特的《喀提林阴谋》的研究多有交叉，可以置于类似的研究视野之下。

一　蒙森、施瓦兹与政治解释派

对撒路斯特的现代研究肇始于蒙森。② 1856 年，蒙森在其五卷本的《罗马史》对《喀提林阴谋》的评述中美化了恺撒，③ 他称撒路斯特是"众所周知的恺撒拥护者"④。由于蒙森在学界的影响力，他批评撒路斯特的偏见，引起了学界的震惊。1897 年，施瓦兹（Eduard Schwartz）发表了

---

① "喀提林阴谋"在法国大革命的影响，可以参 Dyck, Andrew R., *Catilinarians*, Cambridge, 2008, pp. 15 – 16.
② 现代研究前面部分的文献综述主要录自 MacQueen 的博士论文以及厄尔的材料，并且依据笔者收录的材料补充，特此注明。亦可以参看蔡丽娟《论撒卢斯特史学及其政治倾向》，《世界历史》2011 年第 6 期。
③ Theodor Mommsen, *Römische Geschichte*, Vol. 3, Berlin: Philipp von Zabern, 1856, p. 177. 中译本由商务印书馆翻译出版。亦参 Earl, *The Political Thought of Sallust*, (Cambridge: Cambridge University Press, 1961, p. 2. 注：蒙森因为此书获得诺贝尔文学奖）。
④ Theodor Mommsen, *Römische Geschichte*, Vol. 3, Berlin: Philipp von Zabern, 1856, p. 177.

第一章　思想史中的"喀提林阴谋"

文章《关于〈喀提林阴谋〉的报告》，将所有赞同蒙森基本立场的观点，收集在一起并进行了扩充。该文形成了现在我们通称的"蒙森—施瓦兹"派，也就是"政治解释派"。[①]

这一派主要结合撒路斯特和恺撒的关系来展开论证，他们认为撒路斯特得到恺撒庇护，是恺撒的忠实党徒，他写下《喀提林阴谋》只是为了给恺撒的名声辩白。撒路斯特在写作中贬低了西塞罗在其中的作用，并且为恺撒开脱。施瓦兹还认为，西塞罗曾想让朋友写一部有关自己挫败喀提林阴谋的作品，撒路斯特的《喀提林阴谋》正是他对西塞罗这一要求的讽刺性回应。后来，罗森伯格（Rosenberg）也部分承袭了施瓦兹的看法，他认为撒路斯特的作品是公元前42年在屋大维的授意下写作，目的是为了抵制《有关他的决策》（De Consiliis Suis）的影响。[②]

在施瓦兹的文章发表后，"蒙森—施瓦兹"派论点统治了罗马史撒路斯特研究界数十年，同时也遭受到部分学者的挑战。法国的布瓦西耶（Boissier）并不认可蒙森提出的看法，他在1905年出版的《喀提林阴谋》中坚持认为，应该按照撒路斯特"序言"中的说法来理解他的意图。他认为，撒路斯特之所以写作这个作品，是因为政治中的挫折以及用另一种方式来追求荣耀。[③] 迈耶（Meyer）写于1918年的博士论文也不支持这个看法，他认为撒路斯特是个政治思想家和理论家，而非党派人士。[④] 两年之后，格布哈特（Otto Gebhardt）在他的博士论文《内战期间作为御用文人的撒路斯特》中，试图推翻"蒙森—施瓦兹"派的前提。[⑤] 不过，政治的解释受到冷落，要等到1927年的拜恩斯（Baehrens）和德雷克斯勒（Drexler）。[⑥] 德雷克斯勒认为，撒路斯特在写作中保持了客观性的原则，而非执着于政治立场。

[①] Eduard Schwartz, "Die Berichte über die Catilinarische Verschwörung", *Hermes*, Vol. 32, 1897, pp. 554 – 665.

[②] Rosenberg, *Einleitung und Quellenkunde zur römischen Geschichte*, Berlin, Weidmann, 1921.

[③] Gaston Boissier, *La Conspiration de Catilina*, Paris: Librairie Hachette et Cie, 1905.

[④] E. Meyer, *Caesars Monarchie und das Prinzipat des Pompeius*, Stuttgart and Berlin, 1918, pp. 348 – 363, pp. 377 – 383.

[⑤] Otto Gebhardt, "Sallust als Politischer Publizist Während des Bürgerkrieges", Ph. D. dissertation, Halle, 1920.

[⑥] Baehrens, "Sallust als Historiker, Politiker, und Tendenzschriftsteller", *Neue Wege zur Antike 4*, Leipzig, 1926; Drexler, "Sallust", *Neue Jahrbücher*, Vol. 4, 1928, pp. 390 – 399.

到1930年，斯卡德（E. Skard）认为，"恺撒主义"并非撒路斯特政治思想的源头，而是一种青年的热情。[1] 某些学者，例如德桑克蒂斯（George de Sanctis），[2] 仍然坚持认为撒路斯特是恺撒的辩护者，但到了20世纪30年代中期，"蒙森—施瓦兹"派基本上受到冷落。

"蒙森—施瓦兹"派的论点受到冷遇后，研究撒路斯特的风向主要分为两股：一股研究撒路斯特的思想来源；另一股则研究撒路斯特的修辞。

二 思想溯源派

在序言中，撒路斯特首要陈述了若干道德与哲学的观念，有些学者由此开始转向探索这些观念的源头，这一派可称为"溯源派"。泰森（W. Theissen）和格豪瑟（W. Gerhäusser）认为，珀斯多尼乌斯（Posidonius）对撒路斯特作品序言的思想与风格具有压倒性影响。[3] 由此来看，撒路斯特并非一个党派的小册子作者，而是一位深受珀斯多尼乌斯影响的廊下派纪事家。

1932年，埃格尔曼则强调，撒路斯特思想，看起来像廊下派哲学，实际上他接受的并非希腊的廊下派哲学，而是罗马人的严正。不仅如此，序言中的某些段落也让埃格尔曼想起了柏拉图的《书简七》。埃格尔曼据此主张，撒路斯特的序言其实是有意模仿柏拉图，拒斥政治生活。那么，撒路斯特就是柏拉图式的哲人，不过并非廊下士。但是，埃格尔曼的观点未被很好地接受。

舒尔（W. Schur）在1934年的《纪事家撒路斯特》中则认为撒路斯特受廊下派影响。舒尔认为，对于公元前1世纪的罗马思想，珀斯多尼乌斯有决定性的影响。他说，撒路斯特以民主派小册子作家的身份，开始其生涯，但受珀斯多尼乌斯的榜样启发，撒路斯特想以纪事来做更多的事。[4]

---

[1] E. Skard, "Sallust als Politiker", *Symbolae Osloenses*, Vol. 9, 1930, pp. 69–95.
[2] George de Sanctis, "Sallustio e la guerra di Giugurtha", *Problemi di storia antica*, Bari, 1932.
[3] W. Theissen, "De Sallustii Livii Taciti Digressionibus", Ph. D. dissertation, Berlin, 1912; W. Gerhäusser, "Der Protreptikos des Posidonius", Ph. D. dissertation, Heidelberg, 1912.
[4] Schur, *Sallust als Historiker*, Stuttgart: W. Kohlhammer, 1934, p. 2.

大体上说，舒尔及其追随者推翻了埃格尔曼的理论。但是，他们也难以让大部分学者们相信，珀斯多尼乌斯就是撒路斯特的榜样。针对所谓珀斯多尼乌斯的影响，埃格尔曼（Egermann）和盖尔泽（Gelzer）进行了还击。[1] 首先是珀斯多尼乌斯存世的作品过少，很难深入思考它们对撒路斯特的影响。此外，撒路斯特的思想中，有些方面并非廊下派的学说，比如他的二元论以及他着迷于荣耀。由此，舒尔的论断并不可靠。但是，大多数学者还是认为，撒路斯特在一定程度上受到廊下派思想的影响。

在证明各自主张方面，埃格尔曼和舒尔都经历了困难，这些困难也最终导致了学界对"溯源派"前提的攻击。拉特（Kurt Latte）和拉斯特纳认为，撒路斯特的思想过于折中与浮浅，不能把它等同于任何特定的哲学流派，拉特甚至认为撒路斯特只能是二流作家。[2] 他还引用了古罗马的昆体良的说法，昆体良曾将撒路斯特与高尔吉亚和伊索克拉底联系起来。拉特这一背景下评述撒路斯特的"序言与历史叙事毫不相干"[3]。埃格尔曼和舒尔都理解成昆体良认为序言与叙事并不相关。但是，拉特对昆体良的这句话有不同的理解：他认为，撒路斯特的政治纪事根本不是历史，而是修辞练习，毫无意义可言。拉特觉得，撒路斯特并未致力于将其道德看法统一成连贯的思想体系，拉斯特纳在序言中却只看到陈腐的对偶结构。[4] 如果撒路斯特的思想不值得重视，那么值得看重的就只有文采和修辞。

三　修辞派与政治派复兴

"溯源派"的没落也为解释撒路斯特的新路径留下了空间。面对政治立场以及思想来源等复杂的问题，学者们开始否认这些问题能够得到解决。由此，政治、历史和哲学的分析开始让位于文学上的修辞分析：他们

---

[1] M. Gelzer, "Nasicas Widerspruch Gegen Die Zerstörung Karthagos", *Philologus*, Vol. 86, 1931, p. 261；亦参 Egermann 对 Schur 的书评（F. Egermann, "Achur, Sallust als historiker", *Gnomon* 9, 1937, pp. 240–247）。

[2] Latt, "Sallust", *Neue Wege zur Antike*, II 4, Leipzig, 1935; Laistner, M. L. W., *The Greater Roman Historians*, University of California Press, 1963, p. 45.

[3] 昆体良：《善说术原理》（3.8.9）。

[4] Laistner, M. L. W., *The Greater Roman Historians*, University of California Press, 1963, pp. 52–53.

开始关注版本、词汇和风格问题。许多学者跟随珀希尔（Viktor Pöschl）、毕希纳（K. Büchner）、厄尔（D. C. Earl）和蒂弗（Etienne Tiffou）分析结构和语义学等问题。① 也有些学者研究撒路斯特与修昔底德的写作修辞之间的关系。

同时，一些学者试图复活对撒路斯特的政治解释。1943年，弗里茨（Kurt von Fritz）抨击撒路斯特的客观性问题，指责他为了党派政治的目的而歪曲真相。② 哈内尔（K. Hanell）则分析了撒路斯特的政治术语，发现这些术语与民主派的政治主张一致。③ 但希塔德勒（Wolf. Steidle）则为撒路斯特的客观性辩护。1958年，希塔德勒分析了撒路斯特的"历史场景"，他确信：关于罗马史，撒路斯特作出了一些重要的陈述。④ 希塔德勒强调，必须把两部政治纪事作品的叙事融入罗马历史的全面视野。

但是，复兴政治解释路径的代表是塞姆（Ronald Syme）的《撒路斯特》。⑤ 作为20世纪罗马史研究的翘楚，塞姆认为，撒路斯特厌恶"后三头"缺乏节制，他以苏拉（Sulla）为象征，间接攻击三头联盟。塞姆注意到，撒路斯特对恺撒和马略的态度有所保留，且含糊不清。由此，撒路斯特真正关心的是，党派林立的局面以及让罗马人鲜血频流的内战。由此，在他的纪事作品中，试图以恐怖的例子，说服同代人重塑政治生活。

麦克奎因（Macqueen, B. D.）接续埃格尔曼的说法，他认为柏拉图直接影响了撒路斯特的写作。他于1981年完成的博士论文《撒路斯特政治纪事中的〈王制〉》，专门探讨了撒路斯特笔下纪事作品中的柏拉图模式。作者认为撒路斯特套用了柏拉图在《王制》中提到的五种政治模式，并且在政治纪事中再现了政治制度兴衰与人的灵魂的关系，不落前人窠

---

① Viktor Pöschl, *Grundwerte Römischer Staatsgesinnung in den Geschichtswerken des Sallust*, Berlin: De Gruyter, 1940); K. Büchner, *Sallust*, Heidelberg: Carl Winter, Universitätsverlag, 1960; Etienne Tiffou, "Essai Sur la Pensée Morale de Salluste à la Lumière de ses Prologues", *Collection "Etudes et Commentaires"*, Vol. 3, 1974.
② Kurt von Fritz, "Sallust and the Attitude of the Roman Nobility in the Time of the War Against Jugurtha", *Transactions of the American Philological Association*, Vol. 74, 1943, pp. 134–168.
③ K. Hanell, "Bemerkungen zu der Politischen Terminologie des Sallustius", *Eranos*, Vol. 43, 1945.
④ W. Steidle, "Sallusts Historische Monographien-Themenwahl und Geschichtbild", *Historia Enzelschriften*, Wiesbaden, Vol. 3, 1985.
⑤ Syme, *Sallust*, Berkeley: University of California Press, 2002. 中译由生活·读书·新知三联书店于2020年出版，译为《萨卢斯特》。亦参K. Büchner, *Sallust Interpretationen in Auseinandersetgung mit dem Sallustbuch von Ronald Syme*, Stuttgart, 1967。

第一章 思想史中的"喀提林阴谋"

曰,让人有耳目一新之感。①

有关撒路斯特政治研究的著作,另外值得一提的是德拉蒙(Andrew Drummond)出版于 1995 年的《法律、政治和权力:撒路斯特和剪灭喀提林阴谋》,这书分为四部分:构架,恺撒演说,卡图演说,元老院最终指令与喀提林阴谋。② 这部书主要探讨在处理喀提林阴谋时,元老院的争论中涉及的政治和法律相关问题,尤其是"元老院最终指令"(SCU)在剪灭喀提林阴谋中的作用。

另外,由于政治研究的式微,撒路斯特的叙述手法和修辞也越来越受到学者关注。威尔金斯的《英雄还是恶魔》这部书注重撒路斯特如何塑造喀提林,作者从撒路斯特对喀提林以及同谋者的叙述中得出两个非常不同的喀提林形象。专门研究古典纪事修辞的伍德曼也讨论了撒路斯特和西塞罗对喀提林阴谋叙述方式的不同,这有助于我们进一步了解两人的叙述手法。③ 晚近,帕甘于 2004 年出版她研究罗马阴谋的作品,她首先提及《喀提林阴谋》,分析撒路斯特作品中的阴谋叙述手法,并且提到了当时的政治背景、撒路斯特的人称变换、撒路斯特如何塑造人物形象等,她认为撒路斯特利用了各种叙述手法来吊读者胃口,后面隐藏了他的政治意图。

关于 20 世纪对撒路斯特的研究取向,我们看看这个世纪的博士论文(见参考文献中的博士论文列表)以及研究撒路斯特作品的专著就可以了解梗概。20 世纪对撒路斯特的研究涉及撒路斯特的各个方面,涵盖历史观、政治意图、哲学、地理、叙述、文学技巧等方面,撒路斯特的形象也经历了纪事家、政治家、哲人、党派作家的多次转换,但他的面目仍然不清楚。近几年来,西方对撒路斯特作品的翻译仍然没有止歇,不仅再版了某些早期译本,同时也不断有新译本面世,撒路斯特研究仍然是古罗马研究中一颗耀眼的明星。

西塞罗是古罗马研究中的重点,其作品主要分成政治哲学著作、演说辞和书信三类。因为其研究太过庞大,梳理相关成果超出本书的研究范围,本书只涉及西塞罗《反喀提林辞》的相关研究。西塞罗的《反喀

---

① 中译本收入刘小枫编《撒路斯特与政治史学》,华夏出版社 2011 年版。
② Andrew Drummond, *Law, Politics, and Power: Sallust and the Execution of the Catilinarian Conspirators*, Historia Einzelschriften, Vol. 93, Stuttgart, 1995.
③ Woodman, A. J., *Rhetoric in Classical Historiography: Four Studies*, Areopagitica Press, 1988.

提林辞》虽然声名在外，但主要是以修辞文本的样式进入大众视野，而对其文本的学术研究规模和数量则远不如撒路斯特的《喀提林阴谋》。本书只简要梳理 20 世纪对《反喀提林辞》的研究概况。西塞罗的《反喀提林辞》只有很少的注疏本，笔者也没有发现专门的研究专著。戴克（Dyck）的注疏本是迄今为止对《反喀提林辞》最完整的注疏，提供了大量材料，详细注释了辞章，分析了演说中的修辞，并且辩证了一些史实。对西塞罗的这四篇演说的研究方向大体可以分成三类：一是关注西塞罗的政治立场和当时史实。西塞罗后来作为共和派的领袖，领导了共和国末期的斗争，其政治立场不像撒路斯特一样引起争议，其中涉及的问题主要是《反喀提林辞》的政治背景，其中的扛鼎之作是哈迪 1917 年的《回归语境中的喀提林阴谋——重新审视证据》，该文长达七十多页，详细分析公元前 66 年到公元前 63 年与喀提林相关的史实以及政治背景，试图辨正历代对此问题的研究。① 二是重点研究《反喀提林辞》的修辞。因为四篇演说在西方古典时期被作为修辞教材使用，所以对其修辞进行研究是主流。值得注意的是撒路斯特研究专家巴特斯通在长达五十页的论文对第一篇《反喀提林辞》进行的分析，他作为在修辞角度研究罗马作品的专家，注意到这一演说的含混性，特别分析西塞罗如何在第一篇演说中建立执政官的 ethos（品格）。② 里格斯比（Andrew Riggsby）重点分析了第二篇演说中的用词，尤其是语言的韵律。③ 卡佩则把重点放在了分析第四篇演说，并将这一演说置于当时的政治背景中，探讨修辞与政治的关系。④ 三是研究四篇演说相关的法律和政治问题。尤其以对"元老院最终指令"的探讨为代表。这个最终指令在西塞罗挫败喀提林阴谋中所起的作用，主要有以蒙森和拉斯特为代表的两种意见，斯特罗恩·戴维森、哈迪、阿伯特、博茨福德等人，要么偏向蒙森，要

---

① 不过值得注意的是，当时留下的材料极少，后来的历史学家对罗马共和国末期的重构最主要依赖的反而是西塞罗的书信和演说，这也是历史的吊诡之处。
② Batstone, "Cicero's Construction of Consular Ethos in the First Catilinarian", *Transactions of the American Philological Association*, Vol. 124, 1994, pp. 221 – 266.
③ Andrew Riggsby, "Form as Glocal Strategy in Cicero's Second Catilinarian", in D. Berry and A. Erskine, ed., *Form and Function in Roman Oratory*, Cambridge: Cambridge University Press, 2010, pp. 92 – 104.
④ 参卡佩《西塞罗第四篇〈反喀提林辞〉中的政治修辞》，译文见本书附录。

第一章 思想史中的"喀提林阴谋"

么与拉斯特类似。① 前者在《罗马史》中认为,西塞罗拥有元老院授予的"元老院最终指令",有足够的权力可以审判和处决阴谋分子;而拉斯特作为新近研究的代表,他在《剑桥罗马史》中认为,西塞罗的权力非常有限,并没有实际的权力。

在西塞罗的四篇演说辞中,第一篇《反喀提林辞》是其最著名的演说辞,也是学校中学习最多的演说辞,受到学者最多的关注,具有代表性。《反喀提林辞》被当成典型的修辞作品,学者们主要从修辞学的角度进行解读,但也涉及其他一些相关问题,包括我们前面提到的政治背景和政治法律问题。学者们对第一篇《反喀提林辞》的研究涉及很多问题,其研究状况也代表了对西塞罗《反喀提林辞》的研究路向。对于政治背景而言,第一篇演说在四篇演说中,涉及比较大的争议。学者们的争议主要在于该演说发表的背景,以及西塞罗当时是否掌握相关证据等。此外,西塞罗发表演说的时间,演说辞发表时是否修改过等,也存在争议,这些都是研究者的关注点。还有,对"喀提林阴谋"的研究主要来自对西塞罗演说的适当解释,不管是撒路斯特对"喀提林阴谋"的记述,还是后来研究者对喀提林阴谋的研究,都无法脱离西塞罗的言说。有关第一篇《反喀提林辞》,最有代表性的是巴特斯通的研究,他关注了西塞罗如何靠演说对喀提林和元老院形成压力,包括其演说的结构,其对自己形象的塑造,如何结合自己与元老院和共和国的声音,如何让元老院和喀提林沉默,等等。修辞研究是西塞罗四篇演说辞研究的主要方向,也是本书关注的重点。西塞罗的四篇演说辞中主要涉及的政治—法律问题,与"元老院最终指令"有关,其主要出现在第一篇演说中。西塞罗在演说一开始援引"元老院最终指令"的先例,表明可以处决喀提林及其同伙,但却在最后止步于驱逐喀提林,这也引出学者有关"元老院最终指令"权限的探讨,这些在前文已经有过简要介绍,不再赘述。

---

① 蒙森一脉的还有斯特罗恩—戴维森(Strachan-Davidson),他们都坚持这个法令给了西塞罗很大的权力,可以绕过元老院行使权力。拉斯特一脉的则有阿伯特(Abott)和博茨福德(Botsford)等人,他们通过西塞罗的文本分析,发现西塞罗极其谨慎地引用"最终指令",可以表明"最终指令"在法律上的困境。具体可以参 J. L. Strachan-Davison, *Promblems of the Roman Criminal Law*, Vol. I, Oxford: Clarendon Press, 1912; H. Last, *Cambridge Ancient History*, Vol. 9, Cambridge: Cambridge University Press, 1932.

四 "喀提林阴谋"在中国

撒路斯特和西塞罗的研究在中国尚处于起步阶段。中国的西方古典学研究主要受制于中国对西方古典学的翻译、接受和解释，也明显受到西方现代学术研究以及中国古典学发展的影响。中国的古典学研究虽然刚刚起步，但可以直接借用西方的研究成果，包括现代西方的翻译、注释和疏解的材料，起点较高。

撒路斯特的作品迄今为止只有王以铸和崔妙因译的《喀提林阴谋 朱古达战争》，由商务印书馆于1995年出版。译者王以铸为此译文撰写了长篇导言，吸收了英法译本的优势，详细介绍了撒路斯特的生平、当时罗马的政治背景、两部作品的内容、撒路斯特和西塞罗的关系等。但比较可惜的是，译者依据洛布的罗尔夫译本译出，并非一个好的编本。国内有关撒路斯特的研究，据笔者收集的材料来看，仅有一部专著、三篇学位论文以及散见的几篇论文。

撒路斯特的作品以"历史文本"进入中国学界，为史学界接受。国内学者编撰的有关希腊、罗马的历史著述中都会顺带提及撒路斯特，但主要关注其作为史家的历史观、发生在共和国末期的喀提林阴谋以及撒路斯特叙述方法等问题。[①] 此外，撒路斯特的写作也受到文学界的关注。王焕生在他的《古罗马文学史》中特别评价了撒路斯特史述中的文采以及高超的叙述能力。[②]

国内至今已经三部博士论文专门研究撒路斯特。第一篇博士论文是《萨鲁斯特的卡提林那阴谋》（东北师范大学，1995年），由王丽英以英文完成，其中包含了喀提林阴谋相关的一些问题（历史影响，撒路斯特作品的特点等）、英文翻译（译自牛津OCT本），以及她附上的180条注释。她的注释主要是历史背景的注释，基本无涉撒路斯特作品的义理。第二篇是梁洁于2007年完成的博士论文（亦曾分为多篇小论文发表于国内各刊物），后于2009年以《撒路斯特的史学思想》由中国社会科学出版社出版，

[①] 参杨共乐《罗马史纲要》，东方出版社1994年版；郭小凌《西方史学史》，北京师范大学出版社1995年版。

[②] 参王焕生《古罗马文学史》，人民文学出版社2006年版。

主要论述了撒路斯特在《喀提林阴谋》和《朱古达战争》中表达的历史观以及其叙述方法、后世影响等。第三篇是笔者 2012 年的博士论文《阴谋、政治与修辞——撒路斯特〈喀提林阴谋〉书法研究》。主要关注撒路斯特在《喀提林阴谋》写作中的书法问题，包括其结构、叙述方式、人物塑造等，也简要探讨了其思想资源。该论文尤其关注该书特别的两处叙述：一是大量离题引出的罗马古代史；二是恺撒与卡图的庭审辩论。值得注意的是，刘小枫主编的《撒路斯特与政治史学》中收录了晚近西方学界撒路斯特研究的四篇文章，这四篇文章从不同的侧面来理解撒路斯特，更全面地反映了撒路斯特在西方学术研究中的面貌。塞姆的《撒路斯特》（又译为《萨卢斯特》）亦于 2020 年由生活·读书·新知三联书店翻译出版，丰富了学术界的研究。

国内散见的几篇论文，主要是史学界的论文，其中蔡丽娟的《论撒卢斯特史学及其政治倾向》主要梳理了现代撒路斯特研究概况，并且简要涉及其政治倾向，其主要承袭了政治解释派的观点，认为撒路斯特是恺撒党徒，写作《喀提林阴谋》正是为恺撒辩护。笔者的论文《撒路斯特的立言》，主要分析了撒路斯特《喀提林阴谋》中的序言，探讨其写作此书的意图所在，不认可其为恺撒辩护的立场，而是致力于通过写作纪事获得荣耀，为罗马人的名声能够配得上他们的行动。

相比于撒路斯特的研究成果，国内的西塞罗的研究成果则要丰富得多。西塞罗的多部作品已经有中译本，不管是他的政治著作、哲学著作还是演说辞都有翻译。除了零星的作品翻译外，备受争议的《西塞罗全集》也在陆续出版。国内西塞罗的翻译主要集中于其政治哲学著作，如著名的"三论"（《论老年》《论友谊》《论义务》）和《论共和国》已有多个译本。国内对演说辞的关注相对较少。在王以铸和崔妙因翻译的《喀提林阴谋 朱古达战争》中，同时附录了西塞罗的《反喀提林辞》。此外，新翻译出版的《西塞罗全集·演说辞卷》中翻译了西塞罗的演说辞两卷，其上册翻译了《反喀提林辞》，但该丛书争议较大，批评较多。

西塞罗的《反喀提林辞》在西方是学拉丁文必备教材，在 19 世纪就已经有人出版了逐字解读的书，西方学界也出版了多部注疏本，但在中国的研究则刚刚起步。国内西方古典学研究才刚刚起步，还没有注释本和注疏本，也还没有细读《反喀提林辞》的作品，仅在有关西塞罗演说的研究作品中提到。比如，胡传胜的《公民的技艺》，关注演说家西塞罗的修辞学思想，其中简要介绍了西塞罗的四篇《反喀提林辞》。

第二章 西塞罗与"反喀提林辞"的修辞

第一节 西塞罗与喀提林

一 西塞罗的生平与演说

西塞罗（M. Tullius Cicero，公元前106—公元前43年），古罗马著名的政治家、演说家、散文家。公元前106年，西塞罗出身于罗马东南的阿尔皮努姆一个骑士家庭，受过良好教育。公元前80年代后期开始发表诉讼演说。最初的几篇演说触及苏拉的专权统治，西塞罗害怕报复曾去希腊旅居两年，在罗得岛师从著名修辞学家摩隆（Molon）。回罗马后，西塞罗于公元前75年任西西里财务官，后来沿罗马官阶逐渐升迁，直至公元前63年在共和派支持下以"新人"（homo novus）身份出任执政官。另一候选人喀提林因为竞选失利发动了阴谋，试图谋杀西塞罗并攫取共和国的权力。西塞罗挫败喀提林阴谋，得到"共和国救星""祖国之父"的美誉，留下了著名的四篇《反喀提林辞》。公元前58年，西塞罗被政敌克劳迪乌斯以未经法庭审判而处死阴谋分子的罪名流放，但次年即被召回。罗马共和国当时正面临严重危机，国家在风雨中飘摇。西塞罗竭力撮合庞培与元老院联手以抑制恺撒，在这期间写下了《论演说家》《论共和国》《论法律》等著作，阐述自己的共和政治观点。

公元前49年，恺撒带兵渡过卢比康河，正式挑起内战。西塞罗经过短期犹豫后倒向庞培阵营。不久庞培战败，恺撒允准西塞罗回意大利归顺其政权。西塞罗避居乡下写作，除了做些法庭辩护演说外，几乎完全退出

第二章 西塞罗与"反喀提林辞"的修辞

政界。这一时期西塞罗写了《学园派哲学》《廊下派的反论》《论神性》《图斯库卢姆谈话录》等著作。公元前44年3月，恺撒被共和派暗杀，西塞罗恢复共和政治的思想受到鼓舞。他模仿德摩斯梯尼反对马其顿王腓力的演说，连续发表了十四篇演说（通称《反腓力辞》），抨击恺撒派的安东尼，极力把恺撒的义子屋大维拉到元老院一边。年底，屋大维与元老院关系破裂，与安东尼和解，西塞罗恢复共和制的希望最后破灭。在安东尼的坚决要求下，西塞罗被列入"后三巨头"拟订的公敌名单。西塞罗取道海路赴马其顿，途中被安东尼的追兵杀死，头、手悬于罗马广场演讲台示众。[①]

西塞罗是个非常高产的人，他的著述极为丰富，传世作品主要分为三类：政治演说辞、政治哲学著作、书简。在西塞罗一生的著述中，演说辞占相当大的比重。他一共发表过一百多篇政治演说和诉讼演说，现存58篇（有部分残缺，大部分完好），一些是为自己辩护的，但大多则是攻击政敌的。比较著名的有《反维勒斯辞》（*In Verrem*）、4篇《反喀提林辞》、《为弥洛辩》（*Pro Milone*）、14篇《反腓力辞》等。政治哲学著作，大体又可分为道德哲学，如《论至善与至恶》《图斯库卢姆谈话录》《论老年》《论友谊》《论义务》《论神性》《学园派哲学》等；国家理论，如《论共和国》《论法律》等；演说理论，如《论演说家》《布鲁图斯》《演说家》等。此外，他还留下了900多封书信，包括致兄弟昆图斯、致好友阿提库斯和致其他亲友的书信等。

西塞罗是古罗马最著名的演说家，他一生中发表了大量的演说。西塞罗喜欢在演说发表后修订再出版，我们看到的大多数演说并非他最初的演说，而是修订后的演说。据卡西乌斯·狄奥（Cassius Dio）的说法，他的朋友弥洛在看到西塞罗发给他的辩护辞时，曾回信说如果西塞罗的确曾经发表过这样一篇辩护辞，他就不会在他的流放地马栖利亚（Massilia）吃鱼了（卡西乌斯·狄奥《罗马史》40.54）。

西塞罗在公元前63年当选执政官，挫败了贵族喀提林的阴谋，成了共和国的救星，这也是其政治生涯的巅峰。对于喀提林阴谋的真假，众说纷纭。西塞罗在当时证据不足的情况下，正是依靠他的演说，成功逼走了

---

① 参[美]麦克科马可《西塞罗如何捍卫罗马共和国》，吴明波译，载刘小枫、陈少明编《经典与解释：西塞罗的苏格拉底》，华夏出版社2011年版。

喀提林，并且得到罗马元老院的支持，团结了当时的民众。他的演说虽然发表于公元前63年，但经过他的修改后公元前60年才出版。后来，他还仿照德摩斯梯尼《腓力演说》(*Philippics*)，选出自己任执政官当年的其中十篇演说（还有两篇小短篇），这四篇演说位列其中。① 西塞罗也明确提到自己的十篇执政官演说是个 σῶμα［机体］[《致阿提库斯书》(*Ad Atticum*)，2.1.3]。

第一篇《反喀提林辞》演说是在元老院发表的，当时喀提林也在现场，西塞罗在一开始就以咄咄逼人的气势质问喀提林：

> 喀提林，到底你还要把我们的耐性滥用到什么时候？你的丧心病狂的行为还要把我们玩弄到多久？你的肆无忌惮的作风将要嚣张到什么程度？帕拉提乌姆夜间的守卫根本不在你眼里；到处都有的巡逻根本不在你眼里；人民的惊恐根本不在你眼里；所有正直的人的结合根本不在你眼里；元老院在这一防守坚强的地点开会根本不在你眼里；难道所有在场的人脸上的表情也根本不在你眼里？你不知道你的计划已经暴露？你没有看到，由于在场各位元老都已知道了这件事，而你的阴谋已紧紧地被制服住？你以为在我们当中还有谁不知道昨天夜里你干了什么，前天夜里你干了什么，你在什么地方，你集合了哪些人，你制订了什么计划？这是什么时代！这是什么风尚！（《反喀提林辞》1.1，王以铸译文）

在发表这篇演说时，西塞罗并没有直接的证据可以指控喀提林，但他试图在修辞上压制喀提林，让他以为自己的计划已经暴露，造成对他的心理压力，迫使他离开罗马。西塞罗在演说一开始，通过一连串的反问进行质询，表明自己和在座的元老们都已经清楚喀提林的所作所为。这样一来可以争取元老院对他的支持，也可以逼迫喀提林离开罗马。事实上，他也达到了目的，在这篇演说之后，喀提林当晚离开了罗马。在次日，西塞罗接着就对人民发表了第二篇演说。在演说中既庆贺喀提林离开了罗马，也威慑留在罗马的喀提林的同党。后来，在西塞罗获得喀提林同党犯罪证据的情况下，又向人民发表了第三篇演说，控诉他们的罪恶。在元老院讨论

---

① 西塞罗在信中只列举了十篇的篇名，但另外补了两篇，他称是有关土地法的片断。

如何处理这些危及共和国安全的阴谋分子时，西塞罗发表了第四篇演说，他认为这些人阴谋颠覆共和国，是国家的公敌，支持对他们施以极刑。

西塞罗见证了罗马共和国末期的风雨飘摇，他本人是当时政治领军人物，直接参与甚至影响了整个共和国后期的政治局势。除了四篇《反喀提林辞》外，西塞罗还有很多著名的演说辞，包括《为弥洛辩》《反维勒斯辞》《反腓力辞》等。西塞罗非常讲究演说辞的程式，对案情的叙述简明，论证充分，辩驳有力。在语言方面，西塞罗的词汇丰富，喜欢用长而又复杂的句式，句子结构严谨、层次清楚。西塞罗关注语句韵律，演说音调和谐、悦耳。此外，西塞罗知识广博，跨越文学、哲学、法律、历史等方面，他演说时喜欢引证历史故事、哲理格言、文学典故，以增强论证的说服力，同时利用大量排比、提问和反诘赋予演说磅礴气势。

西塞罗的演说真实地见证了当时的政治历史，是我们认识共和国后期政治的重要材料。同时，这些演说又是拉丁文学的经典文本。西塞罗以当时流行的口语为基础，形成了规范的语法结构和基本的词汇，使他的语言成为古代拉丁语的标准和基础。

二 公元前66—公元前63年的西塞罗与喀提林

对"喀提林阴谋"的理解，不仅要注意西塞罗与喀提林之间的关系，更要放在当时的政治背景中来认识，需要在克拉苏、恺撒以及庞培之间的政治角力中来看待。[①] 公元前67年，保民官科尔尼利乌斯（Cornelius）通过了一系列有利于民众的法律，后来公元前66年的保民官曼利乌斯（Manlius）继续了他的政策，而这两位都与克拉苏相关。曼利乌斯没有得到自由民和元老院的支持，他转而寻求扩大庞培的权力。恺撒当时正从他在西班牙财务官的任职上回来，在公元前66年当选了行政长官，意味着他和克拉苏可能走得很近。公元前66年当选的执政官明显站在民众一边而非元老院一边。他们很快被指控犯有受贿罪，导致秋季进行了一次选举，而喀提林想要成为候选人。这次选举不同于撒路斯特所说的正常选

[①] 本部分将结合古代的一些材料和现代的研究，大体梳理喀提林阴谋的背景以及与西塞罗之间的关系。其中有关第一次喀提林阴谋的内容，可见附录译文一，西格的《论第一次喀提林阴谋》。

举，而是第二次选举。

这个时候，西塞罗与喀提林开始在政治生涯中产生交集。喀提林作为贵族代表，活跃在政治舞台。这个时候的喀提林刚从非洲的财务官任命中回来，在他回到罗马前，来自非洲的使者已经开始对他的控告，通过了限制他的法令。当时的执政官询问元老是否接受他竞选执政官，得到的是否定的回答。同时也出于其他原因，喀提林被剥夺了参与竞选的机会。① 按哈迪的推测，克拉苏和恺撒可能用喀提林来与共和派的候选人竞争，而元老院想要制止他。当时的执政官最终以公共意见的名义剥夺了他的资格。

公元前66年12月，民主派遇到危机，几个主要的人物都受到指控，而共和派人士成功当选执政官，这也是所谓第一次喀提林阴谋发生的背景。当时，喀提林和骑士皮索企图在1月1日谋杀新当选的执政官。② 这也是所谓的第一次喀提林阴谋，我们在之前已经大体讨论过。但这次阴谋有一些疑问，比如元老院为何没有处理这些阴谋分子？甚至当时的执政官都为喀提林辩护？另外，皮索按阴谋分子的计划去往西班牙，又是元老院作出的决定。最终，这场所谓的喀提林阴谋并没有官方的意见，也没有人得到审判。导致这一事件众说纷纭。③ 各种说法都把这一问题引向克拉苏和恺撒，认为他们在背后支持了这一行动。因为克拉苏和恺撒与正在东征的庞培矛盾越来越大，他们很可能会支持喀提林一伙的行为以获取更大的权力。

到了公元前65年，克拉苏任监察官，恺撒任营造官，他们都要尽力抑制庞培的权力，并且争取民众的支持。他们想推动埃及成为罗马的行省，并且获得统治埃及的权力。这一年的选举，喀提林因为深陷贿赂丑闻，没有资格竞选。公元前64年相对平静，恺撒和克拉苏都没有明显的动作，而共和派也没有较有实力的候选人。西塞罗一开始并没有得到元老院的支持，这点从他的书信中可以看出来［《致阿提库斯书》(1.1.2)］，他

---

① 在这里哈迪有不同看法，他不同意撒路斯特的说法，他认为更可能的原因在于他谋杀马略（Marius）的行为（Hardy, 158）。他认为没有确凿证据表明喀提林参与了这些恶行，而且喀提林当时形象比较复杂，连西塞罗都说自己曾经把他当成好人，而不是撒路斯特所说的一开始就是比较邪恶的形象。后来的作家，包括普鲁塔克和阿庇安都受到撒路斯特的误导。
② 试比较撒路斯特、卡西乌斯（36.43）和西塞罗《着候选者托迦》(In Toga Candidate) 的说法。
③ 参苏维托尼乌斯《尤利乌斯传》(9)。

第二章 西塞罗与"反喀提林辞"的修辞

转而希望能够从庞培那里获得支持。而喀提林则寻找与安托尼乌斯（Antonius）合作，这人的名声不比喀提林好多少，他们两人可能都得到了克拉苏和恺撒的支持。撒路斯特也影射了喀提林与克拉苏之间的关系，他在《喀提林阴谋》（17）中提到这些：喀提林曾在公元前64年召集了一帮人，试图发动一场阴谋，并且对这些人分别作了谈话。他的目的不仅是获取执政官的职位，而且是要夺取国家。但这一事件被阴谋者之一的情妇富尔维亚泄露，因而没有得逞。并且，这一事件的泄露，以及其他线索，正好可能指向克拉苏和恺撒的联合，导致共和派元老们减轻了对"新人"西塞罗的敌意，最终导致他当选了公元前63年的执政官。[1]

西塞罗的当选导致民主派的计划被打乱。喀提林也视西塞罗为眼中钉，加紧了自己的步伐，召集了年轻人以及一些妇女。西塞罗又掌握了很多喀提林的证据，因而喀提林明显处于守势。在竞争下一年执政官时，喀林提可能得到了民主派的支持。他在公元前64年下半年和次年的上半年并不活跃［《西塞罗传》（12）］。在那段时间通过了一些有关债务的立法。民主派支持的人在保民官选举中失利。喀提林宣布继续竞选当年的执政官，并且开始了他的活动。西塞罗向元老院报告了可能存在的危险，促使元老院通过了SCU（"Senatus Consultum Ultimum"，元老院最终指令）。

西塞罗的《反维勒斯辞》给我们提供了有关执政官选举的材料，同时狄奥和普鲁塔克提供了很多的细节。喀提林虽然得到共和党人的反对，但他仍然有不少支持者。其中包括了原来苏拉的垦殖地以及意大利的农民，还有城里的老兵等（《喀提林阴谋》28），他们迫切希望有一个民主派的候选人（亦参第三篇《反喀提林辞》）。西塞罗则尽力阻止喀提林的参选。他先后主持通过了杜里亚法（Lex Tullia）［参普鲁塔克《西塞罗传》以及狄奥《罗马史》（36, 29）］。西塞罗试图推迟当年的执政官选举，其中一个重要原因在于他考虑到自己的安全。但是，元老院却不愿选举推迟太久，他们并不相信有针对西塞罗以及共和国的阴谋，而且取消了他的护卫。[2] 到选举的时候，西塞罗由朋友们和自己的门客包围着，保护他的安

---

[1] 哈迪则质疑了这一看法，他认为撒路斯特前置了这一阴谋的时间，以此来解释西塞罗当选的理由，见Hardy, "Cicero's Consular Speeches", p. 171. 他还怀疑撒路斯特的动机在于让恺撒能够从这一阴谋中抽身出来。他主要利用狄奥和普鲁塔克的材料。
[2] 对于这次选举是否被推迟，有各种说法。蒙森认为选举被推迟到了十月，但从现有的古代文献中难以得出这个观点。

全，他自己也在托迦下穿上了甲胄，还故意露出来。在公元前63年执政官选举时，喀提林又失败了，这次共和派的西拉努斯等两人获胜。在此情况下，喀提林加快了他的行动，一方面与罗马外的曼利乌斯（Manlius, C.）加紧联系，另一方面又在罗马城内联合相关人员，给他们分配任务并且给予不同的许诺。在11月5日晚，他们在莱卡家中集会，试图第二天谋杀时任执政官西塞罗，但被西塞罗提前得知，才有了西塞罗在元老院发表第一篇演说，把喀提林赶出了罗马。

从公元前66年到前63年的"喀提林阴谋"，既围绕着西塞罗与喀提林之间的关系展开，背后又牵到恺撒、克拉苏以及庞培这些后来的"三巨头"，以及共和派和民主派之间的政治角力，他们两人之间的关系可以看作共和后期政治斗争的一个缩影。

三 公元前63年后的西塞罗与"喀提林阴谋"

挫败"喀提林阴谋"是西塞罗政治生涯的高峰，也是其人生的重要转折。因为挫败"喀提林阴谋"，其达到政治生涯的巅峰，从而走上命途多舛的政途。按普鲁塔克的说法［《西塞罗传》（24）］，在挫败"喀提林阴谋"后：

> 西塞罗过度赞扬和夸大自己的功勋。无论在元老院、市民大会或者法庭召开会议，他总是要谈论喀提林和朗图路斯的事情，即使在他所著的书籍和文章中也充满对自己的赞美。他的演讲风格本来极其动听，现在为了时常颂扬本人，使得听者无比厌恶，这种令人唾弃的作风竟然像痼疾一样。（席代岳译文）

由此可见，挫败"喀提林阴谋"这一行动对西塞罗来说多么重要。挫败"喀提林阴谋"至少在三个方面影响了西塞罗。首先是影响了其后来的政治生涯；其次是影响了他对罗马政治和罗马政治人物的看法；最后是影响了他对自己一生的认识。

"喀提林阴谋"对西塞罗在罗马的政治影响很快就显现出来。虽然他因此获得了他人生中最高的荣誉，却又因为其中的瑕疵受到政敌攻击，很快经受到挫折。西塞罗在审判阴谋分子时，未经法庭审判，仅仅依照元老

第二章 西塞罗与"反喀提林辞"的修辞

院决议就处决了喀提林的同伙,这点后来被他的政敌克劳迪乌斯作为把柄所攻击。西塞罗是否有权处决阴谋分子,这点后来也成为一个争议点,本章将在第三节进行探讨。在审判阴谋分子的时候,西塞罗说自己就可以审判阴谋分子而不用依赖元老院(见第一篇和第四篇《反喀提林辞》中的说辞),但在后来却又宣称自己是在元老院的授意之下处决阴谋分子。在公元前60年,他的政敌克劳迪乌斯就开始利用这点攻击他,西塞罗也针对他的攻击进行回应,证明自己当初行为的合理性,他主要是通过舆论和书写为自己的行为辩解[1]:他首先把自己当年的政治演说都发表了,也就是我们前面所讲的执政官演说;用希腊语解释他当年的所作所为,这些内容后来被普鲁塔克所引用,成为其《西塞罗传》中的主要材料;以拉丁文写作有关他执政时期的诗歌(现在仅存的就是"Consulatus Suus")。这样也就引出一个争论不休的问题:西塞罗的《反喀提林辞》是当年他的现场演说,还是到了公元前60年,他想让别人认为他说了什么,这些演说只是一种政治修辞。西塞罗虽然为自己辩解,也有一些元老支持他,但是因为当时的政治环境,克劳迪乌斯得到了恺撒的支持,并且鼓动了平民,最终反对西塞罗的力量占了上风。西塞罗不得不离开罗马,克劳迪乌斯通过了流放法令。流放的这段时间是他最困顿的时候,包括之前他帮助过的人[包括西西里人维比乌斯(Vibius)和西西里总督维吉里乌斯(Caius Vergilius)],都拒绝援助他。他在此期间来到了希腊,日日遥望意大利,思考政治与哲学的关系[普鲁塔克《西塞罗传》(32)]。但是在次年,他旋即被召回,甚至连克拉苏都出城来迎接他。他回到罗马以后,在短暂离开政治生活后,投入到共和国后期的政治旋涡当中。也正是因为挫败"喀提林阴谋"给西塞罗带来了巨大的声望,他在庞培失败之后,成为共和派的首领,甚至在布鲁图斯杀害恺撒之后,他们就直呼"西塞罗"之名,并且推举他领导共和派。后来,"后三巨头"成立时,屋大维本想赦免西塞罗,却遭到安东尼等人反对,西塞罗最后为共和国献身。西塞罗因挫败"喀提林阴谋"而达到其政治生活巅峰,也把自己的一生献给了罗马共和国。

除了直接影响他自己的政治生涯外,"喀提林阴谋"也极大影响了西塞罗对罗马政治的看法。他对罗马政治人物的看法取决于他们在面对喀提林阴谋时的态度,以及他们对这一事件的态度。在公元前50年代后期,

---

[1] Berry, D. H., *Cicero Political Speeches*, OUP, 2006, p. 153.

他还为很多在当时帮助过他的人辩护。前面已经分析过,"喀提林阴谋"中有克拉苏和恺撒的影子。按撒路斯特的记述,克拉苏可能与此相关,但却没有证据。克拉苏也否定其与此相关(《喀提林阴谋》48)。此外,克拉苏也给了西塞罗他收到的匿名信,警告西塞罗可能面临的危险,以洗脱自己的嫌疑。另外,就共和派而言,他们把事件与克拉苏拉上关系,也是为了让他不会为这些人辩护。当时的共和派还试图把这件事情引到恺撒身上,但因为没有足够的证据。西塞罗觉得如果把恺撒和阴谋分子放到一起,非但不能定罪恺撒,反而可能导致阴谋分子逃脱惩罚。所以他也否决了共和派的想法。

此外,对于西塞罗而言,"喀提林阴谋"也是其生活中重要的思想事件。在西塞罗的多部作品中,可以明显看到喀提林阴谋的痕迹。他不仅在与友人的书信中多次提及自己的业绩,也曾敦促过朋友记述他的事业。比如在其与阿提库斯的信中,多次提到这一事件。他也在路克凯乌斯的信中,敦促他记述这一事件。在其他政治哲学著作中,他也把"喀提林阴谋"作为理解其个人和罗马共和国的重要事件和出发点。在其《论法律》中,在一开始他弟弟就提到他的这一事迹。在西塞罗晚年的作品中,更多的是思考共和国的问题,这与其对喀提林阴谋的认识不无关系。

由此来看,理解西塞罗眼中的"喀提林阴谋",以及"喀提林阴谋"与西塞罗之间的关系,既对理解古罗马后期的政治非常重要,同时对于理解西塞罗的整个生活和思想至关重要。

第二节 《反喀提林辞》的政治修辞

理解"喀提林阴谋"不能离开它的历史背景,但由于年代久远,对其历史背景的理解有着极大分歧,从我们前面对"喀提林阴谋"研究的梳理,就可以看出探讨历史背景和历史事实之艰难。更特别的是,后来对当时罗马共和国后期历史事实的解释反而极大地依赖于对这四篇演说的解读。后来的纪事家和研究者,大多也都只能从当时的文本出发还原历史事件和背景,而非相反。撒路斯特《喀提林阴谋》中的部分内容明显借自这四篇演说辞,而撒路斯特的作品又成为后来纪事家和研究者的重要材料。

第二章 西塞罗与"反喀提林辞"的修辞

本节将重点考察当时留下的一手文献,也即西塞罗的四篇《反喀提林辞》,试图通过解读文本来理解历史。

西塞罗的《反喀提林辞》既是政治文献,同时又是修辞作品。该作品在问世三年后,西塞罗正处于将被流放的特殊政治处境中,他重新修改和出版了这些演说辞。出版既带有自我辩护的意味,同时也带有西塞罗本人对晚期共和政治的认识。西塞罗既在演说辞中控诉喀提林及其同伙的阴谋行径,同时又塑造出一个公正负责、英明决断、为共和国鞠躬尽瘁的执政官形象,也通过演说简明地勾勒出当时罗马的政治格局。由此,我们阅读和理解这四篇《反喀提林辞》,至少要注意到其两方面的性质,既是系列政治文献,又是系列修辞作品。首先,这是一系列控诉辞,是当时政治事件的直接产物;其次,演说在西塞罗任执政官时发表,带有明确的政治意图;最后,演说辞并非即时出版,而是后来才出版,而且发表在特殊时期,必须考虑其出版的环境。由此,对于这四篇演说辞,既要结合发表时的政治环境,同时又得考虑出版时的具体环境,并且结合西塞罗的整体思想来理解。

据西塞罗后来的说法,他仿照德摩斯梯尼的《腓力演说》(*Philippics*),选出自己任执政官当年的十篇演说,这四篇演说位列其中。德摩斯梯尼发表这些演说,是想激励雅典人不要追求看似能给人带来愉快、安适和利益的事物,而应该把正义和荣誉看得比安全和自保更加重要(《德摩斯梯尼传》13)。西塞罗明确提到自己的十篇演说是个 σῶμα [机体],[①]并且向阿提库斯专门作出陈述:

> 你要记住你的同乡德摩斯梯尼在他所谓的《腓力演说》中的漂亮炫示,他成功地避免了讨论性的庭审演说出现在严肃的政治家角色之中。我觉得我最好也有一些称之为"执政官"的演说。这些是:1)一月一号发表于元老院的演说;2)向民众发表,论土地法;3)论奥托;4)为拉比里乌斯一辩;5)论被放逐公民的子女;6)辞去行省时发表的演说;7)我驱逐喀提林离开罗马时发表的演说;8)喀提林

---

① 在希腊文中,这词用来表示写下的文本,而且一般指有机统一体,可以参看哈迪(Hardy)的讨论。Hardy, "Cicero's Consular Speeches", in May James ed., *Brill's Companion to Cicero: Oratory and Rhetoric*, Leiden: Brill, 2002, p. 119.

逃离罗马后我向民众发表的演说；9）使节转变成控告人那天我公开发表的演说；10）12月7号在元老院发表的演说。①

以此来看，西塞罗这十篇演说有意模仿（或者挑战）德摩斯梯尼，它们不仅仅是庭议演说，而且还能让执政官看起来更庄严和更符合政治家身份（σεμνότερός τις et πολιτικώτερος）。② 这十篇演说都涉及特定的主题以及特定的听众，它们关注政治领袖要处理的更大范围的问题，从而呈现西塞罗的政治视野，塑造西塞罗身为执政官的形象。因而，对这四篇演说，我们既要结合当时的政治情势，又要同时结合他的整个十篇执政官演说来理解，将其当成西塞罗政治思想的载体。

这四篇演说中，其第一篇《反喀提林辞》与第四篇《反喀提林辞》相对来说比较重要，是典型的修辞作品，也都发表在元老院，本书将重点分析，其他两篇演说只做简要介绍。如果按亚里士多德《修辞学》中对三种演说辞的分类，其四篇演说集合了诉讼演说、议政演说和展示性演说。第一篇演说更偏向诉讼演说，但实际上元老院并非法庭，并非真正的控告；此外，此次的演说并没有产生政治行动，也没有产生辩论，此篇演说更应该归入展示性演说。第二、第三篇演说明显是展示性演说。第四篇演说是在元老院发表，偏向议政演说。但是，西塞罗只是作为主持人，没有直接表明自己的态度，而更多的是主持和陈述已有观点，其实也可以算作展示性演说。由此来看，这四篇《反喀提林辞》属于展示性演说，同时结合了诉讼演说和议政演说的要素。第一篇看起来是要控诉喀提林，但其实是通过演说逼迫喀提林离开罗马，第四篇讨论对喀提林分子的处罚，虽然作为主持人，但仍然隐晦表达了自己的态度。第二篇和第三篇是在广场上向民众发表，主要是材料性的演说。第二篇主要是介绍西塞罗如何安排城内的守卫以及如何分析喀提林同伙的组成；第三篇主要介绍西塞罗如何获得喀

---

① 见《致阿提库斯书》（*Ad Atticum*, 2.1.3），其中第一篇演说《论土地法》开头部分亡佚，完整保留下来的只有第二篇、第四篇以及四篇《反喀提林辞》。另外，这十篇演说没有收录著名的《为穆瑞纳辩》。对这几部演说的介绍可参哈迪（Hardy）的介绍。
② 有关西塞罗的这十篇演说的关系，向来有些争议。但我们可以结合《腓力演说》来理解，它们主要是主题上的一致，我们也应该这样来理解十篇执政官演说。西塞罗收录这些演说，排除了两篇著名的诉讼演说，却也包含了《为拉比里乌斯辩》（*Pro Rabirio*）这样的诉讼演说，因为它符合政治主题。参 Andrew Lintott, *Cicero As Evidence: A Historian's Companion*, Oxford: Oxford University Press, 2008.

第二章　西塞罗与"反喀提林辞"的修辞

提林在城内同伙的证据。但在他的这两篇材料性演说中，仍然可以看到其如何建立执政官的形象。西塞罗在公元前60年的书信中把这四篇演说纳入其十篇执政官演说当中，并且把它们当成一个有机体。可以说，这四篇演说除了都是对喀提林及其同伙的控诉外，另外一个共同点则在于它们都建立出了执政官西塞罗的形象。① 因为篇幅所限以及本书主题的缘故，本章只对两篇重点演说做一些简要探讨，主要分析第一篇和第四篇演说的修辞，其他内容将另撰文讨论。②

按亚里士多德的《修辞学》和后来修辞学的分类，演说的内容大体分为"序言""叙述""论证"和"结语"，除了这些基本内容外，还有"离题"。西塞罗的这四篇演说大体也以此分类，在下文会分别介绍，并且进行一些简要补充。同样，撒路斯特的《喀提林阴谋》也可以这样来分析。③可见，从修辞学的角度出发更可能接近古典的纪事。

一　第一篇《反喀提林辞》

西塞罗的第一篇《反喀提林辞》是其最著名的演说辞，也是其最富争议的演说辞之一。④ 西塞罗在没有确凿证据的情况下，通过这篇演说辞，成功逼走了喀提林。⑤ 这也是四篇《反喀提林辞》中唯一一篇喀提林在场的演说辞，也是实至名归的"反喀提林辞"。当时，西塞罗通过内线了解到，喀提林前一天夜晚在莱卡家召开秘密集会，密谋刺杀他，有两位元老自告奋勇，想在早晨请安的时候谋杀他。西塞罗获知信息后，将这两人拒之门外。他马上通知了元老院，并且召开了元老院会议，在元老院发表了

---

① 也即前面所言，西塞罗把这四篇演说编入其十篇执政官演说当中，皆与其形象相关。
② 有关西塞罗的四篇《反喀提林辞》，学者们有不同的争论，其中有一些学者认为西塞罗夸大了"喀提林阴谋"的重要性，以达到其目的。参 K. H. Waters, "Cicero, Sallust and Catiline", *Historia: Zeitschrift für Alte Geschichte*, Vol. 19, No. 2, 1970, pp. 195–215.
③ 有关撒路斯特《喀提林阴谋》的结构，可以参第三章第二节的内容。
④ 有学者甚至认为，在该演说中，西塞罗只是在骂街，无章法可言，但只要稍微分析，我们就可以发现其有高超的修辞策略，而且非常谨慎。
⑤ 也有学者认为，这篇演说起到的政治效果非常有限，西塞罗已经知道喀提林将离开。但是，巴特斯通认为，这篇演说最终促成了喀提林的离开，甚至是迅速地离开。即使他已经知道喀提林将离开，但演说仍然起到了非常好的效果。

这篇演说当场控诉喀提林的罪行。① 但他并没有确凿的证据，不少元老支持喀提林，甚至大多数元老怀疑西塞罗的说法。就当时情况而言，西塞罗想要流放甚至抓捕喀提林是很难的，最好的办法就是把他赶走，让他离开罗马。

这一篇演说在后来的研究中主要涉及四个争论：一是西塞罗在发表前是否预料到喀提林会出场？这决定了其演说是即兴演说还是书面准备。二是他一开始说要抓捕喀提林，但最后却只是以审慎的方式劝告他离开，这是修辞策略还是现实所迫？三是演说是为了针对喀提林，产生政治行动，还是它只是一篇自我展示的作品？四是这篇演说是否经过后来的修改？这几个问题涉及如何来理解这篇演说的性质，它主要是一篇控诉演说辞，还是一篇自我演示的演说辞？结合这些问题来阅读这篇演说，才能更清楚地看出它的修辞意味。②

西塞罗的四篇《反喀提林辞》中争议最大的就是第一篇演说，它也集中体现了其修辞策略，值得我们认真审查。第一篇演说争论较大，对其划分也多有分歧。本书对第一篇演说没有按照演说的结构划分，而是按内容分成六大部分，分别为序言（1—6a）；喀提林的计划（6b—13a）；喀提林的品格（13b—21）；喀提林不久的将来（22—27a）；西塞罗的自我辩护（27b—32）；结语（33）。③ 下面我们按内容来分析其中的修辞策略。

序言（1—6a）。演说一开始就非同寻常，也给人留下非常深刻的印象。他在一开始就通过一连串的排比和反问，营造出一种咄咄逼人的气势。④

---

① 对于时间，学者们有争议，有人认为是前一天，有人认为是更早一天。
② 克雷格（Craig）对该演说中提出了三个问题，参 C. P. Craig, "Three Simple Questions for Teaching Cicero's First Catilinarian", *Classical Journal*, Vol. 88, 1993, pp. 255-267. 这三个问题是：西塞罗为什么做这个演说？西塞罗想达成什么说服目的？要达成这些目的，西塞罗的困难在哪儿？
③ 此处的划分参考巴特斯通的划分，参看附录译文。如果按戴克（Dyck）依据演说的结构进行的划分，分别为序言（1—2），离题一（3—6），叙述（7—10.4），论证（10.5—27.3），离题二（27.4—32），结语（33）。两人划分的分歧主要在前面部分。此外，有几个学者提供了不同的划分，具体可参巴特斯通的论文。
④ 前面说到，西塞罗向元老院报告他遭遇的危险，可能没有料到喀提林会在现场，其开头部分严整的结构让人生疑，这也是有学者认为此演说经过修改的原因。另外，也有学者认为，西塞罗确定喀提林会出现，这是一篇专门针对喀提林写作的演说。有关喀提林是否会出现的问题，也有一些争议，可以参巴特斯通的观点，他认为西塞罗希望喀提林出现，从而逼他离开罗马。也有学者认为，这是一篇应急演说。参 Andrew R. Dyck ed., *Cicero: Catilinarians*, Cambridge: Cambridge University Press, 2008, p. 63.

第二章 西塞罗与"反喀提林辞"的修辞

他先用了三个短小的反问,使用了不同的疑问词和动词。西塞罗很会把握"情感",在一开始就对喀提林进行谴责,同时又激发起元老听众的感情。他在谴责喀提林的同时,又把自己和元老们放在一起,显得自己和元老们都已经熟知喀提林的所作所为,孤立喀提林,造成喀提林的心理压力。西塞罗既在身体上孤立喀提林,又在精神上孤立喀提林:

> 喀提林,到底你还要把我们的耐性滥用到什么时候?你的丧尽病狂的行为还要把我们玩弄到多久?你的肆无忌惮的作风将要嚣张到什么程度?

西塞罗的第一句话"quo usque tandem abutere, catilina, patientia nostra"就是典型的修辞策略,撒路斯特在喀提林的演说中戏仿了这个开头(《喀提林阴谋》20.9)。[①] 西塞罗使用耐性(patientia),突出喀提林一再挑战他的底线,以及他之前的隐忍,也为后来他陈述自己的行为和喀提林的行为做好了铺垫。

在谴责了喀提林和搅动了听众情绪之后,西塞罗接下来使用修辞学中的"例证"(examplum)来进行说服(参昆体良,5.11.1;亚里士多德《修辞学》1429a21),列举了处罚喀提林的罗马先例,把自己与喀提林对立起来,为自己的整个行动奠定基调。他在此处分别使用了四个例子:第一是斯基皮奥杀死了提比略·格拉古;第二是阿哈拉杀死了梅利乌斯;第三是盖乌斯·格拉古;第四是马略和瓦列里乌斯杀死了撒图尔尼乌斯和赛尔维利乌斯。西塞罗这四个例子既突出了他处罚喀提林有法可依,同时又可以唤起人们对于共和国危难的认识,由此也树立起了自己维护共和国的形象。他在列举这些例子之后,建立了看待喀提林的视角。他把自己与喀提林的对立建立在前面列举的历次事件的背景之中,突出了好和坏、善行与恶行的对立,把他们之间的关系变成了好和坏的德性之争。接下来,他又描述了喀提林带来的危险,这种危险来自两个方面:一是城内的危险;二是城外埃特路里亚的危险。

他在一开始就通过三个方面突出自己处理喀提林的合法性:一是援引

[①] 有关撒路斯特对西塞罗的模仿,可以参 Innes, D. C., "Quo Usque Tandem Patiemini?", *Classical Quarterly*, Vol. 27, 1977, p. 468.

祖制，提及祖先曾经多次严厉处理了背叛祖国的公民，他们曾经拥有的证据还远远不足西塞罗现在掌握的。二是他也像祖先一样获得了元老院的命令（也就是之前元老院通过的 SCU "元老院最终指令"）。前两个都是理论前提，西塞罗以此表示自己完全能够遵从祖制对喀提林处以极刑。三是现实处境，也就是共和国当时所处的危机，在城外已经有人集结军队，城里有人试图放火杀人，摧毁共和国，这也是后来卡图提议对阴谋者处以极刑的理由。

西塞罗在给出自己拥有处罚喀提林的不容置疑的合法性之后，反而在行动上又退一步，催促喀提林离开罗马。他还指出了他之所以退步的一个原因，不是正派的人说他迟缓，而是因为有人说他残酷（crudelius）。这个说法很可能指涉的就是恺撒的观点，后来也有人批评西塞罗残忍。在《喀提林阴谋》中，恺撒的发言中就多次提到对阴谋分子的处罚太过"残酷"。这背后也涉及西塞罗在罗马的政治处境，他作为"新人"并没有很强的政治根基。此外，在元老院里大多数元老也不相信西塞罗的指控，只有喀提林离开并到了曼利乌斯的军营，才能坐实喀提林的罪行。西塞罗虽然说喀提林迟早会被处死，却建议他当前最好离开罗马，并且进一步指出他离开罗马的必要性：执政官西塞罗非常清楚他最近的所作所为，甚至知道他哪一天在哪里做了什么事情，并且提到自己每次都提前做好准备进行应对。以此表明喀提林留在罗马试图起事的可能性已经没有了。①

接下来的内容（6b—13a）是介绍喀提林的计划，也是演说中的"叙述"（narratio）部分。诉讼演说必须展示相关的证据。这部分要求简单、准确并且呈现可能性（brevis, aperta, probabilis）。西塞罗接下来详细地提到前一天晚上发生的事情，介绍了喀提林的计划和他的应对措施。他向元老院介绍他们在莱卡家聚会，并且指出他们具体的计划和行为，让自己的演说听起来"真实"而又具有"可能性"。西塞罗列出的事件既具体，同时在时间上又密集，显示出喀提林的恶行步步为营：10月27日武装曼利乌斯；10月28日杀死重要人物；11月1日占领普列涅斯特（Praeneste）；11月6日或7日在莱卡家聚会，分配了意大利各地

---

① 对于西塞罗的"退步"，也有一些争论。一方面可能是因为西塞罗明知自己的证据不足，另一方面也可能是其演说策略。先提出一个非常严厉又似乎合理的处罚，再给出一个轻一点的处罚，这样会更好地让人接受。巴特斯通则认为，这与其演说的目的相关，抓捕或者逼走喀提林并非该演说最主要的目的，其最主要的目的在于对执政官西塞罗个人形象的建构。

第二章 西塞罗与"反喀提林辞"的修辞

区并且打算谋杀西塞罗。他的这个说法可以产生直接效果，这既针对喀提林，同时也针对元老。他提供的这个信息既让喀提林认为自己在罗马的行为已经受到监视，再待下去已经没有意义；同时也让当场的元老了解喀提林的恶行。他适时喊出："不朽的诸神啊！我们究竟在什么地方？我们这里是怎样一个共和国？我们是生活在怎样一个城里？"（O di immortals! Ubi nam gentium sumus? Quam rem publicam habemus? In qua urbe vivimus?）这也是一个非常著名的句子。他通过这些反问试图唤起元老们对国家的感情，再一次催促喀提林离开罗马，并且敦促他把自己的人带走，这样的好处是能够把喀提林及其同伙与其他正派之人隔开。既加强了喀提林及其同伙与西塞罗和其他元老之间的对立关系，又进一步证明自己劝告喀提林离开罗马的正确之处。

接下来西塞罗又提及喀提林的过往，也是以"例证"进一步加强西塞罗说法的"可能性"，呈现出喀提林的处心积虑，回应了西塞罗在一开始说的"我们的耐心"（patientia nostra）。同时，西塞罗把他的个人危险与国家的危机并置："我的死亡会给国家带来巨大的灾难。"（perniciem meam cum magna calamitate rei publicae esse coniunctam, 11.10）。西塞罗在演说中刻意把自己与共和国等同，喀提林在攻击他的同时也在攻击共和国（12.1—2）。[①]

之后的内容（13b—21）开始介绍喀提林的品格。西塞罗进一步提到驱逐喀提林离开罗马而非处死他的必要性，如果只是处死他却让他的同伙活着，不如让他把同伙一起带走。对于喀提林来说亦是如此，他留在罗马已经没有必要，一方面他的恶行已经为众人所知，他近期所有的行为都受到监视，西塞罗自己也会专门针对喀提林。西塞罗用反证的形式，否认喀提林待在罗马的可能性。另一方面西塞罗又列举了有关喀提林的丑闻以及西塞罗原来听到的一些事迹，以亦真亦假的事迹塑造出喀提林的"品格"，从而增加修辞效果并证明"阴谋"的可能性。[②] 西塞罗在五个方面断绝了

[①] 戴克把10.5开始的部分列入下一部分的"论证"中，认为他两次敦促喀提林离开，形成"环形结构"（10.5—6, 13.2），见第87页。在巴特斯通处，则这次催促开启了下一部分有关"喀提林品格"的内容。

[②] 撒路斯特的《喀提林阴谋》也使用了类似的办法，撒路斯特插入了一些传闻，包括他们喝血酒以及第一次喀提林阴谋，虽然他不能肯定这些事情的真实性，但通过记述这些事件，也在一定程度上塑造了"喀提林"的品格，同时也增加了"可能性"。

喀提林留在罗马的可能性：一是他的丑闻；二是他面临破产；三是公元前66年12月最后一天的恶行；四是他想谋杀西塞罗；五是他在元老院已经被孤立了。

西塞罗回到自己的处境，提到自己对喀提林不是憎恨（non ut odio）而是怜悯（ut misericordia）。因为所有正派的人都害怕他，连祖国都害怕他，西塞罗也恐惧他，没有人愿意接纳他，他最好的选择就是离开罗马。西塞罗在此做了转换，把元老院孤立喀提林转变成喀提林与所有人为敌。（17.9—10：现在你的祖国，所有人的母亲都恨你，怕你）在此，西塞罗以拟人的方式，让祖国对喀提林发言，说喀提林造就了这些年的罪恶。这也是诉诸共和国来达到修辞效果。这是一个纯粹修辞的说法，并不符合事实。西塞罗以共和国的名义，不是审判喀提林，而是催促他离开罗马。

接下来西塞罗进一步提到喀提林请求监管的行为，将其作为证据来证明他有罪应该被关起来（19.11—13：一个自己已经认为有资格被监管起来的人，他距离监狱能有多远呢？）。西塞罗进一步催促喀提林离开罗马，并且提出拒绝交付元老院决议的理由。西塞罗以元老的沉默表明元老院同意了他的意见，他还列举了两位贵族来与喀提林对比，如果自己提出流放这两位贵族，元老院肯定会反对，但喀提林收到的却是沉默。西塞罗利用元老的"沉默"来进一步确证他的意见受支持而喀提林受反对。

接下来的内容（22—27a）是西塞罗假拟的喀提林不久的将来，这部分可一分为二，分别是西塞罗在罗马的处境和喀提林可能的收获，从而形成一种对立。西塞罗放走喀提林，可能收获的是嫉妒（invidia，22—23），喀提林则能够去到曼利乌斯的军营得到快乐和满足（24—27a）。西塞罗区别了他和喀提林以及两种情绪，从而形成强烈的对立。

西塞罗在这部分进一步催促他离开，并且列举了离开的好处，他设身处地站在喀提林的立场，列举了他离开的种种好处，既是对喀提林，也是对西塞罗而言。西塞罗正话反说，说喀提林离开罗马可以激起大家对执政官西塞罗的憎恨，又或者同时把同伙带走，但这会让西塞罗得到赞誉。此外，离开罗马才可以满足喀提林的贪欲，让他得到满足和快乐。西塞罗通过这种正话反说，表面上劝说喀提林，其实是进一步将喀提林与其他同情他的元老隔绝了。

再之后的内容（27b—32）是西塞罗的自我辩护，也是演说中的"离题"。这部分集合了这篇演说中涉及的很多问题：没有按照罗马的传统抓捕

第二章 西塞罗与"反喀提林辞"的修辞

喀提林;元老院内部的不和;西塞罗的个人处境;西塞罗可能遭受到的嫉妒;等等。这部分也是西塞罗第二次模拟共和国的口吻发言(相比较18)。

西塞罗把话题从喀提林那里拉回了元老院并且与祖国对话,他向祖国辩解自己为什么要放走喀提林,并且列举了元老们和祖国可能对他的责难。他把共和国拟人化,让它对他进行责难,并且提出辩护,以呈现他的举措的合理性。共和国的责难主要涉及如下问题:为什么不抓捕甚至处决喀提林?是不是害怕法律的问题,或者是祖法,还是因为怕受到憎恶?祖国的反问类似于西塞罗的内心所想。西塞罗对此做了简要的答复和辩解。他认为处死喀提林并非上策,他并非害怕憎恶和承担责任,而是因为很多元老并不相信阴谋的存在,很多人会认为西塞罗无中生有。处死喀提林只能暂时抵制国家的病,但如果他能带走同伙,那就可以清除邪恶的根源和种子。让他离开,让他和正派之人以城墙隔开,既让执政官远离了危险,也让公民们远离了危险,能够团结城内的人群。西塞罗以医学上的清除疾病类比国家清除阴谋分子来增加其修辞力量。西塞罗以激动人心的前景来结束这部分内容:一是呼吁喀提林阴谋分子停止行动并且离开罗马;二是保证喀提林的离开会使所有真相大白,灾祸也会被带走。

演说的最后部分内容(33),也就是结语,其要求是"简短"。西塞罗做总结陈述,他最后再一次催促喀提林离开罗马,去发动不义的战争。另外他以宗教语言来作结(他提及 ominibus, impium, nefarium 等),他强调诸神会站在共和国一方,驱逐这些坏人,并且最终惩罚这些活着和死去的坏人。西塞罗通过诉诸神,进一步增加己方的正义性,并且把喀提林放置在神的对立面,最终以好坏与善恶对立了西塞罗所代表的力量和喀提林所代表的势力,完成了其修辞上的努力。

这篇演说,既是一篇檄文,也像一篇劝说辞,更像一篇自我展示的演说。他一开始似乎要处死喀提林,并且提出了无可辩驳的理由,但其最终目的却是要想逼走喀提林。他先恐吓喀提林可以按"祖制"的先例处死他,但又提供了一个备选项,即离开罗马。他随后向大家证明,逼喀提林离开罗马,是比处死他更好的选项。西塞罗也在演讲中含蓄表明了自己的处境,否认了自己不是因为个人的原因不愿意处死喀提林,而是因为外在的其他缘故而不得不出此下策。更重要的是,西塞罗在不断地催促喀提林离开罗马的同时,也努力建立了执政官西塞罗的形象,他的所有行动和计划都不是从个人荣辱和利益出发,而是为了国家福祉,是出于对共和国的考虑。西塞罗甚至在演说中,把自己等同于元老院,等同于共和国,与诸神联系起来。此外,他也在演说中展示出自己的英明决策,他时刻关注喀提林的一举一动,做出正确的决定保卫共和国。他把自己的生命和名声置之度外,同时也暗地里谴责了一些元老姑息了喀提林及其同伙。这既是一篇针对喀提林的演说,同时又是针对罗马元老院的演说和一篇潜在的针对罗马民众的演说。西塞罗通过这一演说,既可以解释当时的情境,又可以为自己的举措辩护,同时还可以刺激罗马元老院做出决断。

二 第二篇《反喀提林辞》

第二篇演说紧接着第一篇演说,是在第二天早上发表。在西塞罗发表第一篇《反喀提林辞》的当晚,喀提林就离开了。这可能是因为西塞罗演说的缘故,但也可能是喀提林自己的安排。然而,西塞罗在其演说中却特意把喀提林的离开当成自己的功绩。西塞罗在第二天一早继续向民众发表演说。他向民众汇报喀提林离开时,用了四个词来表达他激动的心情(abiit, excessit, evasit, erupit)。第一个词是离开的意思,第二个词有退败的意思,第三个词有逃跑的意思,第四个词有逃逸的意思。这四个词代表了西塞罗对喀提林离开的不同程度的认识。他向民众强调了自己在喀提林离开中的作用,并且进一步确认了他在第一篇演说中的意图,即并非抓捕喀提林,而是逼迫喀提林离开。如果说第一篇演说中他的重点是在元老院众元老面前塑造自己执政官的形象,那么第二篇演说则是在民众面前树立自己的形象。他一方面延续了之前在元老院中塑造的尽职的形象,另一方面又试图通过演说唤起民众的情感。在这个演说中,西塞罗运用了"威胁"与"希望"两者的平衡,先突出共和国的危险,让民众感觉到面临的危险和威胁,在演说后面则通过对自己行为的描述,突出了"希望"以及自己的解决方案,表明一切尽在掌握,从而在修辞上成功达成民众对阴谋分子的厌恶以及对西塞罗的爱戴。

西塞罗在此部分(1—2 序曲)强调了他在喀提林离开中所起的作用。西塞罗在一开始给听众呈现的是喀提林的邪恶形象,他使用了"furentem audacia, scelus anhelantem, pestem patriae nefarie molientem"(肆无忌惮、罪

第二章 西塞罗与"反喀提林辞"的修辞

大恶极,邪恶地阴谋摧毁他的祖国),① 有特别效果,可以扭转民众的看法(参《喀提林阴谋》48.1—2)。② 西塞罗花了很大篇幅来描绘喀提林的邪恶形象(称之为贱种和恶魔,monstro atque prodigio)。在一开始,为了突出共和国和民众面临的危险,西塞罗密集使用了负面的词汇,同时少量夹杂着正面的词汇,形成一种张力,也与结尾处的用词形成呼应。③ 西塞罗试图用各种修辞方式建立喀提林邪恶的形象(1.7,2.1—2,6—7),紧接着是西塞罗的自我夸奖。喀提林被描绘得越坏,西塞罗的功绩也就越大。在开始的演说中,西塞罗的功绩与喀提林的恶行形成鲜明对比,但是他反复提及自己的功绩也让他收到明显的敌意(参《西塞罗传》24)。他在此也预告了,接下来这一事件可能从阴谋发展成战争(bellum)。④ 在西塞罗的四篇演说中,喀提林的行动逐渐从阴谋到战争。

下一部分(3—11铺陈),西塞罗先建立喀提林的形象,然后再提及自己对阴谋分子的处理会遭到批评。这里他又为自己为什么没有抓捕他继续辩解。这部分辩解内容也多次出现在他的前一篇演说中(参1.4—6,22—3,29—20)。西塞罗认为这些批评不对,因为它们没有看到西塞罗的处境和喀提林的支持者。他主要基于两个缘由:一是西塞罗自己的处境,很多人包括一些元老并不相信他;二是处决了喀提林反而不能抓到他的同伙,不如喀提林带着同伙离开,虽然他带走的坏人还不够多。西塞罗把对自己不利的行动转变成一种更高的谋略。西塞罗认为喀提林的军队并不可怕,可怕的是留在城里的这些坏人。西塞罗在演说的后面也再次强调了这一点(参27)。西塞罗列举了他带走了哪些人,这些坏人又参与了哪些计划,被分到

---

① 类似的用词出现在西塞罗的《控皮索》的开头:hoc portentum huius loci, monstrum Urbis, prodigium civitatis.
② 《喀提林阴谋》(48.1):同时,平民们,最初追求革命而太过赞成战争,当阴谋被揭露后,改变了想法,咒骂喀提林的计划,将西塞罗捧上了天:就好像他们摆脱了奴役,表现得欢乐和喜悦。
③ 在前第一节中(也就是1—12行),西塞罗分别使用了 furentem audacia, scelus, pestem, nefarie, ferro flammaque minitantem, pernicies, monstro, prodigio, belli, sica, pertimescemus, hoste, inpediente, bellum, insidiis, latrocinium 等负面的词,却只有 magnifice, vicimus 少数正面的词,以此突出共和国面临的危险。参 Andrew Riggsby, "Form as Glocal Strategy in Cicero's Second Catilinarian", in D. Berry and A. Erskine ed., *Form and Function in Roman Oratory*, Cambridge: Cambridge University Press, 2010, pp. 92–104.
④ 撒路斯特的《喀提林阴谋》的另一个标题是《喀提林战争》(*Bellum Catilinae*),这点与西塞罗的理解一致。

了什么地盘。西塞罗介绍的这些内容，给民众留下了他掌控全局的印象，同时进一步加剧了民众对喀提林的憎恶。西塞罗向民众公布宣称喀提林的罪行，喀提林不仅是一个人做坏事，还和所有共和国内部的坏人都有关系。

西塞罗接下来提到了留在城里的阴谋分子。西塞罗催促他们跟随喀提林离开罗马，还介绍了他们的品格、组成和可能的危险（7—9）。西塞罗称他们是"罪恶联盟"（sceleris foedus），并且解释了为什么他们如此危险：他们个人的邪恶导致了沉重债务并且意图革命。西塞罗指出，罗马已经不害怕任何外部敌人，却害怕内战。他向公民保证，他将尽量与国内的敌人斗争。西塞罗在这个演说中，树立了喀提林的"恶人"形象，同时试图通过对这一形象的塑造，唤起民众对共和国的感情。西塞罗借此也树立了自己的两个形象：一个是作为战争的领导人（dux），另一个是作为矫正生病城邦的医生。

再接下来（12—16 叙述加辩驳），西塞罗列举了前一夜发生的事情，随后针对别人的指摘否决是他流放了喀提林，提到他自己并没有这个能力，他只是在元老院召开会议时，向元老院报告了此事，控诉了喀提林，当面揭露了喀提林的阴谋，喀提林是在那种情况下才离开罗马的。西塞罗给民众呈现出喀提林前一天出席元老院会议时被孤立的场景，以及自己如何质问喀提林的阴谋轨迹。西塞罗在此重复了前一篇演说的部分内容，并且以喀提林的沉默证明自己判断正确。① 西塞罗讲到自己的处境：如果喀提林最终去亡命而不去带领叛军，别人又会借此攻击他，说喀提林在未被定罪的情况下，被执政官的暴力和威胁驱赶出去（这点似乎明显针对后来的克劳迪乌斯的指控）。这样西塞罗不会被认为是警惕性高的执政官（diligentissimus consulem），而是一个残酷的暴君（crudelissimum trannum）。西塞罗认为，喀提林肯定不会流亡，而是会带领军队，这样的话自己又会因为放走他而受到憎恨。西塞罗在这一部分说出自己的两难局面，既是呈现出自己的处境，也是为自己的行动辩解，以争得民众支持。

下一部分（17—27 论证），西塞罗向民众解释为什么要谈论喀提林。

---

① 在西塞罗的演说中，不断突出喀提林的沉默和元老院的沉默是一个很有趣的现象。西塞罗在他的四篇演说中都特别提到了"沉默"的问题。有关西塞罗刻意制造的"沉默"，可以参巴特斯通《西塞罗在〈第一演说〉中建立执政官的品格》，前揭。巴特斯通认为，西塞罗之所以多次提到"沉默"，是想把自己的声音转变成元老院的声音，甚至是共和国的声音，从而达到其政治意图。

西塞罗在提到喀提林时，又进一步加强其邪恶的形象，还试图分化喀提林与他的同伙。喀提林穷凶极恶不可救药，而其同伙却可以尝试挽救。西塞罗随即向民众介绍了喀提林的同伙都是些什么人，一共有六类人，前四类人以不同程度不同方式负了债：第一类人负了巨债，但仍然有很多财富，这种人危险不大；第二类人虽苦于债务却希望有统治权，想成为国家的主人，但执政官、正直的公民以及不朽的诸神都不会让他们得逞；第三类人身体好，是非常勇敢的人，但他们深陷债务，想学苏拉一样没收别人的财产。西塞罗认为以上这些人就像海盗和土匪，幻想再出现宣告和独裁统治，但这种事情不会再重演。第四类人比较驳杂，主要都是身陷债务的人。后面两类人则是那些罪恶深重之人和被腐化的年轻人。前面的四类人可以被说服，而后面两类人则无法被说服。第五类人是那些做了巨大恶行的坏人，他们杀害双亲，背负各种罪恶；第六类人地位最低，生活作风最坏，是喀提林的知心朋友。

西塞罗未止步于列举这些坏人，他们不仅是政治上的敌人，还是德性上的敌人。西塞事无巨细地罗列了双方的德性，把自己代表的共和国一方和喀提林代表的阴谋分子一方做了德性对照：因为在我们这一面是谦虚谨慎，在他们那一面是无耻；在这一面是贞操，在那一面是放荡；在这一面是荣誉，在那一面是欺骗；在这一面是正直，在那一面是罪恶；在这一面是坚忍，在那一面是疯狂；在这一面是诚实，在那一面是狡诈；在这一面是克制，在那一面是贪欲；最后，在这一面是公道、节制、刚毅、慎重，一切美德，而同它敌对的那一面是不义、奢侈、怯懦、鲁莽，一切恶习；归根到底则是丰裕对贫困、明智对昏聩、神志健全对精神错乱，而最后是美好的希望对最深的绝望（25）。

西塞罗在对德性的罗列中，把自己与喀提林阴谋分子之间的斗争变成了一场德性之战。他甚至在后面结束时指出，诸神也站在自己这一方（29）。[1] 在德性上彻底压倒了喀提林的支持者和同伙后，西塞罗才提到了自己具体的安排。他告诉民众自己已经做出了周密的布置，有充足的把握可以制服喀提林的同伙，并且警告城内的阴谋分子，如果他们要跑可以默许，但如果他们想动手则会毫不留情。这部分也呼应了前面第6节，他这里对阴谋分子的态度明显更为强硬。

---

[1] 这点在第三篇《反喀提林辞》中多次提及。

最后一部分（28—29 结语），西塞罗在最后把自己摆在将领的位置，对应了前面第 11 节的内容，这一部分内容主要是驱除恐惧并且给予民众信心。他不忘夸奖他自己，认为人类记忆中最大和最残酷的叛国事件被他一个人平息下来了。除了前面提到的措施之外，他也会采用更为严厉的措施。他同时又向大家做了保证，他的信心来自诸神，称自己是在诸神的垂示下才做到的。此外，在第三篇演说的 18—22 部分更详细地介绍了诸神的预兆。他最后呼吁民众向诸神祈祷，因为正是诸神让罗马成为最伟大的城邦，能够保卫这座城市不受阴谋侵害。西塞罗在结尾既把自己的行动与诸神联系起来以赋予其正义性，同时也使用了很多正面的词汇，从而在语词使用中形成从"威胁"到"希望"、从"危险"到"解脱"的转变。① 在这种转变中，西塞罗的个人形象也变得非常突出。

三 第三篇《反喀提林辞》

在西塞罗发表了第二篇演说之后，罗马内部对于喀提林的意见仍然有分歧。不久之后，喀提林投奔到曼利乌斯的军营，而非他和他的同伙声称的被流放到马栖利亚。西塞罗拿到了元老院的敕令，宣布喀提林是公敌（hostis），西塞罗的执政官同僚安托尼乌斯也被派了出去（《喀提林阴谋》36.2）。西塞罗通过内线得到消息，朗图路斯与高卢人接触。西塞罗设计拿到了他们勾结的证据，召集了元老指证了朗图路斯。在元老院会议结束之后，西塞罗在元老院外的广场上发表了第三篇《反喀提林辞》。西塞罗向罗马民众报告了他如何发现以及如何处置阴谋分子。相对其他两篇演说而言，这篇演说公文性质的成分要更重些，主要部分是介绍其具体行动以及元老院的决议。但是在这篇演说中，他既报告了整个事件，又塑造出了一个明智而尽职的执政官形象。这篇演说主要可分成三部分：第一部分是西塞罗具体讲述如何获取证据并指控他们；第二部分是他转述了元老院对此的决议；另三部分是西塞罗自己的陈述。具体我们还是按照演说的结构进行介绍。

第一部分（序言 1—3.4），西塞罗向民众报告共和国得到挽救，并且

---

① 与前面对应，我们可以比较在结尾的 29 节使用的正面词汇有 prudentia, consiliis, spem, defendant, pulcherrimam, florentissimam, defendant, 而负面词汇只有 hoste, nefario scelere。

把自己保卫祖国的这一行为与建城行为等同起来,把自己的功绩与建城者罗慕罗斯相提并论,甚至认为自己功绩超过建城者罗慕罗斯。这点与他演说中的结束呼应(26.1—3),在哪里他也请求人们永远记住这一天。

第二部分(叙述3.5—15),他简要地向民众介绍了他如何忠于职守,如何发现了喀提林阴谋分子在城里的行动,如何以计谋获取了证据,并且安排了行政官去拦截使节,以及之后他又如何把阴谋分子带到元老院,如何当场出示证据让他们认罪。这里又可以分成三部分。

首先(3—4.7),是西塞罗如何提供确凿的证据证明喀提林的阴谋。

其次(4.8—8.3),是阿洛布罗吉斯的行动以及西塞罗的反制措施。先是朗图路斯鼓动他们参与阴谋,在阿尔卑斯以北发动战争并且在高卢发动叛乱,沃尔图尔乌斯带着给喀提林的信跟他们一道离开。西塞罗召见了弗拉库斯(Flaccus, L.)和彭普提努斯(Pomptinus, C.),让他们在穆尔维乌斯桥进行拦截。西塞罗同时派出两队人马来协助,最终把信件原封不动地拿到。西塞罗逮捕了阴谋分子。他召集元老院开会,并且派人在凯提古斯(Cethegus, C.)处搜出大量武器。

最后(8.4—15),主要介绍元老院中发生的事情。在保证了沃尔图尔乌斯的安全后,他说出了阴谋分子的计划。高卢人的说法则补充了细节,有关他们的角色以及阴谋者意见的分歧。西塞罗还介绍了阴谋者面对证据时的态度。凯提古斯一言不发;司塔提利乌斯供认了自己的罪行;朗图路斯在证据被拿出来后也供认了。之后朗读了朗图路斯给喀提林的匿名信。最后被带出来的伽比尼乌斯(Gabinius, P.)也承认了指控。在此之后则是元老院对此的决议,元老院感谢了西塞罗、弗拉库斯、彭普提努斯和安托尼乌斯。然后是关押了四个在场的阴谋者,并且关押不在场的五个阴谋者。之后元老院还决定以西塞罗的名义向诸神表示感谢。朗图路斯则交卸了其行政长官的职务。

第三部分(论证16—22)主要由两部分组成。首先是对喀提林的指控。西塞罗又一次向民众指控喀提林,向民众指出他的品格以及他的计划。喀提林有非同一般的军事品质(他对每个特殊细节都要监督、检查、注意和操心;他经受得住寒冷、口渴和饥饿),[①]却有极恶劣的计划,也是

[①] 这点亦在撒路斯特的《喀提林阴谋》中得到强调,撒路斯特也是并置了喀提林良好的军事德性和邪恶的道德品质。我们可以看到撒路斯特可能极大地受益于西塞罗。

共和国最大的敌人。西塞罗表达了自己与他作战到底的决心。这部分西塞罗进一步辩解了他为何驱逐了喀提林。

其次是指出神意的征兆。西塞罗接下来又把自己挫败喀提林阴谋的行为与诸神的意志联系起来，认为这是由诸神的意志和智慧预先安排的。他先提到公元前65年发生的雷击，当时的预言者就预言灾难将来临，要用一切办法抚慰诸神，并且给朱庇特树立新雕像。之后是他们抓捕阴谋分子之时，刚好也是朱庇特神像被竖起来之时。这既突出西塞罗行为的正确性，同时又加强其正义性。而这个事件之所以得到揭示，也是得益于诸神。西塞罗把这些神迹与自己的行动联系起来，把罗马的政治和宗教结合起来，既照顾了听众的心理，也让自己的说法更加可信。西塞罗这样做至少可以起到三个作用：一是缓和了自我赞扬；二是以虔敬的方式解释了阴谋分子的盲目行动；三是指出了比机运更高的原则，而西塞罗并不信赖机运（参29.5—6：这是通过德性而非机运［ut ea virtute, non casu gesta esse videantur]）。①

在最后的内容（结语23—29）中，西塞罗以对民众的呼叫（Quirites）结束演说。这篇演说以此开始，也以此结束，而且全文共呼喊了22次，在这一部分就密集呼叫了9次。西塞罗先让民众庆祝，参与对诸神的感谢。他接下来指出内战的历史并且与此次的危机对比，他认为此次罪行的严重性远超内战。因为内战追求的是易手而非毁掉国家，由此也突出了自己非同寻常的功绩。

西塞罗在这部分多次提及"奖赏"。他表示自己不要任何物质报酬，只要大家记住这个日子，记住他的功绩和荣耀。他把自己和作战的将领对比，尤其是庞培。他还强调自己受到的危险，希望能够得到民众的保护，并且相信正直的人有足够的保卫力量，共和国有威严，良心也有巨大的力量。他再次提到自己会记住自己做过的事情并且让人们意识到这是通过勇气而不是机会做出的。最后西塞罗告诉大家可以回家了，但仍然要保持警惕，保卫自己的国家。他作为执政官则尽力想让他们活在永久的和平中。

西塞罗的这篇演说虽然主要是向民众报告他挫败阴谋分子的行动以及元老院的决议，但其中也在呈现执政官的形象以及自己行动的正义性。他在一开始特别把自己的行为与建城行为相提并论。在后面部分甚至把挫败喀提林

---

① 参 Andrew R. Dyck ed., *Cicero: Catilinarians*, Cambridge: Cambridge University Press, 2008, p.189.

阴谋分子的行为与神迹关联起来。他通过这种种神迹的显现，既证明自己行为的合法性和正义性，同时又进一步突出阴谋分子的罪恶，还可起到稳定民心的作用。西塞罗在演说的最后提及内战，既唤起民众对内战的记忆，唤起民众憎恶这些试图将国家重新带入战争的人，同时也是表彰自己的功绩。他在演说中，尽力呈现自己作为公民、作为执政官为保卫共和国的所作所为，与喀提林及其同谋者的行动对立起来，最终确立自己执政官的正义形象。

四 第四篇《反喀提林辞》

第四篇《反喀提林辞》发表于元老院，涉及如何处置阴谋分子。在此之前，新任执政官西拉努斯（Silanus）提出处死的建议，而恺撒发表了建议监禁而非处决的建议，得到大多数元老的拥护。西塞罗则发表了第四篇《反喀提林辞》演说，既陈述了双方意见，同时又委婉地表达了他的意见。在其后则是卡图发表了演说，支持对阴谋分子施以极刑，并且最终得到大多数元老的赞同，扭转了局势。[1]

西塞罗的演说置于恺撒和卡图之间，在撒路斯特的《喀提林阴谋》中完全略过了西塞罗的演说，他只提到其他人简短地表示了他们同意各种不同建议中的某个建议。按学者的分析，其简略的原因在于大家都知道这篇演说。[2] 相对前面三篇演说来说，第四篇演说涉及的政治和哲学问题更为复杂，这里既涉及死刑是否适当的问题，同时还涉及祖法的有效性问题，还涉及当时的执政官是否有权力审判阴谋分子的问题。这几个问题也将分散在后面几章中分别探讨。

我们在研究这篇演说时，必须注意西塞罗的位置。在元老院的讨论

---

[1] 元老院的讨论有严格的程式，要按照官阶依次发言，从发言顺序可以看出地位的差别。

[2] 也有学者认为是其中有私人关系不和，甚至还有西塞罗与撒路斯特之间互相攻击的材料。据说，撒路斯特曾经在元老院攻击西塞罗，西塞罗对这篇演说进行了回应，这两篇演说就是《控西塞罗》和《驳撒路斯特》。德法的大陆学者认为这些作品是真作，大部分英国学者认为不确定，可参考 Syme, R., *Sallust*, University of California Press, 2002, Appendix 2, pp. 314 – 351, 以及 McGushin, P., C., *Sallustius Crispus: Bellum Catilinae. A Commentary*, Mnemosyne Supp. 45. Leiden, 1977, p. 6, 见 Novokhatko, A. A., *The Invectives of Sallust and Cicero: Critical Edition with Introduction, Translation, and Commentary*, Berlin and New York: Walter de Gruyter, 2009. 本书认为，撒路斯特"创作"了恺撒与卡图的演说，以服务于他的意图，但他无法"创作"西塞罗的演说，所以西塞罗的演说并没有也没有必要出现在他的作品当中。

中，西塞罗作为当时的执政官，主持这次的辩论。按照一般的原则，他主要是主持而非发表自己的观点。这可以理解为什么在这篇演说中，西塞罗的态度明显与之前不同，他没有明确地表达自己的意见。但我们通过分析可以看出，西塞罗也表达了自己的倾向，他在重述西拉努斯和恺撒发言时的修辞策略，体现出其更支持对阴谋分子处以极刑的建议。如卡佩所言，这是一篇富于政治修辞的作品，我们必须结合西塞罗在此次辩论中的位置来理解他的这篇演说。

西塞罗当晚的演说主要在两方面起作用：一是他建立了论辩的参照系，元老院只能据此来讨论什么样的惩罚；二是他清除了大家顾忌的判处死刑的障碍，也就是有关他的安全。对比卡图之后的演说，我们就会发现，卡图的主要观点已经在西塞罗处得到表达。[1]

这部演说也发表在元老院，正处于元老院讨论如何处置阴谋分子之时。这篇演说是一篇议政演说，因为之后产生了政治行动。另外，如果我们结合西塞罗当时的身份来考虑，它更像一篇展示型演说，因为真正产生政治影响的是卡图和恺撒的演说。由此而言，我们也要从展示型演说的角度来理解这篇演说。这篇演说按照演说结构划分，可以分成六部分，分别为序曲、叙述、离题一、论证、离题二、结语。[2]

序曲（1—6）可以分成三部分。第一部分是西塞罗表现出大无畏的精神，表示自己的危险可以置之度外。因为他曾经遭受了多次阴谋，他准备承受任何困难来保卫共和国。他也请求不要管他，而更多关注共和国的福祉。第二部分是他指出当前面对的问题和争论，对国内的骚乱有两种不同意见，阴谋者的目的是要摧毁共和国，元老院在此之前已经做出裁决，朗图路斯交卸了职务，阿洛布罗吉斯人和沃尔图尔奇乌斯也得到了奖赏。第三部分是西塞罗求助于元老院在当晚做出决断，同时指出此次阴谋的不同寻常，应该果断决策。他的序言概述了整个演说的大要。

西塞罗此处的开头并不像前面的演说，并没有率先指出危险以及事情

---

[1] 戴克和卡佩都认为，之后布鲁图斯的《卡图》、撒路斯特的《喀提林阴谋》和普鲁塔克的《西塞罗传》都弱化了西塞罗在辩论中的作用。
[2] 温特伯顿（Winterbottom）认为，个性化的序言和结语都是西塞罗在公元前60年出版时加上去的。他认为此篇演说实质上是展示型演说，但是增加部分处理的主题又更适合诉讼演说（比如托付儿子给公众），他还认为这篇演说作为诉讼演说更有利西塞罗后来的处境。但戴克（Dyck）则从其开头与其演说密切结合来看，认为它更像当时一起发表的，而非补充。

第二章 西塞罗与"反喀提林辞"的修辞

的紧急,而是把这部分内容置后,他自己直接进入事情核心(in medias res),以自己的安危而非事件开始演说。他先提醒的不是城邦危机,而是让元老们不要顾及自己的安危。这里也显示出其出色的修辞技艺,即通过这种方式反而突出了当前局势的危机。毕竟没有什么比执政官都无法保证自己的安全更能显示出国家情势的危急。

西塞罗以非常个人化的视角,以两个"我看见"(video)开始这篇演说,这也是西塞罗对自我的拷问:他自己是否能够平息喀提林的同伙引发的骚乱?他是否能够面对潜在的批评,因为对被抓住的阴谋者处罚较轻?西塞罗虽然之前强调了自己的危险,但他却请求元老们不要在意他的安全。在请求忽视自己的安全后,他却又进一步把自己的安危与元老们的安危联系起来,把这个危险同时加之于元老们身上,让元老们也感同身受这种危险:元老们,请你们加以考虑,并且保护我们的祖国,挽救你们自己、你们的妻子、你们的子女、你们的财产,捍卫罗马人民的荣誉和安全吧。这样既塑造了自己大无畏的形象,又成功地以"恐惧"主导了此次的庭议。

叙述(7—8)部分,西塞罗作为一个主持人,他的主要职责是主持并且介绍大家的意见,而不能显露出明显的偏好,更不能自己先做出决定。[①]他开始陈述到此为止出现的两种不同意见。撒路斯特还记述,在此之后还有来自尼禄的意见,认为要加强守卫和推迟决定。西塞罗表面上中立地陈述现有的主要两种意见:一种来自西拉努斯,提议处死阴谋分子;另一种来自恺撒,认为应该在意大利的自治市中监管,同时没收他们的财产,恺撒认为自己的政策更合理。西塞罗对两人观点的陈述大不相同,前者简短,后者很长,也暗示出恺撒观点的迷惑性强。在对西拉努斯观点的转述中,他使用了递进式的排比:西拉努斯认为那些想谋害我们所有人和罗马人民性命的人,那些试图摧毁统治大权并把罗马民众的名字抹掉的人,哪怕一瞬间也不应活命,而且,我们跟他们是不共戴天的。西塞罗在转达时明显加入了自己的感情,并且解释了西拉努斯意见的合理性,并且强调了

---

① 卡佩列出了三个先例,执政官自己做了决定后再诉诸元老院,引起元老院的不满,其中包括了李维的《建城以来史》中记载的斯基皮奥两次冒犯元老的行为以及恺撒记载的科茹斯的例子。西塞罗作为一个称职的执政官,不应该明显表达观点,主要任务应该是执行元老院决议。他认为西塞罗非常得体地利用修辞策略,既没有冒犯元老,又含蓄表达了自己的意见。参本书附录《西塞罗第四篇〈反喀提林辞〉中的政治修辞》。

"公民"（cives）和"堕落的"（improbos），为后面分析恺撒的发言以及整个发言奠定基调。对恺撒意见的陈述，则重点强调了其"宗教—哲学"的问题。这样就形成了西拉努斯的"祖法"与恺撒"哲学"的对峙，这也是后来卡图发言的要点。西塞罗在转述两人意见时，还特别插入了一句有关"尊严"的评价，把"尊严"与"意见"关联起来。这个尊严与身份等级相关，从发言顺序可见，西拉努斯的尊严是高于恺撒的，也暗示了其意见更合理。

西塞罗简述了恺撒的意见，也为之后自己的分析以及卡图的反驳提供了更清晰的指引。西塞罗提及恺撒意见的主要观点：一是西拉努斯这个建议有潜在的不公平，做起来也有困难；二是如果被关在自治市的罪犯逃跑了，自治市将被惩罚；三是不给减刑；四是没收阴谋者的财产。西塞罗在分析恺撒的意见时，有些许的犹豫（使用了 ut spero，但愿）暗示了执行的难度，并且暗示恺撒的行为违反了祖法。

离题一（9—10）部分，西塞罗在此分析了恺撒的提议，尤其是辨析了"民主派"的正确与错误之义。对这个问题的探讨也暗示了当时的政治困境，共和派和民主派两派的对立是晚期共和国的困境之一。民主派这个词当时代表着一种荣耀，虽然很少人属于这一派。西塞罗也曾经受到民主派的批评，所以西塞罗要先定义民主派的含义。西塞罗首先定义了两种不同的"民主派"：一种是煽动民众的，一种是关心国家安全的。他指出民主派的政治家之前投票支持监禁，却缺席了对阴谋者的审判。西塞罗先感谢了恺撒为西塞罗提供的保护，但他认为与此相比，公共利益更为重要。他也分析了西拉努斯提议中涉及的法律问题，认为《显普洛尼乌斯法》并不会成为阻碍，因为他们已经是共和国的敌人而非公民。西塞罗也认为朗图路斯并非真正的民主派。在此，西塞罗提出了《显普洛尼乌斯法》不会成为障碍，也为后来卡图反驳恺撒的观点提供了线索。[①]

论证（11—19）部分，西塞罗先论证自己并不惧怕残酷的指责，这其实也是针对恺撒发言中的说法。他重新定义和明确了恺撒所说的残酷，以此来反驳恺撒关于残酷的指控。他主要从五个方面来反驳：一是他提到自己品格温和，与恺撒说的残酷形成对照；二是他回顾了阴谋者的计划，把

[①] 卡图的发言中批驳恺撒的哲学观念，同时对一些字词的混用表示了批驳，这些都可以看出西塞罗对他的影响。具体的分析可以参看第三章第三节。

第二章　西塞罗与"反喀提林辞"的修辞

他们的行为类比于家庭被奴隶破坏和毁灭，称这个才算是真正的残酷和不人道；三是恺撒的亲戚曾经在几天前说过朗图路斯应该被处死；① 四是西塞罗把朗图路斯与他的祖父做比较，他的祖父保卫共和国受了重伤，而他却危害共和国，给国家带来危险；五是他认为对危害国家的行为采取温和的手段，对于祖国来说太过残酷。西塞罗在进行论证时辨析了这些相关的字词，比如怜悯（misericordia）、宽厚（clementia）与残酷（crudelitas）等，西塞罗试图结合现实情境重新定义（或者恢复）这些词汇的含义，而非泛泛地提及这些语词或者混淆这些词的含义。西塞罗所做的论证都指向了恺撒的有关处以死刑是一种残酷行为的指责。从这里可以看出，卡图后来反驳恺撒时对语词混用的批判，其实都脱胎于西塞罗的观点。

接下来，西塞罗提到自己担心的并非被指责为残酷，而是他没有足够的守卫力量来实行元老们决定的事情。他对立了两种类型的人，他不再以社会阶层来划分，而是把热爱共和国的人和反对共和国的人对立。爱国的一派他囊括了骑士、司库们，书记员，还有贫苦的农民，甚至连释放的奴隶都把罗马当成自己的国家。与此相对的是朗图路斯一伙试图危害自己的国家，把自己的祖国当成敌人的城市。西塞罗更进一步对立了这两类人，提到一个传说，朗图路斯的人想用金钱收买贫苦人民，却没有人愿意支持他，因为他们也爱和平。

之后，西塞罗认为在其他阶层都已经一心的情况下，向罗马元老们呼吁他们展现自己的勇气。各个阶层已经联合起来了，他们的财富和生命都有赖于元老们做决定，他们的生活和财产都处在危险当中，元老们不能让这种事情再次发生。

西塞罗通过修辞手段，将喀提林的同伙与罗马各阶层民众对立起来，罗马民众团结一心，把自己和自己的财产都托付给了元老院，同时又把问题抛给元老们，让元老们选择站在哪一边，是支持阴谋分子呢？还是和民众站在一起？虽然西塞罗没有明确表达自己的偏向，但从他的分析和话语中可以明显看出他的态度。他把元老们放在一个非常特别的位置，也为卡图后面的呼吁提供了背景。本来到此为止，这个演说就可以结束了，但西塞罗在结语前插入一段"离题"展现了自己的形象，后面这部分呼应了开头西塞罗对自我的陈述。

---

① 西塞罗在此引用路奇乌斯·恺撒（Locīus）的观点，可以贬低之前发言的恺撒观点的价值。

离题二（20—22）这部分内容也结合了这篇演说前面的主题和其他演说中的主题。西塞罗在向元老们做了呼吁之后，又回到了自己身上，分析自己的处境。这点回应了他开头序言中的说法，也是这篇演说中除了开头以外对自我的展示。他从自己受到的"敌意"开始，提供了自己的辩解和补充，这既有哲学上的也有实践上的。他把阴谋者当成了自己的敌人，以自己一人对立了众多的阴谋分子。他也表达了自己的态度，他并不后悔自己的所作所为，不后悔自己所提出的意见。他把自己的行为与之前几位军事将领的功绩做对比，其依次列举了从古到今的四位将领：斯基皮奥、小斯基皮奥、马略和庞培，将自己的行为与这些人的相比较。他虽然褒扬了这些将领针对外敌的功绩更大，但又突出自己的功绩也是非常巨大的，因为这是一场永远无法完结的战争。他由此暗示保存罗马的功绩比打赢周边战争的意义更重大。西塞罗也提到，他相信自己有正直之人的帮助，他们能够帮助自己和自己的家庭。他既夸奖了自己，又把自己的命运与正直之人和国家联系在一起。他在演说中并没有用党派色彩更重的共和派（optimates），而是用了更有道德意味的正直之人（boni），亦可见其政治诉求背后的德性诉求。①

结语（23—24）部分是最后的总结陈辞，西塞罗并没有回顾演说的内容，而是以"情"动人。他首先请求大家记住他在任执政官时的所作所为，尤其是他最近的行为。他甚至正话反说，表示如果他的敌人胜利了，他希望把自己的孩子托付给元老院，也进一步突出这场投票的意义所在。②他最终回到这篇演说最直接的目的，呼吁元老们针对当前的危机进行公共的投票。他也强调了自己作为执政官的职责，执政官在这次庭议中的首要职责，是要服从元老院的命令，支持元老院的决定，并且保证执行元老院的决定。

如果从演说本身来看，西塞罗在演说中严守自己的职责，把自己摆在执政官的位置，他在这里只是作为执政官主持了这次庭议而非自己提供意见。他在这次元老院会议中尊重元老院权威并执行了元老院最终做出的决议，他不需要为审判甚至处死喀提林同伙负责。这也是西塞罗后来出版系

---

① 林托特（Lintott）则认为这部分离题内容是西塞罗出版演说时加上去的。
② 在诉讼演说的结尾部分，一般会补充哀伤的请求以博取听众的同情。西塞罗在此也是利用了诉讼演说的要素。这可能是后来补充的内容。

列演说为自己辩护的缘由。但是，西塞罗虽然没有表达观点，但其对自我，对共和国的维护，以及他对恺撒意见的分析，都透露出他支持对阴谋分子处以极刑的建议。他在解释恺撒意见的同时，指出恺撒观点的几个要害，包括其自然哲学观念，以及对语词的滥用，也为之后卡图的胜利提供指引。

前面已经说到，这四篇演说虽然场合不同，演说的内容不同，针对的听众也不同，但其有某些一致的地方。其一致的地方，除了是有关"喀提林阴谋"这一事件之外，还在于西塞罗的自我呈现和自我辩护。不管是在元老院面对喀提林，还是向民众宣告，或者是主持庭议，西塞罗都非常注意呈现自我，把自我塑造与自我辩护结合起来。这个既可以结合当时的情势、政治和思想背景，又可以结合西塞罗后来的处境来理解。在这四篇演说辞中，他既谴责了喀提林及其同伙，又以他自己作为范例，塑造了一个尽责的执政官形象。这组演说是修辞作品的典范，他利用出色的修辞手法，通过对自己品格的塑造，对听众情绪的引导，对阴谋分子有理有据的谴责和控诉，对共和国热烈的拥护，成功争取到大多数人的同情，激起大家对喀提林及其同伙的憎恶以及对共和国的维护，最终达到其演说目的。

第三节 "元老院最终指令"的争论与修辞

"喀提林阴谋"成了西塞罗重要的"思想事件"，部分缘于他对阴谋分子的处理所引出的政治问题，同时它也是一个政治哲学的问题。西塞罗在处理阴谋分子时"不合法"（也就是没有按法律由法庭审判，而是基于元老院决议就处死阴谋分子），这导致他后来被政敌克劳迪乌斯流放。其当时处死阴谋分子的行为，引出了有关罗马法律的争论，这个争论又与"祖法"的认识结合在一起，进一步引出制度的问题。西塞罗当时在被授予"元老院最终指令"的情况下，是否能够绕过现行法律处死阴谋分子，这个争论一直到现代仍然有其特殊的价值。本书将立足于当时的背景和具体文本，既适当回溯罗马的历史，同时又结合西塞罗自己的陈述和后来思想史上对此问题的论争进行探讨。①

我们前面介绍过，在西塞罗向元老院报告了喀提林的阴谋之后，元老院通过了"元老院最终指令"（Senatus Consultum Ultimum，简称 SCU），其全称为 senatus consultum de re publica defendenda，直译就是"元老院有关保卫共和国的最终指令"。这个指令是罗马元老院为了应对突发状况保卫共和国而发出的，最早用于反对提比略·格拉古（见《反喀提林辞》1.3）。② 这个名称最早出现在恺撒的《内战记》（1.5）中，但对其最明晰的表达出现在撒路斯特的《喀提林阴谋》中。③ 撒路斯特在《喀提林阴谋》（29）中提到，元老院投票决定"执政官尽一切努力避免任何东西伤害共和国"（darent operam consules ne quid res publica detrimenti caperet，也就是前面说的 SCU），并且解释了这一指令的内容："按罗马风气，这是由元老院授予官员的最大权力：准备军队，发动战争，以任何方式征调同盟以及公民，拥有国内和行军中的统帅权和最高审判权；否则，没有民众的许可，执政官没有权利行使其中任何一种权力。"西塞罗曾经为了证明他拥有特殊的权限，在其演说中列举了先祖曾经对这一权限的使用（见第一篇《反喀提林辞》）：

> 那位杰出的人物，最高司祭普布利乌斯·斯基皮奥尽管他只是一介公民却杀死了只是稍稍动摇了共和国基础的提比略·格拉古，而我们身为执政官的人能容忍喀提林一心想用杀人放火的行径把整个世界毁掉吗？盖乌斯曾亲手杀死那想搞变革的梅利乌斯……过去在我们国家有过，确实有过这样的勇敢行为，这就是勇敢的人们惩办背叛祖国的公民较之对于不共的敌人更加严厉。

前面已经解释过，西塞罗在演说一开始严厉引用先例，表明自己可以

---

① "元老院最终指令"是古罗马的一种独特政治实践，它从原来的紧急专政权演变而来。原来的紧急专政权赋予执政官过大权力，而"元老院最终指令"则加强了元老院权力。从西塞罗的处境来看，执政官即使被授予了"元老院最终指令"，其权力仍然不同于之前的紧急专政权，仍然受到元老院的极大限制。
② 也有学者认为是提比略·格拉古提出的，但是在普鲁塔克的《提比略·格拉古传》19 中并没有通过这项法令。
③ 恺撒在《内战记》中提到了"元老院最终指令"的滥用，他提到过去只有在"都城有被纵火的危险，有胆大妄为的人无法无天，国家安全已经濒于绝境时才提出来"，而在他那时却被用作攻击政敌的工具。从恺撒的说法，也可以反证元老院当时通过"最终指令"的合理之处。

第二章 西塞罗与"反喀提林辞"的修辞

用武力处决喀提林，但在后来却仅仅止步于驱逐喀提林。其背后的原因之一也在于"元老院最终指令"（SCU）在现实处境中的位置。这个"元老院最终指令"的使用涉及三个问题：一是使用时机，也即对于危机的判断，对紧急状态与正常状态的区分，这涉及西塞罗审判阴谋分子时是否处于"紧急状态"，这点后来也是恺撒与卡图争论的重点；二是发起者和使用者的权限，也就是元老院的权限，以及授予对象的权限；三是如何制衡这种非常状态，避免"残酷"的指责，这涉及有关制度与德性的问题，也是恺撒、西塞罗和卡图庭审辩论中的关键所在。这三个问题形成有关"元老院最终指令"的讨论，也直接影响了西塞罗后来的行为和其政治生涯。本书并非要进行历史探讨，主要还是围绕西塞罗和撒路斯特的文本来进行探讨，以文本带起对历史问题的争论。

有关"元老最终指令"及其产生的争论，至少也牵涉三个方面的问题：一是法律问题，这与西塞罗的行为是否合法有关；二是修辞问题，这与第一个问题密切相关，涉及西塞罗和撒路斯特对这一事件的描述以及恺撒与卡图对此的争论；三是有关德性与制度，涉及如何理解制度与德性之间的关系。我们也可以从这三个方面，更清楚地看到"元老院最终指令"与西塞罗的关系。

一 "紧急状态"与《显普洛尼乌斯法》

西塞罗的行为是否正当，其中一个问题就涉及对喀提林阴谋事件的判断。这里至少存在两个法律问题，一个是他们当时是否处于"紧急状态"，国家是否处于"危险状态"或者"紧急状态"。这也决定了《显普洛尼乌斯法》（Lex Sempronia de capite cuius Romani）的适用性问题，该法律规定，任何公民不能未经审判就被处死。[①] 另一个问题在于，阴谋分子是否符合这部法律的规定条件，也就是他们是否还拥有公民身份。在西塞罗的演说中，我们明显可以看到，西塞罗已经意识到这部法律涉及的问题，他

---

① 《显普洛尼乌斯法》也是他们争论的焦点之一。该法律的具体情况不详，最可能的情况是普鲁塔克在《盖乌斯·格拉古传》中提到的，盖乌斯·格拉古通过了一部法律，这是针对波披流斯将其兄提比略的朋友全部流放而提出的。此法律规定任何行政长官未经合法审判，不能将罗马公民定罪加以放逐。除了此处，西塞罗在《为拉比里乌斯辩》（4.12）中也提到了这部法律，其与后来西塞罗被流放相关。

尽量区分了阴谋分子是"公民"（cives）还是"敌人"（hostis）。他在自己第四篇《反喀提林辞》的演说中回应了恺撒提出的建议，他提出三点理由认定当时处决阴谋分子并不违法：第一，他认为国家已经处在"紧急状态"，卡图在其后的演说中也强调了这点；第二，这些阴谋摧毁国家的人并不能被认作公民，而是敌人；第三，他也对这部法律的有效性提出了质疑，因为提出该法律的人最后也被送上了审判席（第四篇《反喀提林辞》10.7—10）。西塞罗在他后来的多次叙述中，也认为自己行为正当，将国家拯救于危难当中。

国家处于"紧急状态"时发布"最终指令"是罗马共和国给西方政制提供的政治实践，但在罗马有其现实的困境。西塞罗对"元老院最终指令"的使用非常谨慎，也意识到它牵涉的法律问题。① 我们可以根据他同年发表的演说，了解他对这一"指令"所涉及的法律问题的看法。在其同样列入十篇执政官演说的《为拉比里乌斯辩》中，他提到该法律产生的效果，并且认可了"最终指令"有高于普遍法律的效力。② 他在之后的作品中，也持这个看法。但是，这个"指令"表面上给予执政官很大的行动权力，实际上还是受到元老院的制衡，西塞罗严厉引用的先例更多是修辞上的考虑。③ 由此来看，"元老院最终指令"能够提供的法律支撑其实非常有限，西塞罗和撒路斯特的文本呈现出其中的争议，也表明其政治上的困

---

① 有学者比如阿伯特（Abott）和博茨福德（Botsford）注意到西塞罗在第四篇演说中，并没有援引这个"最终指令"来对阴谋分子进行审判和处决，而是处处都提到祖先的法令。他只有在第一篇《反喀提林辞》中，才提到这个"指令"可被用来处决喀提林，但在那里他明显只是想驱逐喀提林，而非处决他。可见西塞罗也认识到这个"最终指令"给予执政官的权力有限。参 F. F. Abbott, "Constitutional Argument in the Fourth Catilinarian", *The Classical Journal*, Vol. 2, 1907, pp. 123 – 125; G. W. Botsford, "The Legality of the Trial and Condemnation of the Catilinarian Conspirators", *Classical Weekly*, Vol. 5, 1912, pp. 130 – 132.
② 《为拉比里乌斯辩》之所以被纳入其"执政官演说"，明显是因为它涉及的政治议题，也就是有关"元老院最终指令"的问题，其议题刚好可以用来理解西塞罗对"喀提林阴谋"的认识。该演说中的问题之一就是如何面对"元老院最终指令"之下公民杀死敌对公民的合法性问题，西塞罗的辩护明显更认同"例外状态"下元老院权威要胜过一般和正常的法律。
③ 现代的研究则相对放大了这一权限，明显结合了罗马的独裁权以及后来对"例外状态"政治实践的理解。比如蒙森的观点，他认为这个"最终指令"给予执政官发动战争的权力，可以建立类似的独裁权（dictatorship），不受正常法律限制。拉斯特（Huge Last）认为这个法令并没有加强执政官的权力，更多的只是提供了证据证明国家处在危机之中，这点倒是更符合西塞罗的处境。参 Th. N. Mitchell, "Cicero and the Senatus Consultum Ultimum", *Historia: Zeitschrift für Alte Geschichte*, Vol. 20, No. 1, 1971, pp. 47 – 61.

第二章 西塞罗与"反喀提林辞"的修辞

境。尽管如此，它却可以作为修辞辅助。不管是在西塞罗的《反喀提林辞》中，还是在撒路斯特的《卡图演说》中，他们都利用了这个背景。

恺撒对此则持有不同看法，他虽然没有完全否认元老院的权威，但更突出正常法律的权威，突出法律在正常情况下高于元老院的权威，更不用说执政官的权威。恺撒在他的发言中，一个策略就是对当前形势的重新定义，从而暗中贬低了元老院的权威。恺撒认为，现在阴谋已经被发现，危险暂时已经解除，国家已经不再处于"紧急状态"。他指出这点其实也就抽离了"元老院最终指令"的必要性和效力，突出了现行法律的权威。他由此提出，对阴谋分子的惩罚应该按照法律的程序，不应该在未审判时就处决他们，而应该把他们监禁起来，等待法庭判决。由此来看，恺撒的观点明显立足于当前的法律，突出当前形势的缓和，以取消由"紧急状态"而来的"元老院最终指令"的权威。①

卡图则把更多的精力用于分析当前的形势，从而建立"紧急状态"以及与此相关的"元老院最终指令"的优先性，卡图的观点最终取得了压倒性的胜利。我们在前面也讨论过，其部分观点也脱胎于西塞罗之前的观点。卡图的主要观点如下：首先，形势上要求他们做出政治判断，他认为，在此处讨论的问题是我们的生命和自由都处于危急关头。我们讨论的不是风气好坏的问题，而是我们所有的一切是属于我们还是敌人的问题。其次，他认为对朗图路斯和其他阴谋者的判决，是对喀提林军队和其他所有参与者的判决，可以起到良好的示例效果，这点其实是对恺撒"先例论"的驳斥。再次，他认为对于这次事件，需要有高度的警惕、有力的行动和明智的意见，而非仁慈和怜悯。最后，他又再一次指明了当前的局势：喀提林的军队在包围我们，有一部分人在城里。所以他提出了自己的建议，对于这些残酷的罪行，供认不讳的罪犯，在现场被抓住的叛国罪犯，应按照祖先的方式对他们加以处决。卡图的发言中，主要立足于对局势的不同判断，他从政治角度出发，认为这正是敌我之间你死我活的争斗，可以援引祖制而非严守法律对喀提林的同伙处以极刑，挑战了恺撒的观点，最终也赢得了大多数元老的支持。卡图的观点契合后来对"紧急状态"的理解，它表明了法律之外的紧急状态，也为西方的政制提供了非常

---

① 恺撒的建议也并没有完全按照法律的规定，他做出了一些新的举措，但还是在最大程度上符合法律。

重要的理论资源和政治实践。

从他们三人的争论中，我们可以看到他们的分歧之一在于对"紧急状态"的不同理解，而"元老院最终指令"成为他们共同的讨论背景。恺撒认为这些人既然已经被监禁，那么国家的危险也就得到解除，所以不存在适用特例的情况，这个时候应该按照《显普洛尼乌斯法》的规定，不能处死他们，只能暂时监禁。西塞罗则认为现在处于"紧急状态"，元老院也发布了"最终指令"，执政官有权力处决危害国家的人。西塞罗认为，这些人的行为已经构成叛国，不再拥有公民的身份，不再适合《显普洛尼乌斯法》，甚至这个法律的有效性也成疑问。相比而言，卡图的观点更明晰，他站在政治的立场上进行判断，而不仅仅是合法与否的立场。如果法律赖以存在的共和国都不复存在了，讨论合不合法就没有意义。国家的生死存亡界定了"紧急状态"。卡图把阴谋分子与罗马人之间的关系定为敌对关系，与祖先对叛国分子的惩罚等同起来。

但从他们的论争可以看出，有关"元老院最终指令"主要涉及两个问题：一是国家是否处于"紧急状态"，由此也决定了元老院是否可以凌驾于普遍法律之上。二是在发布"最终指令"的情况下，最高的权力是在元老院还是执政官。从西塞罗的处理来看，即使国家处于紧急状态，权力最终也还在元老院而非执政官，所以西塞罗一直都强调自己只是执行元老院决议。后来他被流放，则主要与前一个问题有关。我们也可以看到，西塞罗发表演说时，"元老院最终指令"并没有产生法律上明显的作用，它给予执政官的权力非常有限。不管国家是否处于"紧急状态"，西塞罗能做的都非常有限。"元老院最终指令"更多是作为修辞使用的法律背景存在。西塞罗使用它威慑喀提林和他的同伙，撒路斯特则以此为背景，以理解恺撒和卡图的演说，最终引出制度与德性关系的思考。

二　有关"元老院最终指令"的政治修辞

前面已经介绍过，"元老院最终指令"的政治效果其实非常有限，它最大的问题就是直面《显普洛尼乌斯法》，无法对公民实施更为严厉的处罚。西塞罗虽然之前援引过祖制，但最终还是止步于驱逐喀提林。在阴谋分子被抓后，讨论对他们的处罚，也碰到同样的问题。在"元老院最终指令"下，执政官和元老院究竟能有多大权限，仍然是个悬而未决的问题。

第二章 西塞罗与"反喀提林辞"的修辞

换言之,有关阴谋分子的审判,它既是个法律问题,同时又主要表现为修辞问题。不管是对于祖法的引用,还是对法律的论辩,它都与修辞密切相关。这个问题主要体现在演说当中,呈现在两个层面上:一是西塞罗、卡图和恺撒三者在各自观点中的修辞;二是撒路斯特呈现卡图和恺撒辩论这个问题时的修辞。只有结合这两个层面的修辞,才能更好地理解有关"元老院最终指令"的争论。

有关第一个层面的修辞,我们在前面已经简要涉及过。他们三人虽然没有出现在同一个作品中,但是对于当时的读者而言,他们的演说是"共时"的,我们可以把它们放在同一场域来讨论。他们三人尤其是恺撒和卡图的演说是典型的议政演说,会产生政治行动,西塞罗则表面上主持了辩论,实际上偏向卡图后来提出的观点。他们三人除了表达自己的意见外,同时也运用辩论的修辞,以让自己的观点更能被接受,从而引发政治行动。我们可以从修辞学的角度分析他们三人的发言。恺撒和卡图的发言来自撒路斯特的转述,也可以算作撒路斯特的修辞。但他们两人的观点也不等于作者的观点,这点我们在第二个层面中会继续来探讨。①

恺撒发言的时间最早,其内容也最特别。他是以哲学性的说辞开始他的演说,从而将演说立足于一种自然哲学观念,并且突出一种不偏不倚的态度。他针对西拉努斯提出的判处死刑的说法,先强调在考虑困难问题时不能受到各种情绪干扰,暗示了西拉努斯的提议是一时愤怒之言。恺撒虽然多次提到法律,但他最终其实是以"尊严"和"益处"作为法律的基础。他严厉批评违反现行法律的行为,认为会导致"恶例",并且引用了祖先的事例,最终提出了"监禁"的处罚意见。西塞罗因为囿于其执政官的身份,不能公开反驳恺撒,但他在发言时,陈述了恺撒的观点,暗中剖析了恺撒发言中的问题。他直接点出《显普洛尼乌斯法》并不会成为判决的障碍(4.10.7—9),因为他们并非公民(civis),而是国家公敌(hostis rei publicae),从而扫清了法律的障碍,为后面的发言者提供了反驳的线索。西塞罗还特意点出恺撒的哲学以及其可能产生的后果,也即会导致对于基本善恶观念的混淆,尤其是对于语词的滥用。卡图在最后发言时,一反恺撒提出的抛弃各种情绪的影响,而是以"愤怒"的情绪主导了整个演

---

① 撒路斯特在其《喀提林阴谋》中记录了四篇演说,其中两篇是喀提林所作演说,另外就是恺撒和卡图的庭辩演说。

说。他以充满激愤的"政治性"说辞来反驳恺撒貌似中立的"哲学性"说辞，以"政制"的生死存亡来反对恺撒"不合法"的批评，并且对语词的滥用提出了严厉的批判。卡图在其演说中尽力渲染共和国受到的危机以及阴谋分子的邪恶，最终赢得了辩论。

因为卡图和恺撒的辩论来自撒路斯特的记录，在更广的意义来说其实也是撒路斯特的修辞，但我们也要把这些演说放在更大的范围内来理解，放在撒路斯特的文脉中来理解。撒路斯特在其书中，将恺撒和卡图的演说置于书中最核心的位置，把这两篇演说与德性问题关联起来。撒路斯特在他们的演说之后，插入了一段"德性对照"，从而把庭审的法律问题引向了更高的德性问题，从关注制度转向关注德性。由此，我们可以从撒路斯特的这个"对照"来理解他们演说中的修辞。撒路斯特把他们两人列成两种类型的人物，代表了罗马两种不同的德性，他们的德性又最明显的体现在他们的演说中。撒路斯特突出了德性对于罗马非同寻常的作用："我反复斟酌之后，确认正是少数公民的杰出德性成就了所有这些，以及正是这点，贫穷才胜过了富裕，少数胜过多数。"(53.4) 撒路斯特这样描述他们两人的德性：

[54.2] 恺撒被认为伟大是因为仁慈和慷慨，卡图则一生正直；前者以宽厚和怜悯而知名，而后者则以严厉带来荣耀。[54.3] 恺撒因给予，救济，宽恕而获得荣耀，卡图则什么也不收。恺撒是不幸者的庇护所，卡图则是坏人的灾难。恺撒的机宜，卡图的坚定不移而受赞扬。[54.4] 最后，恺撒的心灵魂就够劳作和警惕，当他投入朋友的事业时，忽略自己，他从来不拒绝给予值得的东西，他盼望伟大的统治，军队，发动新的战争，从而使德性能够闪现。[54.5] 但是卡图，则致力于节制，得体（体面，decoris），而且相当严厉。[54.6] 他不跟富人斗富，不与党派分子比派系，而是和有进取心的人比德行，与节制的人比谦虚，与无辜的人比自控，他想要成为实际上而非看起来的好人；这样，他越不想追求荣誉，荣誉就越是紧随其后。

撒路斯特在两人演说之后马上引出了恺撒与卡图的德性之争，也就把这两篇演说置入了德性的视野中，两篇演说即是其两人德性的展现。这两篇演说在撒路斯特的作品中，就具有了特别的意义。撒路斯特并不像西塞罗这么明显地表达出自己的偏爱和喜好，而是通过两人的演说既呈现两人的德性差异，也呈现两人德性的不足。① 如果我们回到撒路斯特的意图，他写作此书主要目的是探讨罗马共和国的衰落因由，他正是以罗马德性的衰落作为罗马衰落的主要原因。这两篇演说就不再仅仅是对喀提林阴谋分子的处罚争论，而是涉及伟大人物的"德性"以及罗马共和国的衰落的缘由。撒路斯特把他们两人的辩论放在一个更宽广的"政治—哲学"视野下来理解，也通过这两篇演说解释了他们两人后来的行动和选择。在共和国末期的政治斗争中，两人选择了完全不同的路线。恺撒为了自己的"尊严"，挥军罗马；卡图则力图维护元老院，最后自杀身亡。

三　制度与德性

这一部分将对"元老院最终指令"引出的相关的问题做一些探讨，主要涉及西塞罗和撒路斯特的文本中对此的理解。在前面的描述中已经注意到，有关"元老院最终指令"的问题既是一个政治和法律问题，但同时也是修辞问题。论辩双方都同时引用了祖法，都有先例可循，证明自己的提议既符合法律又符合祖制。这样冲突的先例表明祖法并不足以证明判决的正确性，而只是提供了冲突的判例。这个时候，就需要诉诸更高的原则。从前面的分析，我们也可以看出，虽然他们的争论执着于法律，但明显都尝试诉诸法律背后的问题。在恺撒那里，他诉诸尊严，在卡图那里，则是国家的安全和共和国的福祉。在西塞罗和撒路斯特的记述中，有关"元老院最终指令"的问题最终指向的是制度与德性之间的关系。制度问题指的是它所涉及的政治与法律问题，这点在前面已经有所探讨。同时，它又与德性密切相关，这点我们在前面也提到过，撒路斯特是将恺撒和卡图的演说放在罗马德性的背景下来探讨的。根据撒路斯特的描述，恺撒之所以反对对阴谋分子处以极刑，除了与法律不合外，还有一个重要原因就在于它会成为一个"新例"（novum exemplum）。他还解释道："所有坏的先例都从好的境况中产生。但是，当统治转移到无视它的人或者不那么好的人那里，新的先例会从值得和适当的人那里转移到不值

---

① 有关德性对照的部分，可以参考巴特斯通《德性对照》，载刘小枫编《撒路斯特与政治史学》，曾维术等译，华夏出版社2011年版。

得和不适当的人那里。"

他也列举了之前希腊人和罗马人的例子：

> [51.28] 拉克戴蒙人给战败的雅典人设立了三十人来管理他们的国家。[51.29] 最初，他们开始未经审判处死了最坏和受所有人嫉妒的人；人民对此很高兴并且说他们做得理所当然。[51.30] 后来，当权限逐渐增长，他们出于欲望和坏人一样杀死好人，以恐惧吓倒其它人。[51.31] 这样一个城邦，受奴役压制，因为愚蠢的快乐蒙受了沉重的惩罚。[51.32] 我们记起，征服者苏拉命令屠杀达玛西普斯以及其它那一类的人，这些人靠损害共和国而成长，谁不称赞他的行为？人们都声称，那些恶人和营党之人理所当然该杀，因为他们以暴乱来扰乱共和国。[51.33] 但是，这件事情就是大灾难的开始。因为任何人希冀别人的家宅或者别墅，最后是花瓶以及衣物，他努力让这人被列入剥夺公民权的名单。[51.34] 因此，那些之前乐于看到达玛西普斯被处死的人，不久之后也被拉进来，屠杀没有尽头，直到苏拉让他所有的自己人充满财富。

恺撒认为，创作新例的后果，就是后面有人模仿，最后新例必将成为恶例。恺撒将问题的落脚点放在"制度"上面。恺撒的说法看似保守，但他只是列举了好的例子可能被误用，但却忽视了好的例子也可以成为一个新的祖制，制度背后的重点其实仍然在人。从他的发言来看，他也只是表面上维护法律，在讨论法律的时候，把尊严置于法律之前，"他们（指罗马祖先）追求什么符合他们自己的尊严，而非能够按法律（iure）对待他们"。颇具讽刺意味的是，正是这位口口声声维护"祖制或者旧制"的恺撒，最后却以"尊严"（dignita）的名义挥军罗马，埋葬了罗马共和国。在恺撒那里，"尊严"明显要高于"法律"和"祖制"。

西塞罗则在其演说中，将祖制的基础立足于共和国的福祉，同时立足于执政官的德性。他在引用"祖制"之时，并不是强调祖宗之法不可改，反而是突出"新例"之"必要性"。不管是在针对提比略·格拉古，还是针对后来众多的事例中，他都以"新例"作为祖宗之法，从而与恺撒的"旧例"形成对峙。卡图同样认为，好的先例会产生好的效果，对抓获阴谋分子的判例，也会成为对所有阴谋分子的判例，会达到正面的效果。表面上来看，西塞罗、卡图与恺撒的区别在于对"旧制"和"祖法"的理解，但其背后则是对支撑制度的原则的对峙。如果更进一步，我们可以说是他们的德性观之间的差别，这才是支撑其论点的基础。

面对他们的冲突，我们可以进入两个背景当中：一个是西塞罗的《论共和国》和撒路斯特的《喀提林阴谋》；二是西塞罗的《论法律》。西塞罗的《论共和国》和撒路斯特的《喀提林阴谋》这两部作品都把罗马的历史放在哲学的背景之下进行考察，从而建立一个高于政治的理解角度。在这两位作家笔下，共和国的变迁，都与人的德性密切相关，而非执着于制度。制度的变更主要还是来自人的德性的变更。西塞罗的《论法律》中提供了对"法律"更好的理解，他认为我们不能执着于法律，而是要看到法律的来源——自然。德性在撒路斯特的说法中，正是自然在人身上的显现。西塞罗的说法也就是我们常理解的"自然法"，它高于成法。不管是在西塞罗还是在撒路斯特眼中，法律背后都有更高的支撑，它与德性和自然相关。在古典思想家眼中，德性无疑在城邦的变迁中占据基础性的地位，制度的合理和合法性都依托于德性。但恺撒的观点却更有现代意味，他更关注制度本身的合理性，却忽视了人的德性差异。这也可能来自恺撒信奉的哲学观念，他以一种较低的标准看待人的德性，尤其是德性的好坏差别，不相信人的优越德性会改进制度，不认可德性败坏才是政治衰落的原因。恺撒只相信"新例"只会是"恶例"，而不认为会成为"善例"。[①]

本节我们探讨了有关"元老院最终指令"及其产生的争论，我们既看到其涉及的法律问题，同时又涉及修辞的问题，也即如何理解祖法。但是，最终西塞罗的流放，是发生在公元前58年，这又不仅仅是法律和修辞的问题，而且与当时的权力角逐密切相关。从普鲁塔克的《西塞罗传》中，我们可以看到，西塞罗被流放的"法律原因"最终也只是克劳迪乌斯的一个借口，也得到了恺撒的默许，其流放生涯是后期权力角逐的结果。但这并不表明对其法律问题的争论没有意义。西塞罗以及针对西塞罗的流放引发的这个问题，不仅涉及法律，还涉及法律背后的问题，关系到法律的根基以及对制度与德性的思考，是人类永恒的问题。

---

① 有关恺撒的哲学观念，将在第三章第三节"庭审修辞：审判与正义"中具体讨论。

第四节 论西塞罗的纪事思想

西塞罗虽然没有写作纪事,但其纪事思想却极大地影响了后来的纪事书写。本章将结合"喀提林阴谋"这一事件以及西塞罗对此的认识,并结合其他讨论纪事的作品,来尝试探讨其纪事思想。前面已经介绍过,西塞罗曾催促其友人写作纪事,并且多次提及纪事的原则和地位等问题。他自己没有时间却催促朋友写作的纪事就是"喀提林阴谋"这一事件。由此,我们既可以通过"喀提林阴谋"这一事件来看西塞罗的纪事思想,同时又可以从他的纪事思想来看"喀提林阴谋"这一事件。

一 演说与纪事

纪事在西方古典时期与修辞学关系密切,纪事也受到演说家的偏爱,西塞罗正是基于这个立场来理解纪事。西塞罗对纪事思想的讨论与其对演说的讨论结合在一起。他提出了最著名的有关纪事地位的观点:"纪事是时代的见证,真理的光辉,记忆的生命,生活的导师,古代社会的信使"(Historia vero testis teporum, lux veritatis, vita memoriae, magistra vitae, nuntia vetustatis,《论演说家》2.36)。但是,我们不能忽视的是,这段话出现在其论演说家的作品中。西塞罗主要在其论演说家和演说术的修辞作品中探讨纪事的地位和原则,这些作品包括《论取材》《论演说家》《演说家》等。就此而言,西塞罗理解的纪事与演说术关系密切。本节将结合西塞罗讨论纪事的具体语境来分析他对纪事的理解,探讨纪事与演说乃至修辞学之间的关系。

《论演说家》是西塞罗写作的有关演说和演说家的作品,其主要借助两个对话者克拉苏斯(Crassus, L.)和安托尼乌斯(Antonius, M.),来阐述他对演说术和演说家的理解。不同于一般人对演说的观点,《论演说家》把演说家抬高到类似哲学家的地位,要求他们必须了解各种学科。西塞罗的代言人克拉苏斯把演说家定义为:演说家乃是对任何需要用语言说明的问题(quaecumque de re)都能充满智慧地、富有条理地、词语优美

第二章 西塞罗与"反喀提林辞"的修辞

地、令人难忘地、以一定尊严举止讲演的人。① 他还进一步界定，

> 即使演说家不明晓其他技艺和科学的内容，仅仅知道法庭辩论和诉讼实践需要的那些知识，但是当他需要讲演时，他只要向精通事物实质的人了解事情本身，那他便可以远比从事那些科学的人讲演得更好。②

在克拉苏斯看来，演说家不仅掌握语言的技艺，而且对其他学问也熟知，能够用合适的语言表达出来。在《论演说家》第二卷，他们具体讨论了演说如何展开的问题以及演说术与其他学科的关系，有关演说与纪事的关系就在此处展开。西塞罗在借助对话者论及演说家的任务和能力时，提到了纪事的地位，他的原话是："而纪事，这时代的见证，真理的光辉，记忆的生命，生活的导师，古代社会的信使，除了演说家之外，还有什么其他声音能使它永存不朽？"西塞罗虽然给予纪事很高的位置，但是却把演说家抬高到纪事之上，并且明确纪事与演说的关系。纪事虽然有如此重要的地位，但却必须借助演说家才能不朽。西塞罗明显站在演说家的立场上来谈论和认识纪事。前面克拉苏斯对演说家的理解，同样也可以用来理解纪事家。因为纪事家也类似于演说家，纪事家也针对"任何需要用语言说明的问题"，而纪事家也不需要是这些方面的专家，这样就把纪事家与演说家类同起来。

在此之后，西塞罗又进一步借对话者的谈话展开了对希腊纪事的描述。希腊纪事从早期的仅用来记录事件的年代记汇编（annalium），到后来逐渐丰富。他特别提到在希腊，最富有口才的人并不从事诉讼演说，而是在其他事业上显露才能，特别是从事纪事写作（ad historiam scribendam）。在此，又把罗马的演说与希腊的纪事类同起来。也可以说，演说在希腊的表现形式之一是纪事，或者说古希腊的纪事在罗马的表现形式是演说。西塞罗对这两者的关系理解非常特别，把希腊的纪事与罗马的演说等同起来，其实也就通过对希腊纪事的追溯，把演说类同于纪事，从而极大地扩宽了演说的范围，也明确了纪事在古典时期的地位。西塞罗在《论法律》中同样继承了这一看法，在对罗马纪事的描述中，他也突出了之前纪事的

---

① 另一位对话者安托尼乌斯不同意克拉苏斯的定义，他将演说家定义为：演说家乃是在诉讼的和社会的事务中善于使用能令听觉愉快的语言，善于发表能使心智赞赏的看法（sententiis ad probandum accommodatis）的人。

② 除非特别指出，本书《论演说家》《论共和国》《论法律》译文均使用王焕生译文。

不足，而把写作纪事之重担落在自己身上，其原因也在于西塞罗是演说家，最适合写作纪事，从而把纪事与演说术结合起来。

从以上的分析来看，西塞罗主要站在演说家的立场上来认识和理解纪事，突出纪事家的地位。西塞罗认为的纪事家类似于演说家，能够用合适的语言表达各种学科的知识，这也奠定了"纪事"在后来的基本地位。我们对西塞罗纪事思想的探讨，必须立足于他如何定位纪事与演说的关系，如此才能正确理解。

二 西塞罗的纪事实践

西塞罗虽然没有写作纪事，但是他在其《论共和国》和《论法律》中通过对罗马早期历史的论述以及对纪事原则的探讨，呈现了他对纪事的理解和实践。在《论共和国》中，西塞罗借小斯基皮奥之口讨论了有关最佳政制的问题，其明确了在单一政体中，王政是最佳政体，其次是贵族政体，最差是民主政体。这三种政体在其运转良好的情况下，各有其优点。不过，三种政体都容易变成相反的政体，也就是僭主制和寡头制。[①] 由此引出了政体更迭的问题。小斯基皮奥认为，混合政体是最稳固的政体，也是可行的最佳政体。在卷二，小斯基皮奥则结合罗马的早期历史来验证其混合政体论的优越性。他提到其论述的主旨在于，"我就说明那是怎样的体制，有什么特点，证明它是一种最优越的国家体制，并且以我们国家为例，尽可能把整个关于最好国家体制的谈话用来阐述它"（《论共和国》1.70）。

从《论共和国》的背景以及其作品结构来看，西塞罗对罗马历史的描述有其政治上的特殊考虑。西塞罗的《论共和国》虽然记述的是公元前129年发生的一次谈话，事件的主角也是历史人物小斯基皮奥，但其写作契机却是共和国当时的政治危机，表达的观点也主要是西塞罗的观点。当时，共和国已经处在风雨飘摇中，西塞罗也无力在政治生活中施展拳脚。[②] 西塞罗写作《论共和国》，一是为理解罗马政体提供一个哲学维度，他继承了柏拉图在《理想国》中的政体论观念，并且从哲学的角度探讨了政体的优劣，同时提

[①] 斯基皮奥提到民主制的相反形式，没有一个合适的词，所以也称为"僭主制"，见西塞罗《论共和国》。

[②] 大体认为《论共和国》写作于公元前51年前后，当时刚好处在庞培和恺撒两人势力对峙之时，西塞罗左右为难。

出了"混合政体"的优越性。二是把罗马的政体解释成"最佳政体"的典范（参《论共和国》1.70—71，其明确表示有这方面的考虑）。就这点而言，西塞罗在《论共和国》中记述罗马早期历史至少有两个方面的现实考虑：一是提供理解罗马现实政体的思考角度；二是美化罗马的历史。对于罗马的历史、其政体合理性，西塞罗需要一个更高的来自理性和自然的标准，罗马政体仅仅是"习俗的"还不够，而且要证明它是符合自然的，有更高的标准。西塞罗在《论共和国》中对罗马早期历史的解释，就把"古老""自己的"与"正确（自然）"这三者结合起来。这样既对罗马的历史给出了一个理解和思考的维度，同时又通过美化早期罗马，把罗马历史建立在一个更高的标准之上，以这个标准可以来审视当前共和政制面临的危机。西塞罗在《论共和国》中对共和国的探讨，既是理论探讨，也是对罗马政制的重构。[①]

西塞罗的《论共和国》对"最佳政体"的探讨中最明显的就是对混合政体的探讨。他的混合政体论很有可能来自柏拉图的《法义》以及波里比乌斯的《罗马兴志》。柏拉图虽然在《理想国》中借苏格拉底之口推崇最好的政体是王政，因其符合自然，但在其《法义》中又提及，最稳定的政体是混合政体。但把混合政体的观察运用于罗马，则主要是波里比乌斯的功劳。波里比乌斯则在其《罗马兴志》的第六节专门讨论了罗马之所以能够成长为一个帝国，就在于其政制的优越性。波里比乌斯在该书中还把罗马的政体与雅典和斯巴达等地的相比较，认为混合政体更适合一个伟大的帝国。西塞罗也曾多次称赞过波里比乌斯的混合政体论。但是，西塞罗在卷一提供了政体的循环论，对于混合政体却没有提供这种政体的循环论，表明这种混合政体的优越性在于其能避免这种循环，而是更为稳定的的政体。[②]

[①] 对于西塞罗作品中对罗马历史的重构，也为很多学者所注意，对此的分析可以参看 Matthew Fox, "Literature, History, and Philosophy: The Example of De re Publica", in Matthew Fox, *Cicero's Philosophy of History*, Oxford: Oxford University Press, 2007.

[②] 《论共和国》（69）："其次，这种政体具有稳定性，因为那几种政体很容易变成与它们相对应的有严重缺陷的状态，国王变成主宰，贵族变成寡头集团，人民变成一群好骚动的乌合之众，并且那些政体常常被一些新的政体所更替，那种情况在这种综合性的、合适地混合而成的国家政体里几乎是不可能发生的，除非首要人物出现巨大的过失。要知道，由于在这种政体中每个公民都被稳定地安置在自己应处的地位，因此不存在可以引起变更的原因，也不存在它可以趋向崩溃和毁灭的政体形式。"有关西塞罗的混合政体观及其与波里比乌斯的关系，可以参见 Jed W. Atkins, "Cicero On the Mixed Regime", APSA 2011 Annual Meeting Paper。国内的研究可以参考蔡丽娟、杨晓敏《论西塞罗的历史思想》，《中南民族大学学报》2011年第6期。

在《论法律》中，西塞罗的这种观念得到进一步强调。在《论法律》的开头，以对纪事的讨论展开。在第一卷第二节，阿提库斯就敦促西塞罗应该写作纪事，这既是对朋友尽责，也是对国家尽责，让国家得到颂扬。阿提库斯也重新提到西塞罗在《论演说家》中的原则，写作纪事者应该是个演说家。昆图斯提到其与西塞罗在写作纪事上有分歧，主要在于应该从什么时候开始写作，西塞罗认为要写纪事家的同期事件，这样可以包括西塞罗自己参与的事件，而昆图斯则认为从远古时期开始。西塞罗进一步提到写作纪事的要求是空闲，但自己却忙于国政没有时间写作。之后，空闲的时间却被有关法律的探讨所占据。

虽然西塞罗被认为是最适合写作纪事的人选，其最终却没有写作他当代的纪事，而是由撒路斯特来完成。但撒路斯特并非西塞罗认为的合适人选，因为撒路斯特并非演说家，其纪事思想明显出自不同的资源。但是，西塞罗在《论共和国》和《论法律》中提供了有关其纪事的实践，记述了有关罗马早期的历史，以哲学家的视角来重构罗马早期历史，有助于我们进一步认识其纪事思想。

三 西塞罗的纪事原则

在现代视野下，历史的首要原则是"真实"，这后面有现代自然科学和实证主义的影响，但在古典时期的"真实"并不同于现代的"真实"。我们前面也分析了，西塞罗是在修辞学的视野下把纪事类比于演说，理解"纪事"的原则不能脱离他对演说术的理解。他对早期罗马史的记述，也明显不是基于"真实"，而是服务于更高的原则。西塞罗的纪事原则，既有其修辞上的具体考虑，又有对于事件的认识。西塞罗谈及"纪事"时也曾经特别提到"真实"，但这一"真实"概念与现代史学的"真实"有明显区别。

西塞罗对于纪事的说法主要在两部作品中，一部是他给路克凯乌斯的信，另一部则是非常著名的《论演说家》，而这两部作品都写作于同一年，我们可以把这两部作品结合起来理解西塞罗的纪事思想。

亲爱的路克凯乌斯：

  我时常私下里想向你提出下面这个问题，只是怕被你拒绝，让我

第二章　西塞罗与"反喀提林辞"的修辞

觉得尴尬，因为这并非是政治家的气质。然而，现在我们分开了，我有足够勇气来提出这个问题。毕竟，一封书信不会让人不好意思。

你不知道我多么想你在作品中来称赞我的名字，在我看来，这是一个非常合理的希望。我知道你经常说，这是你的目标，但是请原谅我的不耐烦。你看，我经常对你独特的写作风格寄予厚望，但是它已经超出我的期望，而且我被完全征服了：我极其希望我的成就能够尽快出现在你不朽的作品中。我并不仅仅希望不朽，被后世记住：我只是想在我活着时感到快乐，这种权威性只有你的作品能够提供。你的认可与你的文学特质符合。

的确，当我写作时，我体验到你的压力，这来自那些你已经使用和安排的材料。我认为，你已经差不多完成你有关意大利和内战的解释，你告诉我你已经开写作剩下的时段。我不想错过这个机会，请求你考虑这个问题。你能否把我的故事整合进那个剩下的时段，或者……

将喀提林阴谋与外敌的战争区分开来？就我的名气而言，我不认为它们会有什么影响；但我非常没耐心，我并不想你再等了，马上进入你的位置写作：我希望你开始从整体上把握那个时期的事件本身。如果你将全副心思关注一人一事，我能够发现，所有事件将会丰富而精巧。

当然，我知道我所作所为多么羞愧：首先让你处在这样的责任中（虽然你一直可以找其他借口拒绝我），我现在要求精细地处理（ornes）。难道你不认为我的成就当得起美化（ornanda）？当然，一旦超过了得体的程度，我们真应该感觉难为情。所以我重复，美化（ornes）我的行动不违反你的判断，在此过程中不顾纪事的法则（et in eo leges historiae neglegas）：你揭示出，偏见（gratiam），你在一篇或者几篇序言中漂亮地讨论过的偏见，比起色诺芬作品中影响赫拉克利斯的快乐，更不能影响你。所以，如果它如我所愿地强烈地推动你，请不要压制它，只要你对我的感情稍微超越真实。

如果我能建议你负起这个责任，我确定你会发现这些材料会出现在你流畅的笔端下。在我看来，如果你从阴谋开始，以我流放结束归来，会形成中等规模的书。一方面你能够利用你对内乱的了解来解释革命或者给政治危机提供治疗，同时可以批评你认为需要批评的事情

(vituperanda),完全合理赞成你想赞成的东西（exponendis rationibus comprobabis）。另一方面，如果你认为需要更自由地（liberius）处理，就像你常常做的，你可以谴责混乱，阴谋和背叛，这是很多人对我的态度。在你写作时，我的经验会给你提供丰富的多样性（varietatem），这种多样性混合着快乐，能够吸引你的读者注意。没有什么比起多变的时代以及命运的升降（temporum varietates fortunaeque vicissitudines）更适合取悦读者（delectationem lectoris）。当然，我在当时并不喜欢它们，但是阅读它们会非常愉快（iucundae）：在安全的房子里回忆过去的不幸是件快乐的事情（delectationem）。当人们没有经历他们看到别人的不幸（intuentibus）时，他们体验到快乐（iucunda），当他们表示怜悯之时。毕竟，我们的快乐和怜悯并不来自于伊巴密农达（epaminondas）在曼提尼亚（mantinea）将死的场景？记住，直到他收到一个满意的回答，是否他的盾是安全的，他才下命令移动长矛。所以尽管他的伤口很痛，但是他的心灵能够静止，死得伟大。在阅读忒米斯托克勒斯的流放和死亡时，谁的注意不会警觉和被吸引（retinetur）呢？单调规整的《编年纪》影响了我们，就好像我们在阅读官方的日志；但是未预见和变动的环境环绕在伟大人物身边会引来肯定、期望、快乐、痛苦、希望和恐惧（admirationem, exspectationem, laetitiam, molestiam, spem, timorem）。如果他们有值得记住的成就（exitu notabili），读者会感到温暖的快乐（iucundissima voluptate）。

如果你决定把我所体验的戏剧（打个比方）与你处理后面历史的叙述分开来，将会非常让人欣慰。你会发现它有很多的"行动"以及很多有关戏剧突转的范例（multasque mutationes et consiliorum et temporum）。

西塞罗在其《致路克凯乌斯的信》[1]中主要涉及三个问题，第一是有关纪事的原则，也就是写作中"偏私"的问题，这点将在后面结合《论演说家》来讨论。第二是如何写作"喀提林阴谋"的纪事，也在最后会进行

---

[1] 注：文中的拉丁文主要依据《西塞罗书信选》（Shackleton Bailey ed., *Cicero: Select Letters*, Cambridge: Cambridge University Press, 1980, pp. 40 – 41），同时参考了 Woodman 英译稿（Woodman, A. J., *Rhetoric in Classical Historiography: Four Studies*, Areopagitica Press, 1988, pp. 70 – 73）。

第二章　西塞罗与"反喀提林辞"的修辞

简要探讨。第三是涉及赞扬与批评、怜悯与恐惧的问题，这些都是典型的修辞学问题。由此来看，西塞罗正是站在修辞学的角度来认识纪事，这点在西塞罗的《论演说家》中有着更明确的表达。

西塞罗在《论演说家》（2.15）中提及纪事原则之前，先展开了有关纪事家与哲人和诗人的比较。安托尼乌斯谈到自己阅读哲学家的著作时，被那些普遍了解、一目了然的标题所吸引，例如关于德性、公正，关于尊严，关于快乐，但是他却一句都不理解，它们被细微以及不相关的议论纠缠。至于诗人，他们说的似乎是另一种语言。他谈到自己特别喜欢和那些记录过去的事件或者自己演说辞的人来往，或者和那些表示显然希望与我们这些没怎么接受过教育的人接近的人交往。他接下来才提到了纪事的原则问题：

> 历史的首要原则是不可有任何谎言，其次是不可有任何不真实，再次是写作时不可偏袒，不可怀怨？这些"地基"无疑是众所周知的。建筑物本身由事件和语言建构。叙述事件要求有时间顺序，有地点描写。由于人们对重大和值得记忆的事件首先要求的是计划，其次是行动，然后是结局。因此，在叙述计划时需要指出作者赞成什么，在叙述发生过的事件时不仅要说明发生了什么和说过什么，而且还要说明是怎样发生的和怎么说的，在说明事件结局时阐述清楚所有的原因，不管是偶然性的，或者是符合理智的，或是轻率的行为，最后在谈到声誉、名望都很昭著的人物时不仅要说明他们的业绩，而且要说明他们的生活和品格。最后，词语特色和语言风格要通顺流畅，轻松平稳如涌溢的流水，没有审判语言的严厉，没有诉讼语言惯有的尖刻。（《论演说家》2.62－2.64）

西塞罗对纪事原则又做了一个特别的区分，这是有关地基（fundamenta）和建筑物（exaedificatio）的区分。[①]"真实"是纪事原则的地基，其建筑物则是接下来的有关事件和语言。在西塞罗的陈述中，"地基"是众所

[①] 在王焕生的译文中没有很好地处理出"地基"与"建筑物"的关系，而把 fundamenta 翻译成"基本原则"，这样无法与"建筑物"（exaedificatio）形成对应，容易产生误解。西塞罗在此的层次很清楚，一是"地基"，是要"真实"；二是"建筑物"，主要由"事件"（res，英译为 content）和"语言"（verbis，英译为 style）组成，后者是修辞学处理的典型论题。

周知的，而"建筑物"才是他重点强调的。西塞罗有关"地基"的论述主要有三个层次。第一个层次是历史的原则，西塞罗提到主要有三个，一是不能说谎（ne quid falsi dicere）；二是不可有不真实（ne quid veri non audeat）；三是不可偏私（ne quae suspicio gratiae sit in scribendo），不怀怨（ne quae simultatis）。除了这些原则之外，他还提到了"建筑物"。"地基"和"建筑物"的区分特别值得注意，它表明了纪事的基本原则与修辞特点。西塞罗提到建筑物由事件和语言构成，这是一个典型的修辞学说法。① 第二个层次是对写作纪事的具体要求，主要是记述事件和使用的语言，这两者都与修辞学相关。事件主要是有关的计划、行动以及结局，这些说法也出现在他有关修辞学的论述当中。此外，西塞罗还强调了作者与事件的关系，作者在叙述事件时是带有价值判断的，这点不同于现代的史学标准。西塞罗还专门提到如果叙述大人物，就不仅要说明业绩（res gestae），而且要说明他们的生活和品格（vita et natura）。第三个层次涉及纪事的语言风格，纪事使用的语言与审判和诉讼语言明显不同。

　　我们先来看《论演说家》中谈及纪事的总原则，西塞罗并没有正面列举原则，而是连用了否定的表达，用了三个否定词来表达纪事的三个原则，这点值得注意。第一个是不能说谎（falsi），这个词同时也有"虚假"的意思，这一点可以与诗歌比较。诗歌的特点主要是虚构，纪事不同于诗歌的一点在于纪事并非虚构，而是实有其事。第二个是不可有不真实（ne quid veri non audeat），他没有直接说要真实，却用了双重否定来谈论纪事的"真实"，也就给"真实"留下了很大的空间。我们在前面分析中，可以看到西塞罗并不是特别重视历史"真实"。在《论法律》卷一中，当阿提库斯问起他有关《马略》的真实性时，他提到诗人与证人的"真实"的区别。他提到了纪事与诗歌的区别之一在于"纪事要求真实，而诗歌则大部分给人快感"，但同时也提到纪事之父希罗多德的作品中同样有很多传说。西塞罗的真实并不同于我们现代的"真"，而更接近"不偏不倚"之义，也就是第三个的不可偏私，不怀怨。西塞罗的第三个原则实际上也进一步解释了第二个原则的不可有不真实之义。"不可偏私"和"不怀怨"，也进一步呈现写作纪事必须告别个人的好恶，要保持"不偏不倚"的态度。西塞罗这种观念也出现在其他的纪事家身上，撒路斯特也突出其写作

---

① 昆体良也曾经有过类似说法。由此可见，这是一个典型的修辞学陈述。

第二章　西塞罗与"反喀提林辞"的修辞

纪事的优势在于其已经告别了希求、恐惧和偏见。①

在具体的叙述中，西塞罗又对事件做了进一步要求。事件包括了计划、行动和结局（consilia, acta, eventus）。这个陈述也出现在其《论取材》中，这也是修辞学处理的典型问题，西塞罗在《论演说术的分类》（Part. Or. 31－2）中把这三者归入叙述（narratio）中（亦参《论取材》1.29）。② 西塞罗特别指出，在叙述计划时，要指出作者赞成什么（probet）。西塞罗并非站在中立和客观的立场来叙述事件，而是有其明确的价值判断。在叙述发生过的事件时，要说明怎样发生和怎样说的（quo modo et cum de eventu）；在说明结局时，要阐述清楚所有的原因。不管是对于作者的态度，还是对事件的叙述，以及对原因的探讨，都可以看出写作者对事件的重要意义，而非把纪事与作者单独分开。此外，西塞罗还特别补充了对伟大人物的叙述需要补充品格和生活。对于伟大人物的叙述，重点关注其本性（natura），从其本性出发来理解其功绩，这也是古典纪事的一大特点，从本性来理解其行事。③

最后在语言特色和风格上，西塞罗又将其与不同类型的演说区分开来。它既不像审判语言一样严厉（asperitate），也不像诉讼语言一样尖刻（aculeis）。西塞罗在其《论取材》中专门提到了语言的问题，而且他还把语言风格与古希腊的两位纪事家联系起来。就语言风格来说，西塞罗更偏向希罗多德的语言风格。在这一点上，西塞罗眼中的纪事更像是赞颂演说。

西塞罗从总体原则、事件和语言三个方面来总结了纪事的原则，尤其是他提出的三项总的原则，奠定了纪事的基本原则。西塞罗还强调了在建

---

① 可以参考撒路斯特自己对写作纪事有信心的原因：我个人不再有所希求，不再有所恐惧，不再有派系的偏见（a spe, metu, partibus rei publicae, 4.2）。西塞罗在其给路克乌斯的信中也提到写作纪事中偏私的问题（《家书集》5.12.3）。伍德曼认为西塞罗是以不偏私来看待真实，而非我们现代的真实观念。伍德曼认为，西塞罗的这种观念是古典纪事家的普遍共识。除了西塞罗外，撒路斯特、李维和塔西佗都有所强调。另外，就像琉善这样被认为是最强调真实的纪事家，他的真实观与西塞罗也并没有不同。

② 在涉及叙述（narratio）时，西塞罗提到既要准确又要吸引人，并且提出如何准确，以及如何吸引人。Narratio 是修辞学中经常讨论的问题，琉善甚至认为，纪事就是扩展版的叙述（参琉善《如何写作历史》55）。

③ 如果我们结合撒路斯特的《喀提林阴谋》来看，则可以看到西塞罗的一些原则还是体现在撒路斯特的写作当中。

议、叙述和结局中需要注意的方面以及语言上与演说的区别与共同点，揭示出纪事与演说之间的密切关系与区别。西塞罗在书中提出的三点原则，既是他认为的纪事的原则，同时也被他吸收为演说术的原则。这些内容并不在一般的演说教材中出现，而是西塞罗对演说的扩充。西塞罗其实既是在讲纪事，也是在扩展演说术。

四 "喀提林阴谋"与西塞罗的纪事观

前面介绍了西塞罗总体的纪事思想以及西塞罗的纪事实践，西塞罗提供了写作纪事的规范和原则。西塞罗虽然主要记述了早期罗马史，但在《论法律》中却提到，与其写作远古的事情，不如写作当前发生的事情。西塞罗也曾在其书信中专门讨论了写作有关喀提林阴谋的纪事。在其致好友路克凯乌斯的书信中，西塞罗提到希望朋友写作"喀提林阴谋"并且提出这一纪事原则。

西塞罗希望其朋友从整体上（totam）来把握这一事件，关注"一人一事"（uno in argumento unaque in persona），这样会让所有部分"丰富而精巧"（uberiora atque ornatiora）。这是西塞罗对写作"喀提林阴谋"纪事提出的要求，同样也提到纪事的写作原则。

如果我们站在西塞罗《论演说家》的立场上，把纪事与演说结合起来，那西塞罗虽然最终没有写作有关喀提林阴谋的纪事作品，但其四篇《反喀提林辞》同样也可以按照纪事的方式进行理解。虽然这是一篇当时的政治文献，但其同样呈现了纪事的要素，可以当成纪事作品来理解。通过这一系列演说，西塞罗既较为完整地呈现了"喀提林阴谋"的概况，同时通过对这一事件的介绍（尤其是第三篇演说）以及在元老院对喀提林的斥责（第一篇演说），包括最后对喀提林同伙审判的意见（第四篇演说），呈现出纪事的必要部分。西塞罗既通过演说解释了喀提林阴谋发生的原因，介绍了阴谋的过程和阴谋被发现的结果，同时表达了自己的态度，并且在演说中或明或暗地赞扬了自己。西塞罗虽然是以演说的形式呈现"喀提林阴谋"，但其演说同样可以按照"纪事"来理解和认识。

西塞罗的朋友并没有回应其要求，最后写作《喀提林阴谋》的是撒路斯特。有学者认为，撒路斯特的《喀提林阴谋》正是对西塞罗这一要求的讽刺性回应，但这个解释并不合理。撒路斯特虽然没有把西塞罗当成其叙

第二章 西塞罗与"反喀提林辞"的修辞

述的主角,甚至弱化西塞罗的形象,但也没有丑化西塞罗,没有否定西塞罗在其中的作用。撒路斯特也是关注一人一事,只是以负面人物"喀提林"勾连起整个事件,把重点从对这一事件的记述上升到对共和国衰亡的理解。对于伟大人物的介绍而言,他也主要介绍了恺撒和卡图两人的品格,只是没有涉及西塞罗。由此可见,撒路斯特并没有太过偏离西塞罗的主旨。

西塞罗虽然没有写作纪事,但其在《论共和国》中以记述罗马历史的方式,解释了其最佳政体的构想,也美化了罗马早期历史。同时他在《论演说家》中,把纪事与演说结合起来,形成古典时期对纪事最为典型的看法。纪事在西方古典时期与修辞学关系密切,这部分也要归因于西塞罗对其的定位。西塞罗对纪事地位的陈述,形成了纪事最明显的特征,其不说谎、不讲不真实之事、不偏私不怀怨的原则以及对事件和语言的说明都影响了后来的纪事写作。他最终虽然没有成为纪事的主角,但相关的作品呈现了其纪事思想,其四篇《反喀提林辞》演说也部分填补了这一遗憾。最终,撒路斯特接过了这一任务,写就了其著名的《喀提林阴谋》,却是以不同的旨趣,由这一事件探讨罗马共和国的兴亡之由。

第三章 撒路斯特与"喀提林阴谋"的叙述

第一节 撒路斯特与《喀提林阴谋》

一 撒路斯特其人及作品

撒路斯特，全名 Gaius Sallustius Crispus，拉丁译名撒路斯提乌斯［或者按现代西文简译为撒路斯特（sallust），国内也有译为萨鲁斯特等］。公元前86年生于罗马东北部萨宾地区的小城阿米特尔努姆（Amiternum）。[①]他的仕途始于担任财务官，历任保民官、行政长官等职务，但也多次遭到指控，政治生涯几经浮沉。他曾两次被开除出元老院，最终决心退出政坛，转向记述罗马人的功业。撒路斯特经历了罗马共和国末期的重大变迁：早岁经历了意大利内战和苏拉（Sulla）独裁，亲历了公元前60年代中期的动乱和阴谋，中年见证了庞培东归以及恺撒发动的内战，晚年刚好碰上"后三头同盟"执政时期的大清洗，政治阅历非常丰富。

撒路斯特名下共有三部作品，按写作时间，第一部是《喀提林阴谋》，记述公元前63年发生的"喀提林阴谋"，紧接其后的是《朱古达战争》，记述公元前111—前105年罗马人与努米底亚的朱古达发生的战争，最后一部作品是《纪事》（*Historiae*），以编年方式记述前两次事件之间的事件。此外，还有两部真伪莫辨的作品：演说《控西塞罗》以及《致老年恺撒的信》。但是，《纪事》并没接着《朱古达战争》结束的时间，它的结束也

[①] 此部分对撒路斯特的介绍出自一些早期作家的作品片断，亦参考中译本前言。

没有连着《喀提林阴谋》。它刚好省略了意大利内战，尤其是苏拉的独裁，以及秦纳（Cinna）的反扑，而始于苏拉去世的那一年，也即公元前78年。之所以省略苏拉独裁，撒路斯特的说法是，"至于苏拉后来的所作所为，我不知道人们在提到他时，是应当感到羞耻，还是感到悲痛"（撒路斯特《朱古达战争》95.4）。①《纪事》这部作品大部分散佚，仅留下了四篇演说、两封书信以及部分从其他作品中集佚的材料。从文体来看，前两部都是政治纪事（monography），针对具体的事件，第三部作品是编年著作。

那么，撒路斯特为何针对"喀提林阴谋"这个事件，以政治纪事的方式开始他的写作呢？撒路斯特在他的《喀提林阴谋》中自述，他由政治转向纪事出于两个方面的原因：一是对政治生活的失望；二是写作也是达成荣耀的方式。另外，他也强调了因为雅典有那些非凡才智的作家，雅典人的功业才彪炳史册（《喀提林阴谋》8）。可见，他将自己摆在这样的位置：他借助写作纪事让罗马功业彪炳史册，并且挑战古希腊经典作家。如果谈到事功，撒路斯特肯定同时会想到挫败喀提林阴谋中的英雄——西塞罗。在罗马人心目中，西塞罗是粉碎喀提林阴谋的英雄、"共和国救星"、"祖国之父"。那么，撒路斯特是否也以"纪事"挑战西塞罗，以"立言"与西塞罗的"事功"一较高下呢？

二 撒路斯特与西塞罗

西塞罗作为挫败喀提林阴谋的最重要人物，本该是事件的中心，但他在撒路斯特的《喀提林阴谋》中却基本没有位置，仅被简要地提及几次。作为负面人物的喀提林却成了主角，甚至还有闪光点。对此主要有以下三个观点：一是认为撒路斯特是恺撒党徒，与西塞罗有过节，所以会尽量降低西塞罗在其中的作用；② 二是因为西塞罗在其中的作用尽人皆知，没有必要再锦上添花；三是对其写作意图而言，西塞罗并非合适的主角。本书更接近第三种观点，也即西塞罗并非其适合塑造的主角，与其意图并不相

---

① 亦参 Batstone, *Catiline's Conspiracy*, *The Jugurthine War*, *Histories*, Oxford: Oxford University Press, 2010, p. 129.
② 其中就有西塞罗与撒路斯特之间攻击的演说，但其可靠性存疑。

称。撒路斯特是想开启罗马的"兴—衰"模式，西塞罗这个人物不能承担这个任务。我们可以看到撒路斯特与西塞罗在写作上的一些区别。

首先，在纪事原则方面有很大差别。除了之前提到的西塞罗致路克凯乌斯的书信外，西塞罗也在《论演说家》（2.62—64）中提到他认可的纪事原则：

> 因此，在叙述计划时需要指出作者赞成什么，在叙述事件时不仅要说明发生了什么和说过什么，还要说明是怎样发生和怎样说的，在说明事件结局时要阐述清楚所有的原因，不管是偶然的，符合理智的，或者是轻率的行为，最后在谈到名誉、声望都很昭著的人物时，不仅要说明他们的业绩，而且要说明他们的生活和品格。最后，语言特色和语言风格要通顺流畅，轻松平稳如涌溢的流水，没有审判语言的严厉，没有诉讼语言的尖刻。①

在《论法律》中，西塞罗笔下的人物认为，西塞罗才是写作纪事最适当的人选，因为他从事"政治演说"，有国务活动的丰富经验（1.5—10）。不过西塞罗以"缺乏闲暇"为由推托。西塞罗认为，好的纪事家应该同时是个演说家，纪事比写作哲学著作需要更多"闲暇"。如果以西塞罗的眼光来审视撒路斯特，撒路斯特虽然有足够多的闲暇（《喀提林阴谋》4），但他的政治生涯劣迹斑斑，并非合适人选。撒路斯特也没有完全贯彻西塞罗的纪事原则，他选择了恶人"喀提林"作为事件主角，并且形成了自己独特的纪事风格。②

其次，与西塞罗留下四篇《反喀提林辞》对应，撒路斯特在纪事中再现经过改造的演说辞。③ 西塞罗的演说喜欢使用连串的排比，造成压人的气势。撒路斯特笔下的演说风格则刚好相反，处处透着冷静和沉着。④ 撒路斯特在纪事中一共插入四篇长篇演说，第一篇是喀提林呼吁阴谋者叛变

---

① [古罗马] 西塞罗：《论演说家》，王焕生译，中国政法大学出版社 2003 年版，第 249—251 页。
② Mellor, Ronald, *The Roman Historians*, London: Routledge, 1998; Woodman, A. J., *Rhetoric in Classical Historiography: Four Studies*, Areopagitica Press, 1988, pp. 117–124.
③ 参见斯克纳《恺撒、卡图与撒路斯特的道德言辞》，李世祥译，载李世祥选编《恺撒的剑与笔》，华夏出版社 2009 年版。
④ Mellor, Ronald, *Roman Historians*, Routledge, 1999, p. 45.

第三章 撒路斯特与"喀提林阴谋"的叙述

夺权(《喀提林阴谋》20),最后一篇是阴谋败露后,喀提林激励同谋者战死沙场(《喀提林阴谋》58)。中间两篇演说则出现在罗马元老院的论争中,"两个都具有德性但品格不同"的人物——恺撒和卡图关于如何处置阴谋分子的争执。这四篇演说恰好贯穿了整个阴谋事件,刻画出喀提林、恺撒和卡图三人的形象和品格,以及他们的德性观。

再次,撒路斯特使用了不同的"政治架构"和"政治观念"来理解政治生活。撒路斯特在行文中并没有使用西塞罗最经常使用的"共和派"(optimates)和"民主派"(populares)来划分罗马的政治阶层。他最接近"共和派"的用词是"正直之人"(boni, 19.2)。[①] 另外,撒路斯特常常使用党派(factio)或者用寡头(paucus)这些并不友好的词来形容"政治组织",西塞罗则尽量避免这些词,更偏爱使用"友谊"(amaicitia)。[②] 研究撒路斯特政治思想的厄尔认为,撒路斯特行文中最核心的观点是:"德性(virtus)作为才智(ingenium)的运用,能够用来以高贵的品质(bonae artes)达成非凡功业(egregia facinora),获取荣耀(gloria)。"在厄尔看来,"德性"问题是撒路斯特《喀提林阴谋》的关键概念,尤其撒路斯特只使用这个词的单数形式,西塞罗则经常用复数形式。[③] 由此可见,撒路斯特对喀提林阴谋事件有他独特的理解,这种理解与他对"德性"的理解相关。

最后,让我们回到他们两人眼中的"喀提林"。除了四篇《反喀提林辞》外,西塞罗也在其他作品中提及喀提林,但形象没有这么恶劣(见西塞罗《为凯利乌斯辩》(Pro Caelio) 12,《反腓力辞》12.27)。有学者据此判断西塞罗仅仅基于当时的政治情势来诬蔑喀提林。[④] 撒路斯特笔下的"喀提林"虽然是个邪恶的形象,但作者并不止步于简单的谴责,他将其

[①] 参西塞罗《为瑟斯提乌斯辩》(Pro Sestio, 96-97);以及《论共和国》(3.53, 1.51)。

[②] 参 Syme, R., *Sallust*, University of California Press, 2002, pp. 17-18.

[③] 参 Earl, D. C., *The Political Thought of Sallust*, Cambridge, 1961;另外,这词很难对应希腊词的 arete。

[④] 瓦瑟(Joseph Wasse)很早就注意到西塞罗和撒路斯特笔下喀提林之间的不同,见 Laistner, M. L. W., *The Greater Roman Historians*, University of California Press, 1963, p. 46. 也有人认为这是西塞罗受到喀提林的欺骗,见塞姆的《撒路斯特》。亚韦茨(Yavetz)认为喀提林只是政治人物的工具,或者说是恺撒的先驱,追求独裁的政治权力,见 Yavetz, Z., "The Failure of Catiline's Conspiracy", *Historia*, Vol. 12, 1963, pp. 485-499. 沃特(Water)认为喀提林阴谋只是西塞罗的想象和伪造,从而可以达成他的政治野心,见 Water, "Cicero, Sallust and Caesar", *Historia*, Vol. 19, 1970, p. 195.

置于整个罗马社会背景之中，追问这种人产生的因由。他同时也在喀提林身上看到某些正面的东西，我们甚至可以说，撒路斯特笔下没有完全正面或者负面的人物。与西塞罗的"一面之词"相反，撒路斯特从各个方面来呈现喀提林的品格，他借用演说（20.2—20.17，58）、书信（35，44.5）、传闻（18—22）、当事人口述（48）等方式，塑造出一个生动而又全面的喀提林形象，并且以此为线索勾勒出整个罗马城邦的堕落历程，以"喀提林阴谋"这一事件表达他对罗马共和国衰亡的政治思考。[1]

我们从以上的简单比较可以发现，撒路斯特对"喀提林阴谋"以及喀提林其人有自己独特的理解。有些学者认为撒路斯特虚构了"喀提林"这个邪恶的形象，很多史学家也认为撒路斯特臆造了"第一次喀提林阴谋"。[2] 但是，毫无疑问，撒路斯特在修辞上建立了成功的人物形象，以及在政治上成功地阐明了个人与城邦堕落之间的关系。撒路斯特想超越喀提林个人品格的探讨而审视整个社会的羸弱如何导致这种叛乱的兴起。我们不应该执拗于西塞罗与撒路斯特的私人关系，以及两人是否污蔑喀提林，我们更应该关注，撒路斯特为什么要塑造这样的人物？为什么要这样记述这个事件？

三 撒路斯特与《喀提林阴谋》

在《喀提林阴谋》中，撒路斯特不仅记述了喀提林阴谋发生的背景和过程，更重要的是，他还探究了灵魂与身体、纪事意义、城邦衰落与个人灵魂变迁等问题。撒路斯特的危机纪事，不仅直面罗马共和国的这次危机，而且涉及了政治危机与共和国覆灭的关系，以及背后隐藏的灵魂、德性的重大问题。在这一广阔背景下，我们开始阅读撒路斯特的《喀提林阴谋》。为方便理解，下面简单介绍《喀提林阴谋》的大要。

(1) 1—4：序言

撒路斯特开篇就提到灵魂对身体的统治，以及人类要运用才智追求荣耀，接着谈到人类在战争中的堕落。撒路斯特随后插入自述，讲述自己为

---

[1] Pagán, *Conspiracy Narratives in Roman History*, Austin: University of Texas Press, 2004, pp. 37 – 38.
[2] McGushin, P., *G. Sallustius Crispus: Bellum Catilinae. A Commentary*, Mnemosyne Supp. 45. Leiden, 1977, Appendix 4, pp. 298 – 301.

何从政治生活抽身投入写作,以及纪事可能遇到的困难。他最后转入写作主题,并且交代了纪事的缘由和自己的写作原则:因为它的罪行以及(带来的)危险都非同寻常。

(2) 5—16:引言

在第五节,撒路斯特简单评述了喀提林个人的品格,第六节转向了罗马城邦早期的历史。撒路斯特解释罗马的堕落时,给出了他对罗马历史独特的道德化解释:罗马之前由于和谐而强大,后来因为风气败坏而衰落。尤其是伽太基的灭亡以及苏拉专政,导致奢侈和贪婪笼罩着罗马。在这一部分,罗马城邦的堕落和喀提林个人品质的腐化两条线索交替进行。在介绍完罗马城邦的变化之后,撒路斯特又回到喀提林的品格,并且刻画他的同谋者。

(3) 17—39:阴谋浮现

作者在这部分先叙述传闻中的"第一次喀提林阴谋",由此勾勒出了罗马的政治社会状态,为喀提林阴谋做好铺垫。接下来正式进入喀提林阴谋:喀提林因为在公元前64年和公元前63年的竞选中失利,所以决定用武力夺取政权。喀提林纠集了阴谋分子召开会议,发表了第一篇演说并且举行了"血祭"。撒路斯特完整地记录而非转述了整篇演说。几天以后,他们又在莱卡家中召开会议。喀提林提到西塞罗是阻碍计划实现的主要人物。于是,瓦尔恭泰乌斯和科尔涅乌斯自告奋勇,打算次日一早以向执政官问安为名行刺。西塞罗靠内线得知这个计划,采取了预防措施。11月8日,西塞罗召开元老院会议。由于喀提林也参加了这次会议,西塞罗发表了第一次反喀提林演说,当面指责喀提林阴谋危害共和国。喀提林为自己辩护,受元老们斥责,气愤地离开了元老院,并且于当天夜里离开罗马。

喀提林离开后,他的党羽留在罗马,喀提林让他们加强力量准备谋杀执政官以及从事其他阴谋活动。元老院将喀提林宣布为国家的敌人。撒路斯特进一步描述了当时罗马的政治态势和民众的心理:他们都暗地里希望来一场变革。

(4) 40—61:阴谋失败

这时恰好高卢阿洛布罗吉斯的使节来到罗马,翁布列努斯利用他们对罗马元老院的不满,试图勾结高卢人夺取政权。使节在权衡之下决定将这个计划告诉他们的保护人桑伽,桑伽又转告了执政官西塞罗。西塞罗将计就计,让高卢人假装对阴谋感兴趣,套取了阴谋分子的证据。他随后派行政长官在城外拦截高卢使节，逮捕阴谋分子，将阴谋者带到元老院并让他们服罪。在他们认罪后，元老院同意关押阴谋分子。随后，西塞罗向罗马民众报告了这一恶性事件，也就是此章开头提到的一幕。12月5日，元老院在如何处理阴谋分子上发生争执。新当选的执政官西拉努斯认为应该执行死刑，恺撒反对他的看法，认为应该关押阴谋分子，没收财产。小卡图起身发言，坚决主张对阴谋分子处以极刑。他的发言扭转了局势。最终，元老院通过了判处死刑的决议，并且由执政官亲自主持死刑。元老院的军队随后开赴高卢，与喀提林的军队对决。在最后对决前，撒路斯特又完整地记录了喀提林发表的战前演说。最终，喀提林的军队覆灭，但罗马军队也遭受重创。

由此来看，撒路斯特通过写作《喀提林阴谋》，开始其对罗马共和国兴衰的独特理解。他对"喀提林阴谋"这一事件的理解明显不同于西塞罗，西塞罗也不是他的纪事作品的适当主人公。他对罗马的兴起和衰落的"道德化"解释，把这一事件放在哲学和历史的视野之下，既通过理解人在自然的位置，同时也通过追溯早期罗马历史的方式来理解这一事件，形成其独特的理解模式，他用非常不同的政治词汇理解共和国末期的政治。在西塞罗带着对共和国的怨诉长埋地下时，撒路斯特以迥异的写作风格开始记述喀提林阴谋。

第二节　撒路斯特的《喀提林阴谋》

撒路斯特的《喀提林阴谋》是其第一部纪事作品，也是其对罗马共和国乱象思考的开始。这一事件是其所生活的时代发生的事件，在这部作品之后，撒路斯特写了公元前一百多年时（其出生前）发生的《朱古达战争》。撒路斯特在这部作品中，不仅记述了喀提林阴谋这一事件，而且还通过这一事件来认识罗马的兴衰之由。撒路斯特试图通过一个特殊的具体事件达成普遍意义。这部作品在形式和内容上至少有四点值得特别注意：一是他以哲学性的开篇开始这部作品，这点让他的纪事作品迥异于其他纪事家的作品。二是他在记述喀提林阴谋这一事件时，插入了大段有关古代罗马史的记录，从而建立了一种认识当前事件的视野。这两者刚好形成了

第三章 撒路斯特与"喀提林阴谋"的叙述

两个不同的看待"喀提林阴谋"事件的视角。三是他在作品中插入了四篇演说,而最终以德性对照作为作品的高潮。这既延续了修昔底德的传统,同时又有助于理解他作品的意图。四是他还记述了一些似乎捕风捉影的事件,比如第一次喀提林阴谋,反而呈现出共和国末期的政治角力。由此来看,撒路斯特的《喀提林阴谋》,不仅仅是要记述这一阴谋事件,而是试图借助这一事件建立认识政治事务的视角,既能够用来理解罗马共和国,同样可以用来认识所有的政治事务。在这一点上,撒路斯特的纪事又通向了哲学。

一 序言与纪事

撒路斯特的《喀提林阴谋》在形式上最为明显的特点就在于其以哲学式的序言开篇,作品以"所有人"(Omnis homines)开始这个作品,似乎讲述的是有关普遍的内容。这个序言在古典时期就已经引起了极大的争议。罗马帝国时期的昆体良在《善说术原理》中提到,"[撒路斯特的]序言与纪事毫不相关"(3.8.9)。这给我们理解撒路斯特的"序言"设置了障碍,在何种意义上,我们可以理解为两者毫不相关呢?据西塞罗的说法,他自己在写作前准备了很多序言,然后安放到作品当中(参《致阿提库斯书》16.6.4)。昆体良的这个说法又比较含混,他说的这个毫无关系可能并非指这两者没有任何联系,而是可能指在事情上没有关联。[①] 我们审视这个序言可以看到,它虽然是柏拉图哲学观念的简单版,却可以建立认识政治事务的视野,并且由此认识到人在政治中的地位,同时也向哲学生活开放。

撒路斯特在序言一开始就以普遍的视角确立了人在自然中的位置,人居于神与动物之间,而且正是因为灵魂的缘故而接近神,因为身体的缘故而接近兽。这样在简单的描述中,就设定了人在自然中的界限。撒路斯特也把自然当成人世的标准,"自然给人指示他自己的路"(aliud aliii natura iter ostendit)。人的最高可能性是尽可能接近神,而最低可能性则与兽相关。由此也建立了人的自然目的,就是运用人的才智尽可能地接近神。同

[①] 有学者提到古代有些作家会写一些序言和开头,套到他们写的作品上,但对于撒路斯特这样作品很少的人来说,这种可能性微乎其微。

时，人之所以能接近神，也是因为人能够运用才智，运用才智可以获得荣誉。撒路斯特的德性大体可以总结为，德性作为才智的运用，能够以高贵的品质创造不凡的功业，获得荣耀。[1] 由此，易朽的名声和不朽的德性之间建立了对应关系。

正是因为人的界限，所以人的生活中就不能不面对"命运"的问题，而这个在接下来会不断被涉及。人的德性也成为理解人的关键。人的德性作为才智的运用，刚好可以与人在自然中的位置结合起来。人的德性的展现可能让人近神，而德性的败坏则可能让人近兽。既然涉及人的德性，则人的德性展开的舞台主要在政治生活中，这也是一般人的认识。但这种观念也存在争议，也即在政治生活与精神生活中德性还是其他占主导地位。

人的界限也为政治生活留下了空间，相对于其他各种类型的生活，政治生活无疑有着更高的尊严。所以有关德性的问题，会在政治生活中得到最为明显的呈现。撒路斯特通过对其他民族事迹的了解，知道了在政治生活中德性也最为重要。同时，他又比较了不同类型的生活，这些生活中都体现出德性的重要意义。同时，他又在标举德性之时，批评了其他的观念，尤其是有些人把快乐等同于善的观念，这其实也就是伊壁鸠鲁式的观念。他认为持这些观念的人，实际上却生不如死。只有"专注于某些事业，以卓越的行事和高贵的品质取得名声"（撒路斯特《喀提林阴谋》2.9），才是值得过的生活。

由此敞开了德性展现的两条道路：一是好好做（bene facere），也即政治生活；二是好好说（bene dicere），也即写作。虽然撒路斯特提到好好写作并不如建功立业的荣誉，但相比于建功立业，好好写作其实也很难。撒路斯特也暗示了写作的价值并不在政治生活之下。在我们以为撒路斯特要突出政治生活的重要性时，他却以自己的经历质疑了政治生活的价值。他所见到的政治生活是这样的：其中没有廉耻，没有节制，没有德性，充斥着冒失、贿赂、贪婪。在这样的政治环境下，撒路斯特不得不选择写作。撒路斯特并非反对政治生活，而是在一个败坏的政治环境下，政治生活让位于写作。由此，也暗示了政治生活极大地受制于命运，而写作相对来说个人的自主空间要更大一些。

---

[1] Earl, D. C., *The Political Thought of Sallust*, Cambridge, 1961.

正是在写作中，撒路斯特寻找到德性展现的另一途径，同时这种行为的价值并不输于政治生活，甚至可以达成对政治生活的理解和反思。撒路斯特进一步认为，通过写作纪事，同样可以达到与从事政治类似的价值。在后面第八节处，撒路斯特对比了罗马人与其他民族之间的差异，罗马人在功业上不输于任何民族，但却缺少功业的记录者。撒路斯特则寻找到自己的使命，就是记述罗马人的功业。由此而言，未经记述的功业很难称得上是功业，写作拥有了重要地位。我们从他的三部作品可以看到，他所述的记述罗马人的功业，反而是探讨罗马人的兴衰之由，尤其是衰落之由。他在《喀提林阴谋》中虽然说，要记录的是值得后人追忆的事情，但是却记载了喀提林阴谋这一事件。在这个意义上，撒路斯特的纪事作品探讨的并非仅仅是对功业的记述，更是对政治事务的理解，尤其是对政治衰败的认识。由此才能理解为什么撒路斯特记述的是"喀提林阴谋"，而且记述这一事件的原因并非是凸显阴谋挫败者西塞罗的德性，却是因为"这次事件的罪行以及危险都非同寻常"。

由此，在其哲学性和自传性的序言中，虽然撒路斯特的哲学观念比较简单，但他却建立了这样一种理解其作品的视角：一是人的灵魂高于身体，灵魂支配身体，人的德性是人的优越性的来源；二是自然是人的标准，为人指引道路；三是写作和政治生活都是德性的展现，写作并不输于政治生活；四是反对把快乐的生活等同于善。这个序言虽然简单，但建立了理解政治事务的视角，以及理解其写作的视角。由此，喀提林阴谋这一事件就被放在了一个更大的思想背景当中，理解政治事务的规范也被建立。

二 "德性"与早期罗马史

除了哲学性的开头，建立了从自然的角度（也就是哲学的角度）理解政治事务的视野之外，《喀提林阴谋》的另外一个明显特点在于他插入了大段有关罗马早期历史的记述，以历史的角度建立了理解"喀提林阴谋"的另一个视野。在作品开始时，他先在第四节简要介绍了喀提林的品格，讲到他的品性既来自他自己的品格，同时又受到罗马风气的影响。撒路斯特在这里突然插入了早期罗马史，为的是理解喀提林这样的人物是怎么出来的。①

在前面哲学性的说辞中，撒路斯特已经建立了"德性"在人类政治生活中的作用。他是以人在自然中的位置，以及灵魂和肉体的关系来确定的，并把德性当成人的才智运用。由此确立了才智在人的生活中的位置。在早期罗马史部分，他既建立了一种历史的视角，同样也以前面序言中的观念来重新解释罗马的历史，塑造一个"德性化"的罗马历史（或者我们可以称之为"德性考古"）。这既是一种结合，同时两者之间又有着根本上的不同，这点对于理解撒路斯特来说非常重要。

撒路斯特对早期罗马的历史理解主要有两条线索：一是制度变迁；二是德性，但重点着眼于"德性"。他从罗马的起源开始谈起，重心则是罗马的建城。罗马在建城以后因为不同种族的"和谐"而得到极大的发展，但同时却引起了外邦的妒忌，因而在战争的砥砺中成长。在早期，战争非但没有让罗马衰弱，反而促进了民众的德性，这部分得益于罗马的战争主要在于自保而非侵略。②虽然罗马的体制保证了这种德性，但一切却在罗马的外敌消失时发生了变化。这里同样也体现出撒路斯特对罗马政制的思考，罗马的政制虽然可以帮助和促进罗马成长，但却仍然极度地依赖于罗马人的德性。与现代对"制度"的关注不同，撒路斯特对罗马政制的记述却是一笔带过，只是简要记述了罗马从王政到共和政制的转变。"制度"并非罗马强大的最大保证，"德性"实质上更为重要。③

罗马的外敌消失成为撒路斯特理解罗马兴衰的切入点。④撒路斯特特别强调了罗马的转折，在第十节，他提到：

> 当共和国因为辛劳和公道成长，伟大的君王们在战争中被击败，野蛮的部落和强大的民众被武力征服，伽太基，罗马统治的宿敌，已经根除，整个海洋和大地都畅通无阻。命运开始残酷和搞乱一切。

---

① 对早期罗马史的理解，可以参考吴明波《开端与早期罗马史》，载程志敏、张文涛主编《从古典重新开始》，华东师范大学出版社2015年版。
② 这种观点也出现在其他纪事家的叙述当中，参李维《建城以来史》，亦可参第五章第二节的分析。
③ 在这一点上，可以比较西塞罗的《论共和国》。该书从讨论"政制"开始，但"政制"背后同样是有关"正义"的问题，而不仅仅落实在"政制"这个问题本身。
④ 撒路斯特把这个重点落脚于外敌消失，而西塞罗则把这个重点落脚于政制的变化。

第三章　撒路斯特与"喀提林阴谋"的叙述

撒路斯特讨论了罗马的祖先在国内和行军时的制度，以何种方式治理国家并且令其如此伟大，国家又如何逐渐变化，从最美（和最强大）变得最坏以及最残暴。罗马外敌的消失，在撒路斯特笔下，主要导致了德性的败坏。从野心的产生开始，后来到贪婪和奢侈的产生和泛滥。喀提林这类人正是在这种共和国风气中成长起来的。撒路斯特给出了一个罗马史的德性解释，同时关注的也是德性变迁。由此来看，撒路斯特的早期罗马史，并非为了记述早期罗马的历史，而是通过对罗马历史的解释，展示罗马德性彰显和衰落的过程，从而让罗马的历史兴衰有了道德的维度。

撒路斯特通过罗马的早期历史解释了喀提林这类人是怎么来的，但又不仅仅如此。虽然在早期罗马史中，撒路斯特是以"德性"来理解罗马的历史，似乎与序言中的哲学观念一致，但这两者却并非等同。在哲学性的序言中，德性的支配地位是毫无疑问的，它有着自然的基础。但是，在早期罗马史的叙述中，则并非如此。罗马德性的败坏更屈从于命运，具体而言就是罗马外敌的消失。外敌消失导致了罗马人德性的败坏。这两种叙述则形成了似乎冲突的视角。我们可以得出两种可能结论：一是政治事务受到命运支配，并不能按照它应该的样子运行，这也是撒路斯特之所以远离政治的原因；二是罗马人具有的德性可能并非真正的德性，其依赖于外在敌人的压力而存在。

从这个意义来看，叙述罗马早期的历史，除了用来理解喀提林这个人物以及喀提林阴谋的产生缘由之外，同样也可以用来理解撒路斯特的自我选择。城邦的壮大和衰落都极大地依赖于不可见的命运，个人对政治生活的选择非常有限，而写作纪事则可以尽量避免命运的干扰，甚至可以抵消命运的不利影响。命运导致罗马的衰落，这无法避免，对个人来说也无可奈何；命运让罗马的事迹湮没无闻，撒路斯特却可以在最大程度上扭转不利局面。由此，在撒路斯特笔下，写作纪事比起从事政治生活有了更高的尊严和意义。

三　"喀提林阴谋"始末

从前面的探讨中，我们可以在哲学和历史这两个视角下来看待喀提林阴谋以及喀提林这个人物。①"喀提林阴谋"在这样的背景之下就超越了个别意义，而获得了一般的意义。除了前面提及的两个特别视角外，撒路斯特记述的喀提林阴谋有四个明显特点值得关注：一是处理了一些隐秘的问题，在叙述中暗中处理了有关克拉苏、恺撒与喀提林阴谋的关系；二是把众说纷纭的喀提林第一阴谋的记述，作为理解喀提林阴谋的背景；三是把恺撒与卡图的演说当成事件的核心；四是喀提林人物形象的含混。

"喀提林阴谋"中争论较多的问题就是这一事件背后涉及的政治角力，其中一个比较重要的问题就是恺撒、克拉苏与"喀提林阴谋"的关系。撒路斯特并没有直接给出他的答案，但却在行文中做了些许暗示。有关克拉苏，撒路斯特记述了别人对他的猜忌，以及他自己的否认，但却没有提供更多的证据，从而让这一事件扑朔迷离。另外，有关恺撒与喀提林阴谋的关系，撒路斯特并没有涉及，但在元老院争论中，又暗示了恺撒在何种意义上与喀提林阴谋相关。撒路斯特写作此书时，正好见证过恺撒挥军罗马，颠覆罗马共和国的事迹。他的写作必然要面对这一事件，作品中出现的恺撒也显得耐人寻味。撒路斯特并没有证据提到恺撒参与甚至涉及了喀提林阴谋，却通过演说呈现其思想和观念的破坏性，最终导致他的行为远超喀提林的行动。虽然恺撒没有直接参与了"喀提林阴谋"，但撒路斯特对恺撒人物形象的呈现，也部分解释了罗马共和国衰亡的缘由。

撒路斯特叙述喀提林阴谋时第二个比较明显的特点就是他记述了传闻中的第一次喀提林阴谋。第一次喀提林阴谋在撒路斯特研究界也是个争议比较大的问题。在很多学者看来，第一次阴谋并不存在。② 但是，撒路斯特没有否定它的存在，甚至还做了记述。这个记述的真实性存疑，但它却可以帮助我们进一步帮助理解喀提林阴谋。除了喀提林以外，其中的主要人物是皮索（Piso），但这个人物形象类似于喀提林，而且他的行动也与喀提林类似。他同喀提林一样既是一个德性败坏的人，同时又处于罗马共和国后期的政治旋涡中。他的行为同时涉及了克拉苏和庞培之间的角力以及元老院的软弱。撒路斯特记述第一次喀提林阴谋，可以用来理解"喀提林

---

① 这两个视角亦可以参看西塞罗的《论共和国》，其在第一章从哲学的角度探讨了最佳政制的问题，第二卷也是讲述了罗马早期历史展开这个问题，由此在哲学和历史的视角下看待罗马的混合政制。这样既可以看到罗马政制的合理性，同样也可以看到其局限性。

② 参 McGushin, P., *G. Sallustius Crispus: Bellum Catilinae. A Commentary*, Mnemosyne Supp. 45. Leiden, 1977, Appendix 4, pp. 298–301.

阴谋"涉及的政治背景，同时也以皮索的行为来理解喀提林的行为。我们可以注意到第一次喀提林阴谋与第二次喀提林阴谋在撒路斯特的记述中有很多类似之处。皮索这人的品性与喀提林有些类似；在他们的行动败露之后，元老院也都没有制止他们，他们都离开了罗马；同时，他们的身上也围绕着共和国后期的政治角力。第一次喀提林阴谋虽然扑朔迷离，但其对于喀提林阴谋的隐射意义还是比较明显的，也可以用来理解喀提林阴谋的发生，从而又增加了其可信度。

这部作品中最为特别的部分是有关元老院的演说。这个演说为撒路斯特的创作，其模仿了修昔底德写作演说的手法。这两篇演说至少在撒路斯特作品中有两层意义，一方面是它所具有的政治效果，在事实上挫败了喀提林阴谋。这场元老院的辩论结果是采纳了卡图的意见，达成了政治决议，处决了被捕的阴谋分子，同时也震慑了其他参与者。另一方面，它则在恺撒与卡图的辩论中，在思想上挫败喀提林和恺撒，以"德性"来达成对喀提林等阴谋分子，以及恺撒观念的批驳。撒路斯特在辩论之后展开了"德性对照"的内容，也就是把问题的核心放在"德性"上，既是以"德性"问题的呈现来理解这两人发表的演说，同样也可以"德性"理解共和国末期的政治乱象。由此来看，撒路斯特在谋篇和设计上，呈现出他对这些政治问题的认识。撒路斯特从具体的喀提林阴谋这一事件上升到对罗马共和国衰落的认识，更是上升到普遍的政治事务的认识。

作品还值得注意的一点就是"喀提林"这个人物形象的含混。[①] 在一开始对喀提林形象的介绍中，撒路斯特呈现出其对立的品质，一方面是其身体和灵魂中都有力量（灵魂和身体中都有巨大的力量），另一方面却品性邪恶（才智却邪恶而堕落）。[②] 撒路斯特呈现了这力量（vis）与才智（ingenium）两者的对立，这种对立同样可以用来理解罗马城邦。撒路斯特对喀提林形象的描述，类似于其对堕落罗马人的描述。在早期罗马史的叙述中，撒路斯特专门提及罗马人相对中立的野心（ambitus）的产生（"好

[①] 有关喀提林形象的含混，可以参看 Wilkins, A. T., *Villain or Hero: Sallust's Portrayal of Catiline*, Peter Lang Publishing, 1994。作者认为撒路斯特并没有像西塞罗一样把喀提林描写成一个完全的坏人，而是一个含混的形象，其既有正面的部分，也有负面的形象。

[②] 试对比：身体能够忍受饥饿、严寒和少睡，超过一般人想象，以及灵魂冒失、狡诈、善变，任何事情能装得像和瞒得住；觊觎别人的财产，挥霍自己的财产；欲望强烈；口才有余，智慧不足。

人和坏人都一样追求荣耀、名声以及统治；但是，前者以正确的途径争取，而后者呢，因为缺乏好品质，以欺骗和谎言来获取"），然后是贪欲（"贪欲也包含了对金钱渴望，智者不会追求这个；这东西，就像吸食了有害的毒药一样，弱化男子气的身体与灵魂；贪欲常常无边无际，永不知足，也不会被丰足和匮乏减弱"），最后在苏拉专政后，堕落到奢侈和贪婪。对喀提林的描述，也是如此。他自己的本性中，"不知足的灵魂总是想追求无节制、难以置信以及过高的东西"，在苏拉专政之后，则又"攫取共和国这个巨大的热望侵蚀这人，他不在乎以何种方式获取它，只要他自己能获得统治权"，这点类似于早期罗马人的野心，但这种野心却因为才智的败坏而指向了邪恶。苏拉专政对于喀提林以及罗马共和国来说，都是一个重要转折点。喀提林这个人物，只是共和国衰落的一个缩影。撒路斯特是以城邦风气的变迁来理解喀提林这个人，同时也是以喀提林个人来理解城邦的变化，从而形成对应。

在后面对于喀提林同伙的歼灭中，撒路斯特反而呈现出其军事德性的一方面。在作品最后，他提及喀提林及其同伙，"他考虑到自己高贵的出身和先前的地位，于是便冲到敌人最密集的地方去，战死在那里，他是在多处负伤之后才倒下去的"。如果在罗马历史的视野下，喀提林是罗马衰落的一个产物。如果站在德性和自然的角度，喀提林则呈现出才智的不足。

撒路斯特以哲学性的视角出发，从人在自然中的位置得出人的德性是人的优越性的来源。对罗马早期历史的叙述，既解释了罗马风气的由来，也可以用来理解政治事务的无常。在对"喀提林阴谋"这一事件的记述中，他又强调了"德性"这个问题对于政治事务的必要性。从这三个角度而言，我们可以进一步确定撒路斯特写作的意图。撒路斯特不仅叙述喀提林阴谋这一事件，更重要的是关注这一事件的思想背景和社会背景，尤其是思想上的背景。他以"德性"建立了理解"喀提林阴谋"的视角，而这一视角同样使用在其后的纪事《朱古达战争》中。另外一个是理解撒路斯特的地位。撒路斯特以自己的亲身经历，证实了从政治生活转向写作的可能性。政治生活可以通向德性，写作同样可以。政治生活受到很多限制，但写作碰到的困难却可以得到克服。撒路斯特通过自己的努力，从哲学的视角来看待当前的政治生活并且做出了自己的选择。

第三章 撒路斯特与"喀提林阴谋"的叙述

第三节 庭审修辞：审判与正义

前面一章已经分析了西塞罗与"元老院最终指令"的关系，探讨了西塞罗与恺撒对"元老院最终指令"的不同理解。我们在前面的分析中也已经看到，给予犯罪分子什么样的惩罚，不仅仅是法律问题，也是政治和哲学问题，同时也是修辞问题。要想进一步理解这个问题，我们必须再回到撒路斯特对此的记述。撒路斯特在其《喀提林阴谋》中，记录或者说创作了恺撒和卡图对这一问题的争论。撒路斯特对这一问题的理解，不仅争论了如何惩罚阴谋分子，而且把这一争论放在更大的背景中。他在作品中试图通过法律问题折射背后的政治和哲学问题，由此来思考罗马共和国的衰落因由。

撒路斯特将该书最大和最主要的篇幅集中在元老院辩论。在庭审的辩论中，主要涉及是否要按照祖法暂时监禁再行审判，还是立即实行更为严厉的处罚。恺撒和卡图两人都同时在祖先的事例中寻找立足点。"祖法"成为他们共同诉诸的原则，却得出完全相反的结论。"祖法"的最主要载体是纪事作品，由此我们也可以思考一个更大的问题，那就是政治纪事（或者说我们今天所说的"历史"）的追求，以及它与哲学的关系。政治纪事是否也提供了甚至是塑造了一种习俗和礼法，或者说呈现出对习俗和礼法的思考。我们又可以再回到《诗学》中著名的判断——"写诗这种活动比写作纪事更富于哲学味，更被严肃对待。因为诗所描述的事情带有普遍性；而纪事则叙述个别的事情。"（《诗学》1451b）。但我们也不能否认，纪事也可以表达某些普遍性的东西，这点在政治纪事的开创者修昔底德处就已经展现出来。本节将把重点放在分析元老院的两篇演说上，结合整部文本，由这两篇演说来理解祖法的多个维度。

对于这两篇插在政治纪事中的演说，我们也可以借鉴希腊纪事家修昔底德的理解。修昔底德在他的作品中提供了对伯罗奔半岛战争的理解，由理解雅典与斯巴达的战争而上升到对于由古至今战争的理解，并且称自己的作品是"永世瑰宝"。他在书中也从具体的战争上升到有关礼法、自然、正义等的思考。在《伯罗奔半岛战争志》中，修昔底德也善用演说，其中的演说也已经被学界充分研究。修昔底德也曾经提到他的演说是以一种特殊的方法记录,并非实录而是记录了它应该呈现的样子。由此,我们至少要在两个意义上理解这些演说,一是在事件意义上,这些演说出现在它应该出现的地方;二是在文脉意义上,它与整体相关。

撒路斯特笔下的这两篇演说刚好出现在他对罗马强大的思考之前,它与撒路斯特对罗马共和国衰亡的思考息息相关。[1] 修昔底德笔下的科林斯人和科基拉人的对峙演说中,在一开头分别使用了"必然"与"正义",突出了自然与习俗、礼法之间的关系,并且以此对峙了两种原则(《伯罗奔半岛战争志》1.32.1,1.37.1)。撒路斯特记录的这两篇演说也呈现了类似的结构,却分别以哲学性的开头和政治性的开头开始,呈现出哲学与政治的对峙,或者说是两种不同哲学观念的对峙。

撒路斯特在文中除了引用这两篇演说以外,还在后面对两个发言者的德性进行对比,而理解这种对比也是理解演说的必要组成部分。[2] 我们可以把这部分当成必要参考来理解撒路斯特的评价,但本节的重点主要集中于它们在援引祖法上的区别。"祖法"可以说是他们共同的理论来源。我们可以注意到,两人在演说中,虽然都引用了祖法作为辩论的理由,但却出于不同的理解方式,也得出了完全不同的结果,"祖法"在这两人的辩论中的复杂性需要得到进一步厘清。我们可以立足于具体的文本,分析他们的演说来理解所谓习俗或者礼法的不同,以及它与自然之间的关联。

一 恺撒的发言与哲学

恺撒在这次讨论中首先发言,当时他还是个年轻人。但在撒路斯特写作此书的时候,恺撒却是导致罗马共和国灭亡的"罪人",作者撒路斯特又与此人有千丝万缕的关系。恺撒在他的演说中强调了两点:一是对于人的理解,也就是对人的情绪以及欲望的理解;二是在此基础上再谈及祖法,他也提到了祖宗有成法可守,建议对阴谋分子以旧法处理。恺撒提到

---

[1] 在两部演说之后,撒路斯特提到他的意图,是想要探究罗马共和国强大的原因(撒路斯特《喀提林阴谋》53.2),当然其意图也可以被解读成在追问衰亡的原因。

[2] 有关德性对照的分析,可以参看巴特斯通《德性对照:对比修辞与共和国晚期的危机》,曾维术译,载刘小枫编《撒路斯特与政治史学》,华夏出版社2011年版。

他不同意处以死刑的原因有三：一是它是受愤怒所引导；二是它是新的处罚，并不合祖法；三是它会成为坏先例。

在这三个理由中，恺撒都引用了祖先的例子。恺撒在演说中多次引用祖先的例子，并且以这些例子支持自己的观点。当然，事件本身并没有足够的理由，历史事件的合理性隐含在历史叙述当中，也可以说在对事件的理解上。纪事其实也就是整合这些事例，给这些单个而具体的事件某种合理性。在这一点上，纪事追求的真实与我们现在所追求的历史真实有一些差距。恺撒引用祖先事例的背后则是他对普遍人性的看法。他在发言中首先陈述了一种普遍的人性观念，他以"所有人"开始他的演说：

> 所有人，元老们啊，在考虑不确定的问题时，得抛弃憎恨、友情、愤怒以及怜悯。当这些阻塞时，灵魂就不容易预见真实，任何人都不能在服从欲望的同时，又能服从益处。当才智主导时，灵魂则强大；如果受欲望捕获，由这些支配时，灵魂就无能。(51.1—3)

恺撒的这个说法非常类似撒路斯特一开始的陈述，都是从"所有人"开始，都强调要避免情绪的影响，不过恺撒强调的是在政治辩论中，而撒路斯特则强调在写作纪事之时。撒路斯特的自述与恺撒的说法之间的类似，进一步增加了他与恺撒关系的含混。恺撒的普遍性陈述，其实在一开始就已经质疑了罗马祖先的成法的价值，并且削减了祖先的事例本身的意义。恺撒的重点在于"益处"（usus），而反对欲望和各种情绪的干扰。在陈述完他对人的看法以后，他才开始援引祖先的事例。这个时候，习俗的基础已经被置换了，这些习俗之所以被提起，既不是因为它古老，也不是因为它是祖先的，而是它可以给人们带来现实的益处。在这点上，后面卡图的理由与他不同。在一开始，恺撒其实已经表明了，祖法并不具有天然的合理性，只有在它能够符合某些观念时，才是合理的，才值得遵守。在他的演说中，恺撒转换的根基有两点：一是符合尊严（dignum）；二是有益处（usus），也就是只有在符合尊严或者有益的情况下，祖法才可以得到修正。如果不是，则法律应该得到遵守。

他反对演说引起的各种情绪，他尤其强调了"愤怒"，而愤怒则与人灵魂中的血气以及由此而来的正义感密切相关，同时，愤怒也与演说或者修辞所要达到的效果相关。恺撒认为应该抛弃"愤怒"，在某种意义上，也意味着抛弃政治的敌我视角，而代之以一种更为普遍的视角，这是一种哲学性的思考。在另外一个意义上，抛弃愤怒也是抛弃修辞，而他的演说的意义则变得更为可疑。①

在此之后，他表达了对于生死的看法，这点推进了他前面对人的理解：

> ［51.20］关于惩罚我只能这样说，事情就是这样，在悲伤和怜悯中，死亡就是摆脱辛劳（aerumnarum），而非折磨啊；它摆脱所有世人的不幸；在此之上就没有担忧也没有欢乐。

这其实也是他的人性观中非常基本的部分，而生死观念又与罗马的宗教相关，这也是祖法最核心的内容之一。祖法的合理性部分在于这种通过宗教仪式而来的生者与死者之间的联系。恺撒在他的发言中并不相信生死观念，这点在后面遭到卡图的反对。②恺撒之所以认为死刑并不是个好的办法，是因为人死后一无所有，反而可以摆脱这些辛劳，死刑对于罪人来说并非折磨而是解脱。这点在学者的分析中，被认为是伊壁鸠鲁学派的生死观念。但在一般人的观念中（参卡图的演说52.13），犯罪的人死后要到冥府受惩罚，好人和坏人走上不同的道路。如果承认死后世界，那么可怕的死后世界也将维持着法律的约束力。

最后，恺撒又回到政治的理由上。他最终表示，他之所以不同意对阴谋分子处以极刑，其实并非祖先之法如此，而是因为它会成为一个坏的例子，以后的人会仿效：

> 但是你们，元老们，该考虑你们的决定对其它人影响。［51.27］

---

① 我们也可以比对两人发言后元老院的反应：在恺撒结束了他的发言后，其他人口头上同意各自不同的看法（52.1）。当卡图坐下以后，所有曾经的执政官和大部分元老都称赞他的意见，把他的灵魂的德性捧到天上去了；其他人互相指摘，称对方胆小……（53.1）另外，在恺撒的发言中，提到了西塞罗的演说"精致而铿锵"，暗中讽刺了西塞罗演说中的修辞力量。
② 恺撒没有明确否定死后世界，但被卡图直接点出其实质"他认为人们提及地下的东西都是虚假的"（《喀提林阴谋》52.13）。卡图把死后世界与善恶的报偿联系起来，以批驳恺撒对死后世界的否认。对于死后世界的看法会引出对于惩罚的不同理解。如果死后什么都没有，那么死刑确实不是很重的处罚。如果死后有终极审判，那死刑则会是现世最严重的处罚。

所有坏的先例都从好的境况中产生。但是，当统治转移到无视它的人或者不那么好的人那里，新的先例会从值得和适当的人那转移到不值得和不适当的人那里。

这个时候，他又引用了两个例子来证明他的观点：一个是希腊的雅典和斯巴达的例子；另一个是不久以前罗马的苏拉的例子。他认为，人们不会记得他们犯罪，而只会记得他们所受的过分的惩罚，这样会成为坏的开端。这是恺撒的"新例论"，他认为好的新例最终都会带来坏结果。恺撒以一种更加抽象的观点来看待这些事例，而没有注意或者刻意忽视了行为者的差别：对于雅典的三十僭主以及僭主苏拉，行为者的德性是其中的要害，却被恺撒忽视。不过这点却也恰好符合恺撒一开始表达的观点，他的观念并不重视人与人之间的差别，而是更为抽象地认识人。所以，他的辩论着重点并非具体的人的差别而是对人的普遍看法。可以说，这也是他看待祖法的方式，以普遍性的方式来看待祖法，而非以特殊的具体的方式，从而取代了祖法本身的价值，而卡图在随后则提供了另外一种视角。

从恺撒的发言中，我们可以看到，虽然比起卡图，他援引祖法的次数更多，但他对祖法的价值是持怀疑态度的，引用祖法也只是为了说服对方或者支持自己的观点，他的例子虽然很多，却没有真正认可祖法的价值。

但具有讽刺意义的是，这个批评会有人创造坏先例破坏法制的人，正是后来带领军队肆意践踏罗马法律的人。如果我们从后来的历史事实来看待恺撒的演说，此处他的说法倒是对他行为的极好解释。撒路斯特也可能以这种方式表达了他对恺撒的政治态度。

二 卡图发言与政治

在恺撒发言之后，紧接着是卡图的发言。这个时候的卡图也还很年轻，职位更低，所以发言顺序靠后。卡图也是祖制的坚定支持者，他是廊下派的代表，喜欢引用哲学观念来证明自己，但在此他却没有，而是更多使用政治性的理由。① 恺撒作为伊壁鸠鲁哲学的信奉者，与作为廊下派哲学的信奉者的卡图在一场政治演说中形成强烈对比。卡图在最后发言，既要支持对阴谋者处以极刑扭转局势，同时又要辩驳恺撒的几个理由，我们得注意到这种对应。卡图的发言主要是：首先在开头提出一种新的政治的理解方式，回应恺撒的普遍性观点；其次是批驳恺撒的先例论和生死观；再次则探讨祖先如何缔造伟大的国家；最后则引用祖先的例子，认为应该对阴谋者处以死刑。就演说的结构而言，卡图的演说要更为充分与完整。

与恺撒相比，他援引祖法的次数很少，但他的发言却更为激情。这两者的对比形成一种巨大的张力。我们同时也想起西塞罗在他的第一篇《反喀提林辞》演说中著名的呼吁"O tempora, O mores"（这是什么时代，这是什么风气）。在卡图的演说中，习俗与自然之间有某种断裂，或者说表面上的断裂，他拥护祖法的价值并非在于祖法符合他的某种哲学观念，而是立足于现实的共和国之善的整体思考，来自政治家面对现实处境的选择。他的这种思考也可以与自然的问题以另外的方式结合起来。在此，卡图建立起了政治对哲学（或者习俗对自然）的优先性，这种优先性体现在对于政治事务之善的理解之上，政治对于人来说的迫切性。

> 远远不同啊，我的意见，元老们，当我考虑我们的危险时，以及当我斟酌某些元老的观点时。他们在我看来，在探讨处罚这些准备向自己的祖国，双亲、祭坛和炉灶发动战争的人。但是，形势提醒我们小心这些人，而非我们决定如何考虑这些人。（52.2—3）

他在一开始表达自己的观点与恺撒"远远不同"（longe alia）。卡图的发言至少在两个意义上与恺撒远远不同：一个在观点上远远不同，他不同意监禁阴谋分子，而是认为应该处以死刑；另一个则是在言说方式上远远不同。恺撒是以他对人性的看法开始，或者说是以哲学观念作为支撑，而

---

① 据西塞罗的说法，卡图在元老院发言时经常使用哲学理论来支撑他的论证，参《悖论》（1），序1。

第三章 撒路斯特与"喀提林阴谋"的叙述

卡图更多的是诉诸政治的理由,甚至避免使用哲学词汇。① 与恺撒的开头不同,卡图的发言并没有诉诸对于灵魂或者人性的理解,从头到尾多是对政治形势的分析。②

他最开始诉诸政治情势的危机,这个危机涉及比法律更基本的问题,也就是法律所依赖的前提,是政制的完整。如果没有政制的存在,法律也就没有依靠。恺撒所提到的雅典的例子,反而是最好的说明。雅典的民主政制被推翻,法律的前提不再,政制下的法律就没有任何意义。在此,共和国的安危存亡的问题远远超过了遵守成法。卡图提到:"现在的问题不是我们生活在好风气还是坏风气,也不是罗马人民的统治是多么伟大和如此壮丽,而是这些属于我们还是敌人"(52.10)。由此,卡图首先以"敌我"问题批驳了恺撒所提出的从所有人出发的普遍主义的观点。不同于恺撒的普遍主义立场,卡图更多地诉诸当前政治的形势,那特别的、个体的形势,另外他也涉及个体的人、个体的罪行,他的立场和观点更多是从政治现实的角度出发,由此与恺撒对人的普遍性认识形成了一种对峙。此外,卡图也揭示出这种哲学观念的危害,也即会让语言丧失其真正含义:因为挥霍别人的财富叫作慷慨(liberalitas),敢于做坏事被称作勇敢(audacia),共和国则被置之度外(52.11)。

恺撒在发言一开始就提出了要避免各种情绪的干扰,他尤其提到了"愤怒",而在卡图的演说中主导的情绪就是"愤怒"。我们在前面也提到,愤怒背后其实也涉及与血气相关的"正义"以及修辞的力量,而主导卡图政治演说的也就是"血气"。卡图试图达成一种修辞效果,最终引发政治行动。政治行动最终无法离开愤怒以及由此而来的正义感。

在政治性的开头之后,卡图又针对恺撒的生死观进行批驳。恺撒认为死后世界不存在,卡图却认为好人与坏人在死后并不相同,坏人死后待在可怕和令人恐惧的地方。生死观念背后其实也涉及惩罚的选择,如果站在恺撒的立场上,则死刑并非好的选择,反而是解脱。但是,如果有一个赏善罚恶的死后世界,那么对罪人处以死刑则是现世中最为严厉的惩罚。恺撒认为处死阴谋分子会成为一个坏先例,导致乱杀无辜。而卡图则突出了

---

① 卡图在提到恺撒的演说时,使用了哲学用词"探究"(disservisse),暗讽恺撒演说是一种哲学探究,而哲学在罗马政治家中的形象并不太正面。
② 我们切不可以为卡图的演说中没有哲学,他所持的是另一种哲学,立足于政治的哲学,而非以哲学取消政治的尊严。

好的处理方式是一种榜样,对阴谋者的审判同时也是对所有阴谋者的审判,从而形成一种震慑力。恺撒的"先例论"中没有好坏之分,而卡图那里首先区分了好坏对错。

在批驳完恺撒的几个观点之后,卡图开始探讨一个更为基本的政治问题:是什么让祖先的罗马从小国变成大国,这也是撒路斯特之后探讨的问题,可以看出撒路斯特的倾向。卡图认为是他们的德性而非武力,也与撒路斯特的观点一致。卡图把政治的问题最终诉诸德性的问题,而德性问题最终又通向哲学。由此,他的辩论形成了以政治形势走向德性的过程,与恺撒迥然不同。正是立足于"德性"问题,才能区分人与人,才有好政治与坏政治的问题,而非诉诸普遍人性,恺撒在这点上却是沉默的。在此之后他才开始引用祖先的例子,这个时候的祖法所具有的哲学基础与恺撒的截然不同。祖法不再仅仅是泛泛的祖先之法,适合情势的祖法才是真正意义上的祖法。卡图在这里仅仅引用了一个例子,在与高卢人的战争中,一位父亲处死了他那违反命令向高卢人进攻的儿子。① 卡图引用的例子表明祖宗以最严明的纪律最严格的法纪来保证共和国的健康,而非宽容和怜悯,这点又是针对恺撒提出的原则。

如果说恺撒的发言代表的是一种伊壁鸠鲁式自然哲学的立场,那卡图的发言则更多代表了一种由政治而哲学的立场。由政治走向自然,这既是"苏格拉底转向"的重要问题,也是我们切入的重要途径。

三 习俗与自然

他们两人的演说都曾经诉诸祖法或者祖制(也可以说诉诸历史事实),但却得出完全不同的结论,这点也提示我们祖法的复杂性。在辩论中,他们其实也在进一步回答:什么才是真正的"祖法"?恺撒认为祖法只有服从于尊严和益处才有价值,而在卡图那里,祖法的合理性在于它符合德性,与共和国的成长和壮大相关,这种德性观念保证了共和国的伟大,这种祖法有自然的来源。

在恺撒与卡图的演说中,他们以不同的方式探讨祖法,一个诉诸普遍的哲学观念,或者我们可以说诉诸一种特别的"自然观",另外一个则诉

---

① 西塞罗在《论法律》中也曾经提过这个例子,但他认为这个法律太过严格。

诸"政治",而最终走向"德性"。但是,恺撒的自然并非完全的或者说整全的自然,恺撒的自然难以容纳祖法,或者只能够简单地理解祖法,所以他所坚持的普遍性的观念最终会取消祖法的价值。恺撒对祖法的理解建立于一种特殊的世界观,这种世界观突出的是人与自然之间的简单一致,而卡图的发言则更强调政治的独特性,它是一种特殊的理解自然的方式。从政治出发的认识方式涉及的并非对人抽象的理解,而是对于政治形势、政治事务的更为复杂的判断。卡图与撒路斯特一样特别突出"德性"的价值。以"德性"为理解政治事务的起点,则"先例论"也站不住脚。政治的问题最终会回归到人的问题以及人的德性,而非仅仅是制度和法律的问题。恺撒和卡图的演说表面上似乎是政治与哲学的对峙,实质上是两种不同哲学观念的对峙。

在这两篇演说中,我们可以思考祖法和成法的复杂性,一个是在普通的法律条文的意义上(法条是礼法最直接的表现方式),祖法形成对于今法的一种张力;另外,更高的法律,也是法律的基础,不管是对于今法还是对于祖法而言,都存在某种更高的所谓自然法,但自然法又并不等同于自然,它仍然与政治相关。自然并非恺撒所理解的自然,而是包括了人的特殊性的自然,这种自然必须结合恺撒与卡图两人的说辞才可以得到更完整的理解。

恺撒与卡图的争论,引出了有关政治与哲学的相关问题,同时也指向了哲学问题。在撒路斯特笔下,这不再是一场简单的庭审争论,而是一场德性之争。撒路斯特正是由此展开了恺撒与卡图的"德性对照"。由恺撒与卡图有关"祖法"的争论,我们又可以回到纪事的问题上来认识纪事的意义。我们可以说纪事本身就提供了一种习俗或者祖法,但纪事背后又还有纪事家对此的思考。纪事家对不同的甚至冲突的祖法进行挑选、编排和整理,呈现其特别的张力,凸显出祖法的复杂性,由此来理解自然与礼法的关系,甚至也能够由此塑造民族的或者国家的文明观念。纪事不同于哲学和诗歌,它本身的视角就是政治的,对政治的首要关注是纪事的前提。在某种意义上,纪事家以他自己的方式,既提供了所谓的祖法,同时也给我们提供对于习俗或者礼法的思考。而透过纪事家的思考,我们能够更为宽泛地思考人类的事务。

第四节　撒路斯特纪事思想来源考略

本章前三节简要分析了撒路斯特作品中的问题，本节将简要探讨撒路斯特的纪事思想以及尝试探讨其思想来源。西塞罗没有写作纪事，但却奠定了纪事的地位和原则，并且影响了后来的纪事写作。撒路斯特写作了纪事作品，但没有留下专门讨论纪事的文字，而是以他的纪事作为典范，影响了后来纪事家的写作。此外，撒路斯特的纪事思想又可能受前辈的影响，我们明显可以看到他的写作受到古希腊修昔底德的影响，同时也能看出罗马纪事家的影子。但是，撒路斯特纪事作品最为明显的特征在于其作品中出现了很多哲学用词，涉及很多哲学观念。比如，撒路斯特以哲学性的陈述开始整部作品；在一开头两分身体与灵魂，以此强调人的行事；在恺撒和卡图的演说中，引入了有关伊壁鸠鲁与廊下派的哲学思想。此外，他还以柏拉图《理想国》的政体更迭模式展开他的政治纪事。在撒路斯特的政治纪事中，能看出其思想既有纪事来源，又有哲学来源。另外，西塞罗也成为撒路斯特写作上的对手，其体现在撒路斯特对西塞罗及作品的处理上：一是撒路斯特弱化了西塞罗在这一事件中的地位；二是以四篇演说同样挑战了西塞罗的演说；三是其部分模仿了西塞罗的写作。本节将从纪事、哲学和诗歌三个角度来探讨其纪事思想和思想来源。

一　撒路斯特与前辈纪事家

撒路斯特的纪事思想与古希腊纪事家和古罗马纪事家都有明显联系。在希腊纪事家中，撒路斯特最主要受到修昔底德的影响，这点基本在学术界达成共识。修昔底德在至少三个层面上影响了撒路斯特，首先是撒路斯特对于写作意义的关注与修昔底德类似；其次是撒路斯特对演说的使用明显模仿了修昔底德的纪事；最后是撒路斯特对罗马共和国衰落的理解，也极大地借鉴了修昔底德的观点。

在古典时期，帕特库鲁斯（Velleius Paterculus）就曾经称撒路斯特是修昔底德的模仿者，而现代的帕兹尔（Harald Patzer）也称修昔底德是

第三章 撒路斯特与"喀提林阴谋"的叙述

"撒路斯特的古典楷模",拉特(Kurt Latte)称他是"罗马的修昔底德"。撒路斯特不管在形式上,还是在内容上,都模仿了修昔底德。在字词上,他的拉丁语有大量修昔底德的特质,同时有些字词直接从修昔底德的翻译而来。[1] 在内容上,撒路斯特在整体思想和论证结构上都类似于修昔底德。在有关写作的困难中,撒路斯特述及三点,它们都与修昔底德的陈述类似(试比较《喀提林阴谋》3.2,6.5,《战争志》2.35.2,2.40.4)。此外,在《喀提林阴谋》(59.7)中佩列乌斯(Petreius, M.)对将士的鼓励也类似于修昔底德《战争志》的7.69.2。甚至包括其在《纪事》中以年份和季节纪年,都类似于修昔底德。撒路斯特在整体思想和论证结构上模仿修昔底德,最明显地体现在他的书信、补述和演说当中。他在《纪事》中插入了一篇书信,以尼基阿斯的书信为蓝本(7.10—15)。其有关早期罗马史的叙述(《喀提林阴谋》6以下),也模仿了修昔底德在篇首的"考古"。在这两部分,作者都从久远的历史叙述到当前,从而为理解当前提供了一种思路和视角。[2] 另外,撒路斯特在《纪事》的开头,也呈现了他的作品与修昔底德的关系,他认为人的德性问题是罗马衰落的根源,这点也曾出现在修昔底德对内部纷争的描述中。[3] 此外,在有关党派之争的问题上,还有很多类似的表达可以看出撒路斯特以修昔底德作为其模范。[4] 当然,撒路斯特模仿修昔底德最明显的特征出现在其演说中,这也是后来的学者们关注最多的,撒路斯特插入的演说与修昔底德的演说在作品中扮演了类似的功能,如斯坎伦(Scanlon)所言,撒路斯特和修昔底德的演说,都想要让事件的问题和历史细节具体化,也给予演说普遍的意义,同

---

[1] 参 eld Sececa, Controv 9.1.13.
[2] 这两个例子有一些差别,但也明显有联系。修昔底德讲述了希腊如何达到顶峰,而撒路斯特则叙述了喀提林阴谋中的道德衰落。多普(Siegmar Dopp)则认为修昔底德的这一部分以两种方式为撒路斯特的论证提供了典范:一方面,纪事对历史的看法构成了各个事件发生的背景;另一方面,撒路斯特追随希腊人给出大致方向、一个可能的目标。
[3] 可参考 Elizabeth Keitel, "The Influence of Thucydides 7.61–71 on Sallust Cat. 20–21", *The Classical Journal*, Vol. 82, No. 4, 1987, pp. 293–300; Scanlon, Thomas Francis, "The Influence of Thucydides on Sallust", Ph. D. dissertation, The Ohio State University, 1978; Klaus Meister, "The Fall of the Roman Republic: Sallust's Reading of Thucydides", in Thauer C. R., Wendt C. eds., *Thucydides and Political Order*, New York: Palgrave Macmillan, 2006, pp. 131–150; Perrochat, P., *Les Modeles Grecs de Salluste*, Paris: Les Belles Lettres, 1949. 凯特尔:《修昔底德与撒路斯特》,载于刘小枫编《撒路斯特与政治史学》,华夏出版社2011年版,第51—64页。
[4] 包括 Cat. 38.1–4, Histories. 1.12M, Iug. 41.

时推进叙述的行动。此外，《喀提林阴谋》中的"对比演说"，也类似于修昔底德《战争志》（13.25—32）的内容，这两处都在辩论是严厉还是仁慈地处理囚犯。[①] 由此来看，撒路斯特明显模仿了修昔底德，既在形式上也在实质上，同时也提供了一种理解修昔底德的方式，并且把他的范式用于具体的情境。

相比于古希腊纪事家，撒路斯特的思想与罗马纪事家的思想关系似乎没那么明显，其中的一个原因在于，罗马纪事家留下的材料太过匮乏。在罗马前辈纪事家中，撒路斯特很可能借用了老卡图《始源》（*Origines*）的相关资料，他也可能极大地受益于老卡图的写作。[②] 老卡图的作品既在语言上，也在外在形式上，适合撒路斯特的作品。老卡图的语言风格简朴，带有古风。他出身低微，其政治取向趋向保守，他是其家族中最早参与政治事务的人，也对当时的道德败坏提出了非常严厉的批评。[③]《始源》是拉丁语写就的最早的罗马纪事。在这部作品中，他故意省略了罗马战争中的将领名字，以免让人以为他在赞扬贵族的业绩。他把罗马的成就当成一个整体，包括了其他意大利邦国而不仅仅是罗马。按学者解释，撒路斯特大量借用了老卡图的作品，其基本立场和写作风格都接近老卡图。但是，《始源》已经大多亡佚，我们不知道全貌。但从其他作家的描述来看，老卡图提供了罗马早期历史的材料，尤其是罗马王政时期的历史。他的记述是后来众多纪事家有关罗马早期历史的来源。比如西塞罗《论共和国》卷二，小斯基皮奥就宣称有关罗马早期历史来自老卡图。纪事家李维，他在卷一对罗马历史的记述，也极可能来自老卡图。但是早期罗马史在撒路斯特的纪事中并没有占据很重要的位置，他甚至只是一笔略过了早期罗马的

---

① 迈斯特（Klaus Meister）认为有五点类似：一是两者都呈现了针锋相对的演说；二是他们的起点都类似；三是辩论的处罚都类似，一个是死刑，一个是更仁慈的处罚；四是辩论者都彼此不相类，一个是以实践和理性的方式，一个则充满了感情；五是这两个演说都指出了惩罚会带来的政治后果。当然它们之间也有一些明显的不同。

② 西塞罗在《布鲁图斯》里曾经提到，纪事家们要阅读老卡图的著作。其语言和风格有古风，可以比肩古希腊的吕西阿斯等人。注疏家和翻译者对此有一些争执，比如做了《喀提林阴谋》注疏的拉姆齐（Ramsey）认为撒路斯特极大地受益于卡图，这体现在文本的各处。但是罗曼则持不同观点，参 Ornstein, B. et Roman, J., *Salluste Conjuration de catilina, Guerre de Jugurtha*, Les Belles-Lettres, 1924, pp. 17 – 18. 罗曼认为正是撒路斯特的文体使得他在拉丁文学中独树一帜，绝非模仿卡图的语言。亦参［古罗马］撒路斯提乌斯《喀提林阴谋 朱古达战争》，王以铸、崔妙因译，商务印书馆2009年版。

③ 有关老卡图的生平可以参看《希腊罗马名人传·老卡图传》。

历史，将其作为背景。老卡图对撒路斯特的影响，主要还是体现在语言和写作风格上。同时，老卡图也可能成了修昔底德与撒路斯特之间的中介。

二 撒路斯特与哲学

撒路斯特的作品除了有纪事作品中的资源外，最明显的特征是其哲学观念。相比而言，修昔底德的政治纪事明显有自然哲学的影子，[①]主要体现在其对命运的理解上，此外，修昔底德的作品与柏拉图在更根本的方面也一致。[②]而撒路斯特的作品也明显有哲学的影响。最为明显的就是他在一开头的哲学说辞，呈现出其作品与哲学观念之间的关系。此外，其作品中还借用了柏拉图的思想资源，既借用了其个人灵魂与城邦的对应，同时也在谋篇中建立了与《理想国》的对应关系。

撒路斯特在首段就直陈人在世界中的意义，这个开头明显不同于别的纪事家，也引起了很大的争议。有学者就认为撒路斯特的开头与其作品没有关系，而仅仅是哲学的老生常谈。[③]撒路斯特在一开头有关身体与灵魂关系的陈述，明显来自柏拉图。[④]其对于写作和自我政途的叙述又可以回溯到柏拉图的《书简七》。在该作品中，撒路斯特表达了其对政治生活的无奈，以及自己如何走向写作的道路，这点与柏拉图在《书简七》中的说法有异曲同工之妙。如果说《书简七》中仅仅给出了简要的描述，那么在《喀提林阴谋》和《朱古达战争》的整个行文中，则可以看到撒路斯特借助《理想国》中的灵魂变迁展开其纪事作品。在《喀提林阴谋》和《朱古达战争》中，支撑其作品的主要是《理想国》中个人与灵魂之间的对应。撒路斯特正是通过其塑造的几个人物的序列，呈现出五种政治类型并

[①] 修昔底德与哲学的关系，可以参看[美]施特劳斯《修昔底德：政治史学的意义》，载潘戈编《古典理性主义的重生》，华夏出版社2017年版。
[②] 参《城邦与人》，施特劳斯对修昔底德主要有三次讨论，第一次是在《政治史学的意义》中，第二次是在《城邦与人》中，第三次是在《对修昔底德著作中诸神的初步考察》（收于《柏拉图式政治哲学研究》）中，这三次观点略有不同。亦参 E. Kleinhaus, "Piety, Universality, and History: Leo Strauss on Thucydides", *Humanitas*, Vol. 14, 2001, pp. 68–95.
[③] 昆体良曾经提到撒路斯特的前言与作品没有关系，但学者们认为这个说法可以以另外一种方式得到解释。
[④] 开头有关身体与灵魂的两分以及其与理性、神的关系，也可以参看西塞罗《论法律》（1.21—27）中的相关说法。

且展示出其衰败，形成与城邦政体之间的对应，并且以此来理解城邦与灵魂的衰败。从《书简七》与《理想国》中，我们可以明显看到撒路斯特政治纪事中柏拉图的影响，既体现在其内容的陈述中，同样也呈现在其作品结构的组织中。

虽然在撒路斯特的作品中可以明显看到柏拉图对其作品的影响，但同时他的思想又可能受当时罗马哲学流派的影响。罗马当时影响力最大的学派就是学园派、廊下派和伊壁鸠鲁学派，西塞罗曾经写下了《学园派哲学》，并且在其《论至善与至恶》中借人物之口对伊壁鸠鲁学派、廊下派和学园派思想进行过介绍和批判，而伊壁鸠鲁学派的思想也在同时代的卢克莱修《物性论》中得到表达。其中，学园派和廊下派的哲学都可以部分追溯到柏拉图。在《论至善与至恶》中，西塞罗借卡图之口来介绍廊下派学派，卡图正是以廊下派哲人的形象为人所知。撒路斯特明显了解这些学派，并且在作品中插入了这些学派的观念。他在作品中描述的卡图和恺撒的形象明显有廊下派和伊壁鸠鲁学派的影子，尤其在他们两人的演说中，这两位政治家对阴谋分子的不同处理意见也呈现出两个学派观念的冲突。[①]撒路斯特的纪事作品，既记述喀提林阴谋这一事件，同时又通过演说呈现了哲学思想的交锋。有学者认为，撒路斯特受到廊下派哲人珀斯多尼乌斯的影响，但珀斯多尼乌斯留下的作品太少，很难得出直接受其影响的证据。[②]相比于恺撒，撒路斯特明显更赞同卡图的立场，我们可以通过西塞罗对廊下派的介绍，并且以庭审辩论中的卡图发言来认识撒路斯特与廊下派之间的关系。

恺撒的演说中最为突出的是对哲学观念的诉诸以及对死后生活的否认。恺撒的演说开头类似于撒路斯特的作品，都诉诸"所有人"，诉诸一种共同性和普遍性，但却有完全不同的旨趣。撒路斯特的哲学开头，最终突出的是灵魂的特殊性以及"德性"的价值，但在恺撒的哲学开头，他表面上提到在思考问题时避免情绪的影响，要不偏不倚地讨论问题，实际上暗中否认了政治生活的价值。但是，恺撒观念中更明显也最有伤害力的是他的唯物论观念，这点极大不同于廊下派与学园派，主要体现为他对灵魂

[①] 恺撒的演说中否定了死后世界，这种观念主要体现在伊壁鸠鲁学派的思想中，具体的分析可以参看上一节的分析。

[②] 见前面第一章第三节中的介绍。

第三章 撒路斯特与"喀提林阴谋"的叙述

不朽的否认。他在发言中批判了有关死后生活的说法（51.20），既否认了罗马人的民间信仰，同时也否认了灵魂不朽的观念。我们知道，柏拉图的哲学主要依赖于一种灵魂不朽的观念，从而建立起德性观念。恺撒的发言否认了死后生活，呈现出一种唯物论的哲学观念，这也明显贬斥了德性的价值，这点与撒路斯特作品中的观念明显不符，所以我们很难把撒路斯特等同于恺撒党徒，更难以把该作品当成对恺撒的辩护。

廊下派把美德当成唯一的善，他们的思想体现在政治上主要有三点：一是关于个人与城邦，认为人处于世界城邦之中，有某种普适性，也就是世界主义的观念，这明显与撒路斯特的看法不符；二是对命运的顺从，这点部分体现在撒路斯特的作品中，但与命运的支配作用相比，撒路斯特更突出人的德性；三是对德性的强调，这点明显体现在撒路斯特的作品中，撒路斯特在全文中特别强调了德性，最后还以德性对照作为其纪事作品的高潮。[①] 撒路斯特以理解德性作为其政治纪事的核心，并且以此贯穿了其三部作品。从廊下派的特征来看，尤其是其对德性的态度，撒路斯特的政治纪事明显受到廊下派哲学的影响。

廊下派哲学主要是以其代表人物小卡图呈现在撒路斯特的政治纪事当中。卡图在《喀提林阴谋》中既是作为恺撒的对比，同时又作为喀提林的对比出现。撒路斯特主要在两个方面刻画卡图：一是在演说当中，他通过卡图的演说呈现出卡图的品格，与恺撒的观点形成对峙；二是在其"德性对照"中，他对卡图的描述，明显是廊下派哲人的形象。有关卡图的演说，我们在上一节已经分析过，主要强调两点：一是卡图针对恺撒伊壁鸠鲁式的哲学观念，提出了城邦生活必要性的问题，由此以政治性的理由反击了恺撒的哲学理由；二是批驳了恺撒的唯物论的观念以及由此而来的相对主义。在对卡图的德性的描述中，撒路斯特这样对比卡图与恺撒：

[54.5] 但是卡图，则致力于节制，得体（体面，decoris），而且

[①] 有关廊下派的思想可以参毛丹、徐健《廊下派政治哲学的三个维度》，《浙江大学学报》（哲学社科版）2014 年第 5 期；[美] 施特劳斯等编《政治哲学史》，李天然译，河北人民出版社 1993 年版；[美] 萨拜因《政治学说史》，邓正来译，上海人民出版社 2008 年版；[古罗马] 西塞罗《论至善和至恶》，石敏敏译，中国社会科学出版社 2005 年版；西塞罗在《论法律》（1.54）中认为旧学园派和廊下派只在一个方面不同，在其他方面都相同，也即旧学园派把顺应自然的、对我们生活有益的视为善，而廊下派只把美德视为善。

相当严厉。[54.6]他不跟富人斗富，不与党派分子比派系，而是和有进取心的人比德性，与节制的人比谦虚，与无辜的人比自控，他想要成为实际上而非看起来的好人；这样，他越不想追求荣誉，荣誉就越是紧随其后。

卡图的这个形象，恰好与喀提林在文中的形象形成对比。喀提林就是一个德性败坏之人，这种败坏来自城邦，但主要也来自其个体。"德性"问题在撒路斯特处则以喀提林、恺撒以及卡图这三个人物得到体现。喀提林作为负面典型，而撒路斯特对恺撒的态度则相对隐晦，但明显不认同恺撒演说的观念。① 撒路斯特以"卡图"作为廊下派哲人的典型，肯定了廊下派哲学的德性观念以及其对罗马共和国的意义。由此来看，撒路斯特的哲学观念可能主要来自柏拉图思想以及受其影响的廊下派思想，他同时又批判了当时流行的伊壁鸠鲁学派的思想。

三 撒路斯特与诗歌

撒路斯特的纪事除了有纪事来源和哲学来源外，还借用了诗人的资源，但这种借用却是间接的。撒路斯特作品中，与诗歌关系最为明显的是其演说。这点既是可能模仿自修昔底德，同样也可体现出他对诗歌的借用。与作品中的演说相比，我们知道西塞罗在这一事件中也发表了四篇《反喀提林辞》，撒路斯特在作品中对第一篇演说曾做过评价（"对共和国十分有意义的、非常精彩的演说"）。由此，撒路斯特的演说又可以与西塞罗的演说形成对照。

如果说西塞罗的演说呈现的是他作为一个执政官的形象与职责，最终凸显的是他自己，那么，撒路斯特的演说所涉及的范围则更大，他在文中一共插入了四篇演说，其中有两篇来自喀提林，这两篇演说可以呈现喀提林的形象和品格。另外两篇则来自恺撒与卡图，这两人的演说是争论该如何处置阴谋分子，这两篇演说既体现了卡图和恺撒两人的品格，又呈现出

---

① 撒路斯特与恺撒的关系也是研究的重点，但现在主流的观点并没有把撒路斯特当成恺撒党徒，而是认为撒路斯特有自己独特的观点。

第三章 撒路斯特与"喀提林阴谋"的叙述

两种思想的交锋,从而呈现出撒路斯特对这一事件的整体思考。①

撒路斯特创作了两篇喀提林的演说,一篇是他在事件开始前对阴谋分子的鼓励,一篇是最后决战前对叛军的鼓励,刚好两篇演说框住了整个喀提林阴谋,也可以通过这两篇演说来理解喀提林阴谋。在第一篇演说中,喀提林与撒路斯特一样表达了对当前罗马腐败的愤怒,也强调德性,但其德性却主要是勇敢。从这个演说以及撒路斯特上下文的记述,我们可以了解喀提林如何看待罗马当时的政治和自身的境况,如何理解灵魂德性与政治生活的关系,以及他们具体的政治目标和行动。撒路斯特以自己的笔法部分认可、部分否认了喀提林演说中的说法。他在演说和上下文中呈现了喀提林粗暴的品格,以及他的发言中所隐藏的东西,暗示出他武力夺取政权的企图,但他也认可喀提林对当时政治的某些看法。最重要的是,撒路斯特在演说中展示出喀提林德性观的重大问题,给我们留下巨大的思考空间。在他的第二篇演说中,也强调了类似的观点,同样强调了"勇敢"这种德性而非与才智相关的德性。撒路斯特插入的这两篇演说,同样也是修辞典范,他以喀提林的演说,既揭示出罗马当时政制的问题,也呈现了喀提林阴谋的缘起,最终也解释了喀提林"德性观"中的重大缺陷,从而与其作品的主旨形成对比。②

撒路斯特的演说主要在两个方面起作用:一是塑造人物形象;二是表达其态度。就人物形象塑造而言,这点体现得比较明显。在喀提林的演说中,我们可以明显看到喀提林的形象。但撒路斯特也通过喀提林的演说,呈现出喀提林存在的问题。同样,恺撒和卡图在撒路斯特作品的其他部分并没有出现,其最初的呈现是通过他们的演说,可谓"先闻其声"再知其人。恺撒的演说与卡图的演说分别呈现出他们不同的形象和品格,而最后的德性对照,也强化了他们的形象。但演说中更为重要的是撒路斯特态度的表达。撒路斯特除了直接对人物进行评价外,还通过演说来隐晦表达他的态度。很多学者注意到喀提林形象的二重性,但这种二重性却并非撒路斯特要模糊他们的形象,而是通过这种二重性表达他对于"德性"问题的看法。由此,四篇演说涉及三个人物,呈现这三个人物德性上的问题,从

---

① 波里比乌斯批评纪事家创作演说,是受到诗人的影响,他在作品中则很少引用演说。但是,我们可以反过来把它理解成是诗人对纪事的助益。
② 有关喀提林第一演说,可以参考吴明波《喀提林第一演说绎读》,《古典研究》2012年春季卷。

而服务于撒路斯特的整体意图。

除了演说之外，撒路斯特的《喀提林阴谋》也有西塞罗作品的影子。其中比较明显的一点在于作品的谋篇。在前面的分析中已经谈及，撒路斯特在记述喀提林阴谋之前，分别插入了哲学性的说辞和历史的梳理。这个处理与西塞罗的《论共和国》非常类似。西塞罗的《论共和国》也是分别以哲学和历史的视角来看待共和国，而且两人都有类似的关切——通过对罗马早期历史的探讨，理解当前的罗马。

从上文的分析来看，撒路斯特的写作明显受到前辈影响。从最直接的证据来看，撒路斯特受希腊思想的影响非常明显，尤其是柏拉图和修昔底德的思想。他们的思想形成了其纪事作品最为明显的特征。此外，罗马本土的思想家也为其提供了必要的资源，老卡图的写作极有可能影响了撒路斯特的纪事写作。值得关注的则是他的对手西塞罗与他的作品之间有很多隐秘的联系。西塞罗是希腊哲学在罗马传播的重要推手，也是罗马人接触古希腊思想的中介，同时西塞罗的写作又或多或少影响了撒路斯特。撒路斯特在其作品中似乎也有与西塞罗在写作上一争高下的意图。西塞罗通过挫败喀提林阴谋在历史中不朽；撒路斯特则通过记述喀提林阴谋千古留名。喀提林则在这两个作家笔下，被永远钉在了历史的耻辱柱上。

附 "喀提林阴谋"年表

公元前146年，伽太基灭亡。

公元前106年，西塞罗生。

公元前86年前后，撒路斯特生。

公元前66—公元前65年，传闻中的第一次喀提林阴谋。

公元前66年，喀提林因为官司问题失去竞选公元前65年执政官资格。

公元前65年，喀提林因为官司问题失去竞选公元前64年执政官资格。

公元前64年，西塞罗胜过喀提林，赢得公元前63年执政官选举。

公元前63年，

  1. 西塞罗就任执政官；发表第一篇《论土地法》演说。

  2. 发表第二篇和第三篇《论土地法》演说。

9月，主持公元前62年执政官选举，喀提林再次失败。

9月23日，西塞罗在元老院指出喀提林企图发起暴动。

10月21日，召开元老院会议，通报喀提林叛乱计划。

10月22日，元老院授予西塞罗"元老院最终指令"（SCU）。

11月6日晚，莱卡家中秘密会议。

11月8日，西塞罗在元老院发表第一篇《反喀提林辞》；喀提林当晚离开罗马。

11月9日，西塞罗在罗马广场向民众发表第二篇《反喀提林辞》。

12月初，西塞罗破获喀提林阴谋分子勾结高卢人的计划。

12月3日，西塞罗在广场向民众发表第三篇《反喀提林辞》。

12月5日，元老院讨论如何处置阴谋分子，西塞罗在元老院发表第四篇《反喀提林辞》，支持判处死刑的强硬立场，并且亲自执行死刑。被授予"祖国之父"的称号。

公元前58年，西塞罗因为未经审判而处死阴谋分子被政敌克劳迪乌斯放逐。

公元前49年，恺撒挥军罗马，发动内战。

公元前46年，卡图自杀。

公元前44年，恺撒被杀。

公元前43年，西塞罗被害，头和双手被砍下挂在罗马广场。

公元前43年前后，撒路斯特开始写作《喀提林阴谋》。

公元前35年，撒路斯特去世。

第四章 "喀提林阴谋"与纪事

　　本书的前面三章，主要分析了西塞罗和撒路斯特的两组作品以及其作品中涉及的诸多问题。"喀提林阴谋"之所以得到特别关注，既有当时政治背景的缘故，更有两位作家对罗马共和末期的思考。西塞罗虽亲历这一事件，却把记述的重任交给了自己的朋友，不过最终却未能如愿。在对"喀提林阴谋"的叙述中，撒路斯特也呈现出罗马从开端到当前的政治状况，试图通过这个记述来探究罗马的兴衰之由。这一章将尝试从撒路斯特和西塞罗的作品出发探讨一些更普遍的问题。西塞罗既是一个政治家，同时又是个哲学家。他虽然在书信和其他作品中强调自己想要写作纪事，也突出纪事的重要意义，却最终没有实现。但是，他又在其最著名的哲学作品《论共和国》中，在卷二专门记述了罗马早期的历史。他一生也写作了大量哲学作品。写作哲学作品与写作纪事在西塞罗那里形成巨大的张力。同样，西塞罗的前辈柏拉图也没有写作纪事，而只留下了大量的哲学作品。但是，其哲学作品中却呈现出纪事的影子，比如《第迈欧》中讲述的古老故事、《亚特兰蒂斯》中讲述雅典与亚特兰蒂斯的战争，这些都有"纪事"的影子。"纪事"对于柏拉图来说显得既重要又不重要，这点同样可以尝试用来理解西塞罗和撒路斯特，并且以此理解他们的意图。理解西塞罗和撒路斯特，必须有一个更大的视野，需要在一个思想史背景中探讨纪事与哲学之间的关系。本章将着重探讨"政治纪事"背后的问题，从具体的"喀提林阴谋"扩展到纪事与哲学、诗歌等的关系，从而在一个更宽广的视野下来理解撒路斯特与西塞罗。

　　本章将分为四部分，首先是探讨政治危机与政治纪事的关系，这也是政治纪事一个非常特别的地方，它关注"政治"危机，受"政治"危机的刺激；其次将探讨"纪事"中涉及的"必然"与"正义"的关系，这其实也就是政治与哲学、特殊与普遍的关系；再次将结合亚里士多德的说

第四章 "喀提林阴谋"与纪事

法,来具体探讨"诗歌"与"纪事"的关系,由此再来探讨撒路斯特和西塞罗的形象;最后则将重点处理"纪事"中比较明显的一个问题,也就是如何看待"德性"与"命运"之间的关系,这个问题最终也涉及纪事的"古今之变"。

第一节 危机与纪事

在作品一开始,修昔底德就提到他写作《伯罗奔半岛战争志》的理由,"他(指雅典人修昔底德)从一开始就预见到这场战争规模宏大,比以前任何战争都更值得叙述"。此外,他又提到这场战争"对于希腊人和一部分蛮族人而言,这是迄今为止最大的骚动(kinesis),甚至可以说差不多涉及整个人类"。他同时贬低了古代的战争,尤其是《荷马史诗》中记载的伊利亚特的战争,因为它有夸大的成分,古代战争的规模不够大(1.3.1-3)。由此来看,修昔底德之所以记述这场战争,与他自己的身份(他是雅典人,也是战争交战的一方),这场战争引发的"危机",以及这场战争的重要性相关。他的政治纪事写作直接受这场战争的触发。他关注这场战争的原因之一在于,它是发生在雅典人和斯巴达人之间的战争,但更重要的原因在于,这场战争在当时规模上的独一无二性,其大到可以通过这场战争,认识人类的所有战争,从而达到特殊与普遍的统一。[①]

从修昔底德的写作,我们可以明显看到,政治纪事的写作不同于哲学作品,其关注的重点明显不同。我们如果阅读柏拉图、亚里士多德和西塞罗的哲学作品,就可以注意到,他们的哲学作品主要与场景和主题相关,而很少与当时的政治事件直接相关。[②] 政治纪事的一大特点在于它更多关注的是当时发生的重大政治事件,尤其是政治危机。这也呈现出纪事与哲学之间一个非常重要的区别,就是纪事相比于哲学来说,对于政治事务有着异乎寻常的关注。哲人们虽然也谈论政治事务,但其更关心具体政治事

[①] 可以参 Strauss, L., *The City and Man*, Chicago, 1978.
[②] 柏拉图的作品不直接与政治事件相关,但也没有完全脱离。比如《理想国》的发生背景是伯罗奔半岛战争中雅典与斯巴达联盟鏖战之时,在全文中却读不出战争的感觉,但关注的问题又与战争相关。

务之上的问题，比如"正义""勇敢""最佳政制"等（参《斐多》《理想国》《斐德若》《论共和国》等）。哲人对现实政治则远不如纪事家热心，柏拉图对此则有一个比较经典的评述："人间的事务没有什么是值得认真对待的"（见《理想国》卷十，604c）。西塞罗则认为，政治事务非常重要，只有在履行政治义务之后，才有资格谈论哲学。但其作品中仍然为哲学提供了很大空间（参《论共和国》1.19）。① 相比于现代历史学，古典纪事也有明显不同。我们现代的历史学更关注比如文化史、科技史、艺术史等，政治史则只是诸种历史之一。但在古典纪事中，政治事务或者城邦事务是其中最核心、最值得关注的部分。我们从这些基本的区别出发来认识政治纪事的问题。纪事与哲学之间不是必然分离的，其中也有诸多共同的东西。

修昔底德不仅是要记述这一场发生在古希腊的雅典与斯巴达之间的战争，而是要通过这场战争，认识所有的人类战争，让他的作品成为"永世瑰宝"。不管他的目标是否能够达成，我们至少可以确认一点，就修昔底德而言，他记述的这场战争具有普遍性，它可以由个体来认识普遍。在这一点上，纪事与哲学又有了某些共通点。在此而言，特殊与普遍、个别与一般并非纪事与哲学最本质的差别。政治纪事在其开创者修昔底德处就已经带有这种丰富性和复杂性。但毫无疑问，对政治的异乎寻常的兴趣，可以将纪事与哲学区分开来。

我们也由修昔底德的陈述，转向撒路斯特。撒路斯特在《喀提林阴谋》中提到他自己为什么选择这个事件，他谈到"我认为这个事件特别值得追忆，因为它的罪行以及危险都非同寻常"（《喀提林阴谋》4.4）。何种意义上这个阴谋算得上"非同寻常"（novitate）呢？我们如果了解共和国后期历史就会知道，在喀提林阴谋之前有意大利同盟战争、苏拉独裁、秦纳反扑等，甚至也有很多类似的事件。这些事件在规模上和严重程度上可能远超过喀提林阴谋，为何撒路斯特却青睐这一次事件呢？要理解撒路斯特的这个说法，我们先关注下他如何提出这个说法。本书接下来将结合文本来分析撒路斯特的说法，以及他如何呈现这一事件，以此来理解政治危

---

① 在书中，莱利乌斯问道：难道我们已经把所有与我们的家庭和国家有关的问题都研究过了，因而你们现在想探讨天上发生的事情？而菲卢斯则以一个更为哲学性的说法来回答，认为我们所在的城邦，是一个更大的家，也就是整个世界的一部分。

第四章 "喀提林阴谋"与纪事

机与政治纪事之间的关系。

撒路斯特的这个说法出现在该书的第四节,但在此之前,他对人类生活有很长的陈述。我们现在主要考察第一节到第四节,也即全书的序言部分,来理解他的这个说法。① 撒路斯特以非常哲学性的"所有人"(Omnis homines)这个陈述开始本部作品,这点也容易让我们想起恺撒后面的演说(《喀提林阴谋》51.1),同样立足于"所有人",从而呈现出某种普遍性。撒路斯特认为:

> 所有人自身想要超越其它动物,得尽最大努力,不能像牲畜一样在沉默中耗尽一生,这些牲畜本性受肉欲羁绊。而我们所有力量置于灵魂和身体之中;我们让灵魂统治,而身体服从;我们部分与神,部分与兽相通。因此,在我看来,我们更应该用才智而非体力来追求我们的荣耀,同时赢得尽量长久的追慕,因为我们享乐的生命本身短暂。另外,财富和外表的荣誉短暂而脆弱,德性则稳固而持久。(《喀提林阴谋》1.1 – 1.4)

他在一个简短的开头中,将人置于自然的整体中思考。他一开始就突出人的特殊性、人与动物之间的区别。第一,人有意识想要超越其他动物,暗示了人的优越性。第二,他又点出了动物的特点——"沉默",再次突出了人与动物的差别,同时暗示了写作的特殊意义。第三,他点出动物受肉欲羁绊,也暗示了动物与人的差别。由此来看,人之优越性在于,人不受肉欲羁绊,不沉默,想要努力超越其他动物。人的力量置于身体与灵魂当中,灵魂统治,身体服从。人因为灵魂更靠近神,也因为身体靠近兽。撒路斯特将人置于神与兽之间,从而将人和人类生活置于特殊的位置。②

---

① 撒路斯特的这个"序言"曾经引起很多的争议,主要在于这个序言与其纪事之间的关系。昆体良认为其中没有关系,但从作品分析来看,这两者关系密切。
② 撒路斯特在此提供的是两种生活:一种是受身体羁绊的生活;另一种是追求荣誉的生活。两条道路的选择是古希腊的隐喻,在赫西俄德的《工作与时日》(287 – 92)和色诺芬的《回忆苏格拉底》(2.1.21 – 33)中都提供了两种不同生活道路。如果我们把它放在亚里士多德《尼各马可伦理学》的语境下,则发现他省略了第三种生活。亚里士多德在其作品中提出了三种生活:快乐的生活,政治的生活以及沉思的生活。撒路斯特对第三种生活的沉默,有两种可能:一是他排除了这种沉思的静观生活;二是他自己通过写作可能践行这种生活。

撒路斯特接下来把灵魂中的"才智"（ingenium）跟"荣耀"（gloria）连接起来，从而连接了人类的灵魂与政治生活。人们借助"才智"，而非"体力"，追求荣耀，赢得追慕。一边是生命，以及由财富和外表带来的非常短暂的荣誉，另一边则是稳固而持久的作为才智运用的德性。由此，"才智"的运用成为上通下达的关键，它既是人与神之间的关联，优越于动物，同时也沟通了灵魂与政治生活。撒路斯特通过灵魂中的"才智"的运用，既把人和其他动物区别开来，又把人与政治生活联系起来。

这种身体与灵魂的两分法，是哲人的老调重弹，但撒路斯特在一开篇特别强调了这种古老的看法，这对他的作品来说有特别的意义。他一开始就将自己的政治纪事置于广阔的哲学视野之下，展示他自己对人以及人的活动的理解。另外，作家要先对事件进行理解，才能让读者从特殊事件中理解普遍，从普遍来理解特殊事件。"喀提林阴谋"这个特殊的事件，可以贯通他对人类生活的普遍理解。他由此敞开以"才智"通向荣誉的道路，而"才智"将成为之后叙述的重点。

他接下来提及了人们在军事生活中有争执，究竟是灵魂还是身体更重要。作者似乎一开始特别关注人类的战争事务，因为德性问题在战争中能够得到充分的呈现，也更能引起争议。这也是个线索，暗示了他为什么选择"喀提林阴谋"[①]，乃至之后的"朱古达战争"，因为这两部作品都专注于人类政治生活的最高形式——战争，但他并不止于此。对战争还是和平的关注，对静止还是骚动的关注，形成了纪事与哲学作品之间又一明显的区别。撒路斯特专门提及战争，也暗示战争的特殊性。但是，即使在战争中，他仍然认为，人的思考处于最重要的位置。从世人当中长期存在论争到确认"战争中才智最重要"这个看法之间，撒路斯特插入了人类思考与行动之间的关系。思考（consultum）先于行动（factum），因为思考不仅可以指导行动，获得军事上的胜利，同时也可以反思和总结之前的行动，从而认识和思考人类灵魂、德性与战争、和平之间的关系，再次指导行动。所以，从这方面可以说两者都不完美，都需要对方的帮助（《喀提林阴谋》1.7）。写作反而成了结合思考和行动的一种特殊手段，可以弥补单方面的不足。由此，他写作的意义也就可以在"思考与行动"两者关系中

[①] "喀提林阴谋"的另一个标题是"喀提林战争"（Bellum Catilinae），后者可能更符合作者对这部作品的理解。

得到呈现。

撒路斯特提到的这个争执的平息，是由于多次征战，尤其是居鲁士、拉客戴蒙人以及雅典人的战争，以大量的危险和痛苦证明了，战争中也是才智最重要（《喀提林阴谋》2.2）。人们对于这些战争的了解，出自几位希腊作家（如希罗多德、修昔底德、色诺芬等）的作品，也即，"战争中才智有最大的力量"这个看法，极可能出自作家们的理解。这些政治事件只有通过思考，经过特别的方式（比如写作）才能真正得到认识。在第八节，撒路斯特也对写作问题做了回应，他认为雅典人的功业无与伦比，是因为有高才智作家，雅典人的功业才会被赞扬成最伟大（《喀提林阴谋》8.3）。他在作品中多次标举"写作"的特殊意义，写作是才智的一种显现，其重要性甚至超过了战争。

与此相应，如果我们不了解撒路斯特从事"写作"这一活动，他所谓的"罪行和危险的非同寻常"也就难以得到理解。灵魂本身不可见，灵魂的德性与人类的行为之间的关联，只能通过作家运用自己的才智来认识。另外，人也难以自识到自己既与神和兽皆有共通之处，这些也都得通过作家来呈现。由此，写作在人类生活中有着非常重要的位置。

接下来作者使用了假设，

> 如果国王和统治者灵魂的德性在和平与战争时一样强健，人类事务本身会更一致和稳固，你不会看到权权相易，也不会看到所有事务变动和混乱。统治易于以他们最初获得的相同技艺恢复。（《喀提林阴谋》2.3-2.4）

但实际情况却是，"到处懒惰侵蚀劳作，热望和傲慢侵蚀节制和公平，命运随品格而变。所以，统治常常由不那么好的人转到最优者"（《喀提林阴谋》2.5-2.6）。这里出现了两种相反的情况，原因都在于国王与统治者"灵魂的德性"在战争与和平时没有一样强健。那么，作者从人们争执不休的战争转向了和平，他想要从人类生活的整体（也即战争与和平）来理解政治生活，因为两者都指向人类灵魂中的德性。前面提到的那些作家，他们在作品中证明了战争中才智的重要性，他们首要关注战争事务，但是，撒路斯特又想处理"战争与和平"两者之间的关系。他更看重"和平"，他又回到"和平"来理解"战争"，理解战争也是为了理解"和平"。他不同于之前的作家，止步于大多数人争执的"战争"，他反而要从一般人较少争执的地方发现人类生活的奥秘，从而达成对于"战争与和平"的统一理解。他在这里列举了德性缺失而导致的两种对立品质（artes）：劳作、节制与公平；懒惰、热望与傲慢。灵魂中的混乱导致政治事务中的变动和混乱，两者有某种对应。他在对人类事务的描述中，既建立了灵魂与政治生活之间的关联，同时也突出了写作的重大意义。

至此，我们理解，撒路斯特的写作也是才智的运用，他以自己的方式理解人类政治生活与灵魂德性之间的关系。① 他的理解不同于之前作家对居鲁士、拉客戴蒙人和雅典人的理解。撒路斯特在行文中多次提醒我们，他表达的是他自己的看法，而非一般人的看法。

他接下来回到普通人在和平时期的生活。从事务农、航海、建筑这些活动也需要服从德性，但是，很多人只追求口腹之欲，缺文化少教养（《喀提林阴谋》2.7-8）。撒路斯特认为，德性贯穿于所有的人类生活当中。但有些人违背本性，撒路斯特赞扬可以正视自己两方面本性之人。他这样说道："的确在我看来，只有这种人才算活着并且享受灵魂，这种人专注于某些事业，以卓越的行事或者高贵品质取得名声"（《喀提林阴谋》2.9）。他认为，"自然"给不同的人指示不同的道路，结合第一节（《喀提林阴谋》1.1），那么"自然"既区分了人与动物，同时也区分了不同的人，这是自然所加之于人身上的限度。但是，人在自然当中，并非被动服从，而是有自主性。人的自主性需要人使用自己的才智，也即需要通过"德性"。撒路斯特接下来用他的写作给我们展示，人如何以"卓越行事"或者"高贵品质"取得名声。

可以看到，他在开头前两节中建立了灵魂对于肉体、才智对人类生活的重要作用，将才智贯通了战争与和平、灵魂与政治生活。由此，他勾勒出德性与人类政治生活之间的关联，为他接下来的自述以及整个事件的叙述奠定了基础。

在作品第三节，他彰显政治事功与写作两者之间的张力，也就继续了前面两节的看法。撒路斯特在此直接为写作辩护，"好好为国家服务也高贵，好好说（bene dicere）也不荒谬"（《喀提林阴谋》3.1），按前面的说

---

① 厄尔认为，撒路斯特里面最核心的德性观就是：德性作为才智的运用，能够创造不凡的功业，从而以高贵的品质获得荣耀，参 Earl, D. C., *The Political Thought of Sallust*, Cambridge, 1961.

第四章 "喀提林阴谋"与纪事

法，这两者都算得上"卓越行事"或者"高贵的品质"。他再次强调了在"和平和战争"中都可以成名，对应了前面提到的"和平与战时"的德性。"好好说"既指罗马人的演说修辞技艺，也同时指写作技艺。撒路斯特尤其强调了写作技艺，他接下来将比较功业创造者与记述者。

虽然撒路斯特提到两者无法相提并论，但特别强调记述功业的困难：

> 首先，因为行动必须配得上言辞；其次，因为大多数人，如果你批评了错误，认为你出于恶意和嫉妒而说；当你回忆了伟大的德性和好人的荣耀，每个人泰然接受那些他认为他也同样容易做到的行为，超过这点，他们认为就是出于假象而虚构。（《喀提林阴谋》3.2）

行动必须配得上言辞，这话有两层意思：一层是要有适当的言辞来表达事功；另一层的意思是，言辞能够跟行动相提并论。[①] 对于前一层意思，他特别突出了他的写作原则来解决这个问题，也就是他在文中强调的"尽可能忠实叙述"（《喀提林阴谋》4.3，18.1）。如果我们再次参照前面提过的第八节说法（《喀提林阴谋》8.2），伟大的功业如果不能得到表达，也就难以称得上最伟大，那么"最伟大"只存于"高才智"作家的作品当中。如此，我们也就可以理解这第二层意思，也就是说言辞如何可以跟行动相提并论。他在此处的陈述，暗示了写作功业也能与创造功业者相提并论。在《朱古达战争》中，撒路斯特更进了一步，他认为"记述过去的事情特别有用"，并贬低了公共生活（《朱古达战争》3.1 – 4.1）。另外，他自己记述罗马人的功业，也有与雅典作家一较高下的意图。当然，他们竞争的并非雅典人与罗马人功业的大小，而是他们作品呈现出的对人类生活的认识和理解，这也是修昔底德与荷马的竞争。由此，他就将立言与事功结合起来。要理解这点，我们得结合他的自述。他在自述中提到自己何以能够克服这些记述功业上的困难。

撒路斯特叙述了自己年轻时的生活。在叙述喀提林阴谋之前，他先描述了自己。他没有提及自己曾经做过什么，只是简要提到他年轻时在政坛失意以及自己的心路历程。文中另外一个从年轻时开始叙述的是主角"喀

[①] Batstone, *Catiline's Conspiracy*, *The Jugurthine War*, *Histories*, Oxford: Oxford University Press, 2010, p. 156.

提林",作者似乎提供了两者早年对照,但两人最终走上不同道路。撒路斯特谈到他曾经汲汲于公共事务,却遇到了相反的情况。他列出充斥在政治生活中的三组对立品质:没有廉耻、没有节制、没有德性;只有冒失、贿赂和贪婪(《喀提林阴谋》3.3)。虽然他的灵魂不习惯这些坏品质,但他身处如此的邪恶当中,并且因为年纪轻而受"腐化的野心"控制。"我虽然与其他坏品格的人不同,但对荣誉的追求以及同样的名声也(这也困扰其他人)困扰了我"(《喀提林阴谋》3.5)。他在此突出强调了"品格"的差别,他和喀提林最重要的差别在于"品格",他因为品格并不坏而还可能从政治事务中抽身出来。"品格"也是撒路斯特在叙述喀提林阴谋时最强调的部分。我们随后可以发现,他叙述阴谋前,先重点介绍喀提林的"品格"(《喀提林阴谋》4.5)。另外,"品格"(mos)是城邦和个人共有的东西,撒路斯特关注了个人的品格以及城邦的风俗(这个词用于城邦被译为风气、风俗)。

如果说前面提及了写作遇到的三个困难,他在此则强调了创造功业的困难。[①] 这也提出了一个重要问题,人处于不义的城邦中应该如何自处?他以实际行动摆脱政治生活,选择了写作,这也贬斥了政治生活。从政治走向写作,这既是他的个人经历,也是他在作品中呈现出来的特别思考和行动。另外,如同之前他以"才智"连接灵魂与人类生活,此处他也以"他自己的才智"连接了作品中普遍的哲学陈述和具体的特殊事件。普遍与特殊、可见与不可见正是通过"我"才能得到理解,这也就可以解释为什么他在文中多次提到这些是他本人的看法。理解"我"才是理解序言的关键。

由此我们转入第四节,在这一节才回到有关叙述事件选择的理由。他自述了为什么选择记述喀提林阴谋。这既源于自身的原因,同时也与事件相关。他谈到自己的灵魂远离大量的痛苦和危险后恢复平静,他决定在剩下的生活中远离公共生活。这也暗示出政治生活带来的是悲伤和痛苦,他远离政治生活回归平静,或许可以远离恶意和嫉妒,远离这些写作上的困

---

① 克雷布斯(Christopher Krebs)认为撒路斯特的困难(arduum)有两层意思:一层就是罗马意义上的dificile(困难);另一层类似希腊词Xalepon,可译为"令人苦恼的""棘手的"。参 Christopher Krebs, "The Imagery of 'The Way' in the Proem to Sallust's *Bellum Catilinae* (1 - 4)", *American Journal of Philology*, Vol. 129, No. 4, 2008, pp. 581 - 594. 该文从两条道路的意象方面来疏解撒路斯特的序言,既肯定了罗马人熟悉的事功道路,又引入了写作纪事的道路。

难（《喀提林阴谋》3.2）。他也表示，他不愿意将自己宝贵的闲暇打发在干农活和狩猎这些奴隶的活计上。"务农"和"狩猎"对罗马人来说并非奴隶活计，但撒路斯特有他自己的看法。他之前特别强调了两种达成荣誉的途径——事功与立言，因为两者与才智的关系更加密切，那么，他远离政治后剩下值得过的生活只有好好写作（立言），而且是记述罗马人的功业。他的内心已经从政治的希望、恐惧以及党派中解脱出来。这些是他能够记述罗马功业的缘由，也就将写作和功业都指向人的灵魂状况。我们由此理解前面提到的写作上的困难意义之所在。由此，他以一个远离政治之人的身份记述罗马人自己的功业。

在此之后，我们又回到他对这一事件"非同寻常"（novitate）的陈述。撒路斯特提到这个事件的"非同寻常"，至少有两个层面的意思：一是对于撒路斯特而言；二是对于事件而言。对于撒路斯特而言，他通过记述这个事件可以解释撒路斯特的心路历程。这一事件的展开可以用来理解撒路斯特提到的政治上的各种不足以及自己的失意。撒路斯特提到的写作上的困难、写作的原因等，这些问题都可以呈现在"喀提林阴谋"这一事件当中。对于这一事件而言，"喀提林阴谋"可以作为范例，呈现政治的复杂性、人的德性的多个层面等，恰当地建立个人灵魂与政治之间的关联。撒路斯特正是通过这一事件的写作，证明了人如何通过才智的应用（也即德性），获得荣耀，从而可以沟通人的灵魂与政治、个体与城邦。

最后，我们需要理解的是才智与德性的位置，这也是理解撒路斯特身份的重要线索。撒路斯特在其长长的序言中，从人在自然中的位置开始，到标举才智的应用（也即德性）对于人的地位结束。他在作品中只使用了"德性"的单数形式，而非其他人常用的复数形式。[①] 他的这种理解更接近古希腊柏拉图对德性（arete）的理解，而非通常意义上的德性。它作为才智的运用，是撒路斯特理解人类政治生活的基础。这似乎意味着，才智的运用（也即德性）是人之所以能够与神相通的最重要原因，人的所有行为（包括精神和政治生活、战争与和平）都以才智的运用联系起

[①] 有关 virtus "德性"的翻译在这些年一直争论不休。Virtus，最初来自 vir（男人），其有突出武德的意味，强调人的英勇。但是不同作家对 virtus 的运用各有不同。比如西塞罗和撒路斯特明显并不偏重武德和英勇，而是更偏向人才智的运用。比如在恺撒和卡图的"德性对照"中，就很难把卡图的 virtus 翻译成勇武之类的意思。撒路斯特也明确表示过，所有行业都要运用 virtus，这里也很难翻译成与战争相类的勇武。

来。不管是创造功业还是写作，都指向才智，指向德性。撒路斯特对才智和智性的描述指明了两条道路：一条是政治事功的道路；一条是写作，也就是记述政治事功的道路。那么撒路斯特的写作也就成了才智的运用，一种自由的追问，它也就通向了哲学。但是，撒路斯特又把自己的写作局限在"政治事件"当中，这明显不同于哲学写作。撒路斯特的写作，重点仍然在于"政治"。由此，他才会有对"喀提林阴谋"的"非同寻常"的评价。

如果我们结合修昔底德和撒路斯特的陈述，可以看到，他们的写作都有"政治危机"的触发。他们都作为这些政治事件的"当时"人，既接近又不接近这些事件。他们都立足于对"政治"的关注，不是以直接参与的方式，却以写作的方式关注"政治"。对他们而言，"政治生活"而非具体的"政治事件"至关重要。这点也是纪事与哲学之间的重大差异。但同时，他们对政治的态度又足够审慎。撒路斯特在一开始就明确表明，自己在经历过后认识到政治的诸多问题。修昔底德也通过各种方式，表达其与政治生活之间的距离。但"政治"在其中仍然有非同寻常的重要性。如果我们反观哲学家的作品，比如在柏拉图的对话中，以及亚里士多德的作品，包括后来的西塞罗的作品中，他们更多关注的是普遍性的主题，关注德性，关注最佳政制等，而非具体事件。哲学更多关注永恒的主题，而纪事首要关注的是迫切的政治事务。修昔底德和撒路斯特都立足于"政治"，但又尝试超越政治，从具体的政治事件走向更抽象的对德性的理解，从而接近了哲学。

第二节　纪事与哲学

修昔底德在《伯罗奔半岛战争志》中，以雅典与斯巴达之间的战争来达成对于人类战争的认识。他通过对具体、个别的战争叙述达成一般的普遍的理解。除了关注当时发生的"政治危机"之外，修昔底德还尝试揭示战争的深层次原因。修昔底德对战争的原因的解释部分通过参战双方的言辞得到表达。战争的原因在参战的不同方，有不同的修辞和表达，这些部分通过他们的演说来表达。演说是一种外交辞令，既显示又隐藏其意图。

修昔底德的写作中一个很明显的特征就是他善于创作演说辞，他也借用演说辞来达成这种普遍的理解。修昔底德在讲述他记述演说的原则时，提到他会以演说应该有的样子来记述（1.22.1）。[①] 修昔底德创作了很多著名的演说辞，其中最为知名的就是伯利克勒斯的《葬礼演说》。此外，他还创造了很多不同场景的演说辞，其中与战争相关的著名演说有米诺斯人与雅典人的演说。在转述科基拉人和科林斯人的演说时（1.32.2，1.37.2），修昔底德分别用"正义"（Δίκαιον）和"必然"（Ἀναγκαῖον）开始他们的演说，从而将两方立场的差异呈现出来，同时也揭示出战争的深层缘由。[②] 在双方演说开头，"正义"与"必然"这两种对峙的呈现方式是修昔底德的特意为之，这种对峙既是对两方意图的"真实呈现"，同时也呈现出两方诉诸的表面原则中更深层次的问题。修昔底德也通过这两个演说呈现出政治纪事关注的一大问题，也就是"正义"与"必然"之间的紧张关系，如果更进一步，我们可以说这是哲学与政治之间的紧张、普遍原则和具体原则之间的紧张。

一 "正义"与纪事的挑战

"正义"与"必然"之间的对峙，形成了哲学与政治的一种明显差异。要想理解这种差异，我们可以先参考哲学家的论述和立场。本章在此选择柏拉图的《理想国》和西塞罗的《论共和国》来展开探讨，它们刚好可以代表古希腊和古罗马对于城邦中"正义"的认识。在柏拉图的《理想国》中，"正义"毫无疑问居于整体讨论的核心位置。从其开篇中苏格拉底在年轻人面前，针对智术师的攻击而为"正义"所做的辩护，暂时折服了智术师。从卷二开始，苏格拉底又应格劳孔兄弟讲述"正义"如何值得真正追求，而非仅仅因为它带来的好处。苏格拉底把"正义"当成哲学关注的重点，从政治角度来理解"正义"。苏格拉底从城邦的起源开始，谈及

---

① 《伯罗奔半岛战争志》（1.22.1）："至于不同的人所发表的演说……对我来说，难以原原本本记下演说者的发言。故书中每一个演说人，在我看来，不过说出了我认为的在各种不同场合必需的话罢了，同时，我尽量贴近实际发言的大意。"

② 科基拉人一开始说的，"正当的是，雅典人啊……"，而科林斯人的回答是，"必然的是……"，在中译中不容易呈现两者之间的对峙。对此的讨论，可以参魏朝勇《自然与神圣》，华东师范大学出版社2010年版。

"正义"如何在城邦中产生，正义最初是"一人一艺"，最终又因为城邦扩大导致护卫者阶层变得重要，而引出了护卫者阶层的教育，最后引出了最正义的城邦是哲人当王。苏格拉底再通过最好政体的更迭，引出了政体的堕落以及"正义"涉及的诸多问题，最终在卷十的厄尔神话中，展现出"正义"如何值得坚持和坚守。同样，在西塞罗的《论共和国》中，一群共和国的元勋，围坐在一起听斯基皮奥谈论最佳政体的问题，同时把罗马历史纳入这样的讨论框架之内。在《论共和国》一开始，他们从讨论两个太阳的天象问题转入了对"最佳政体"的讨论，其实也就是从关注天上事务转向了关注城邦，讨论"正义"问题。在斯基皮奥比较了各种单一政体的好坏后，他认为单一政治最好的是君主政体，但是最佳政体却是混合政体。他们之后就引入了罗马的王政时期的历史，他们通过罗马历史来理解"正义"，实际上也是以"正义"的观念来美化和修饰罗马历史。在其作品最后一卷的"斯基皮奥之梦"中，西塞罗通过斯基皮奥与其生父鲍鲁斯的交谈，从对天上事务的讨论中，突出"正义"有超出政治的基础，最终把"正义"落实在更高的哲学上。作为哲学家的柏拉图和西塞罗讨论"正义"都立足于"城邦"，关注到"正义"对于城邦的必不可少，但是，我们同样也可以注意到，他们讨论的"正义"最终又超越于"城邦"，也可以说超越于政治。

哲学家对"正义"的讨论，建立了一种理解政治的基本模式，而这种模式也极大地影响了诗人和纪事家对政治的叙述和认识。但是，纪事家却从一个不同的侧面来认识"正义"问题。柏拉图笔下的苏格拉底讨论的"正义"以及《论共和国》中的各元勋讨论的"最佳政体"，都建立在城邦的"静止"之上，更多地立足于城邦内部，而非主要建立在"运动"（也即战争）之中的城邦，也没有太多关注城邦之间的关系。"必然"之于"正义"，刚好呈现了"政治"的复杂性。更重要的是，战争的无处不在，也直接挑战了古典的"正义"论的有效性。[①] 在《理想国》中设想的"城邦"，其是自给自足的，亚里士多德的城邦也是如此，它们都相对缺乏对外关系。但是，如果在实际的政治生活中，则因为有战争和对外关系，

[①] 福柯在《必须保卫社会》中有一个说法对古典观念形成挑战，他从历史角度出发，认为战争才是人类的基本状态，和平反而是非常状态，从而在根本上挑战了古典的政治观念。毫无疑问，如果持这种主张会引出完全不同的政治哲学，那么就会有完全不同的对人类社会的理解。

城邦会面临"生死关头",对"必然"的要求极大超越于"正义"。这其实也是以修昔底德为代表的"政治纪事"对哲学形成的挑战。哲学关注普遍的法则,但政治纪事更多的却是关注"那一城"的存亡的"必要性",由此形成非常不同的关切点和视角。这样也就形成了哲学与纪事的对峙。但是,这种对峙并不代表政治的不重要,或者说代表哲学的错误,它只是进一步强调了政治的复杂性。对政治的认识既不能止步于对"必然"的探讨,也不能缺乏对"正义"的追问。对于这种复杂性,我们将在文本的分析中得到进一步的强调。

由此,讨论政治纪事与哲学,不能把它们截然区分开或者对立起来。这并不是说,纪事只关注"必然"以及迫切的政治事务,而哲学只关注"正义"和普遍的东西。政治纪事突出"必然"的价值,也就突出了"政治"的价值,也可以看作对哲学关注正义的一个有利补充,从而以一个更宽广的视野来认识纪事和哲学之间的关系。本章接下来将结合西塞罗和撒路斯特的文本,来认识这两者的关系。首先是关注撒路斯特和西塞罗对早期罗马历史中"正义"的关注,以此来理解纪事的意义所在。再通过分析恺撒与卡图演说中的对峙原则,理解"正义"与"必然"、"普遍"与"特殊"的关系。

二 早期罗马史的"正义"与"必然"

前面述及,西塞罗虽然没有专门写作纪事,但却在《论共和国》卷二中专门探讨了罗马早期王政时期的历史。撒路斯特虽然写作了在他同时代发生的《喀提林阴谋》,却在作品中插入了大段有关早期罗马的历史。西塞罗的《论共和国》和撒路斯特的《喀提林阴谋》中对罗马早期历史的叙述,即讲述罗马如何壮大,后来又如何衰落,可以帮助我们理解这两位作家对"正义"的认识,进而探讨纪事中的"正义"与"必然"、政治与哲学之间的关系。两位作家建立的古代罗马史,其实也是通过叙述古代罗马史,建立一个普遍性的原则,与当前的政治形成对照,从而理解当前政治。从其他纪事家的记述中,比如李维的《建城以来史》,我们可以注意到,在罗马早期其实有很多的不义行为,比如对萨宾人的劫掠、罗慕罗斯的杀弟行为等,但是西塞罗和撒路斯特在其记述中,却特别对此进行了美化处理。本节主要分析两位作家处理的两个问题:一是罗马的对外关系;

二是对罗马战争德性的强调和处理。西塞罗和撒路斯特对这两个问题的处理，刚好挑战了哲学家对城邦的讨论。他们的叙述同时也进一步突出了"正义"对于城邦来说至关重要。

罗马给人的最主要印象，是其战功赫赫，这集中体现了其对外征战之能力，诚如撒路斯特所言，"当共和国因为辛劳和公道成长，伟大的君王们在战争中被击败，野蛮的部落和强大的民众被武力征服，伽太基，罗马统治的宿敌，已经根除，整个海洋和大地都畅通无阻"（《喀提林阴谋》10.1）。但西塞罗和撒路斯特在处理时，却尽量弱化其对外交战的战功。其主要体现于两点：一是强调战争出于自保，强调正义原则；二是弱化战争德性，强调和平德性。

西塞罗在《论共和国》中，提到了早期罗马的历史，尤其是从罗慕罗斯开始的七王对于罗马所做的贡献。他主要强调了各王在德性上的优势，其中穿插的是罗马的征服与扩张，也暗示出罗马的强大其实源于与他国的战争。但是，西塞罗却认为，罗马早期的战争基本都是被迫应战，而非主动侵略。罗马的不义战争与不义的王相关。这些不义战争的发生主要在小塔克文期间，这与塔克文本身的德性败坏相关。在罗马早期历史中，罗马的不义问题集中于罗慕罗斯"建城"中的不义、劫掠萨宾人和最后一个王——塔克文。但西塞罗却尽量美化了罗慕罗斯的杀弟行为以及其多次的欺骗和征战，包括其离奇的死亡。[①] 由此，西塞罗通过对战争原因的美化，为罗马的强大注入了"正义"的基因。与此相应，他也特别强调了与和平相关的德性，而非武德。[②]

撒路斯特对罗马历史的叙述时段更长，他从早期历史一直叙述到布匿战争之后，但其基本观点也与西塞罗类似。在漫长的罗马早期历史中，最明显的线索是罗马与战争，但是，他却并不强调罗马战功的彪炳，他反而进一步突出罗马战争的"正义"问题。在撒路斯特笔下，似乎罗马的所有对外战争都是被迫进行。"但是罗马人，他们专注于内事和行军，迅猛反

[①] 西塞罗提到罗慕罗斯的升天并非虚构，因为当时已经达到了很高的文明程度（见《论共和国》）。但是，在其《论法律》中，他却又以非常严厉的口吻批评了罗慕罗斯杀弟的罪行。

[②] 参［美］施特劳斯《西塞罗的政治哲学》，于璐译，华东师范大学出版社2018年版。福克斯在其《西塞罗的历史哲学》的"文学、历史与哲学——论共和国的范例"一章中认为《论共和国》中带有其美化的倾向，见 Fox, Matthew, *Cicero's Philosophy of History*, Oxford: Oxford University Press, 2007.

应，积极准备，彼此鼓励，出面迎敌，以武器来保卫自由、祖国和父母。后来，当他们以德性驱除了危险，他们给同盟和友邦提供帮助，他们缔结友谊是以给予而非获得好处"（《喀提林阴谋》6.5）。撒路斯特给出了一个非常特殊的国际关系。罗马早期的对外关系并非穷兵黩武，而是以"正义"原则对待其他国家，罗马的战争不过是拿起武器保卫自己。撒路斯特却在之后提出一个非常特殊的"转折点"，就是因为罗马失去了敌人，反而造成了罗马自身内部的腐化。这种理解与哲学家的理解有所不同，撒路斯特解释的罗马历史更多受外在偶然因素的影响。柏拉图笔下的苏格拉底谈论"静止"中的城邦，却对交战的城邦绝口不提。这也暗示了国际关系中"正义"的有限性。撒路斯特的处理却不同。他笔下的罗马，却在战争中砥砺成长，在敌人消失之后很快堕落，这也暗示了罗马原初德性的明显不足，太过依赖战争来保证国内德性。①

另外，值得注意的一点，就是对于罗马强大和衰落的解释。撒路斯特和西塞罗都把罗马的强大和衰落集中于罗马人的"德性"。前面分析过，撒路斯特认为，外敌消失成了罗马重要的转折点，但这个转折点主要导致了德性的变化。在他们两人的理解中，"德性"的主要组成部分并非德性原初与战争相关的部分，同时也包括与和平相关的"德性"。这点与他们前面对于不义战争的贬斥和对于"正义"的强调是一脉相承的。撒路斯特提到："正义和善在他们当中强健，不是出于法律而是自然。他们用争吵、不和、争端对待敌人，同胞与同胞之间竞争德性。在侍奉诸神上大度，家事上节俭，与朋友交，言而有信。由这两种品质，战争中勇敢，当和平到来时，则公正，他们关注自己和国家的事务。"（《喀提林阴谋》9.1-3）撒路斯特和西塞罗都把罗马强大和衰落的问题集中于"德性"，包括后来对恺撒和卡图进行德性对照，都是把城邦的壮大和衰落与个人的德性好坏结合起来理解，最终达成对历史事件的哲学理解。罗马给人留下的印象是"武德"，但撒路斯特和西塞罗却改变了人们的理解，试图为罗马人的"战功"补充"正义"，同时增加其非战争时期的"德性"，认为德性才是罗马能够强大的原因，而德性的衰落导致罗马的衰亡。西塞罗在叙述早期罗

---

① 在罗马历史的研究中，有一种非常主流的观点，认为罗马的灭亡主要是因为 metus hostilis（对外敌的恐惧）的消失，主要是把罗马的转折定位到第二次布匿战争（Punic War）之后。这点亦可参考老卡图与纳西卡（Nasica）对"要不要毁灭伽太基"的争论，见普鲁塔克《老卡图传》26-27。

马历史时，刻意补充了诸王努力抑止人们好战的热情，通过祭祀诸神来缓和战争的热情。这些都体现出他们弱化罗马战功。撒路斯特同样也注意到，早期罗马人能够平衡战争与和平，但是这种优秀的德性却因为外敌的消失而受到损害，也暗示出"德性"本身的脆弱，从而也进一步呈现了"正义"本身的不足。罗马因为"外敌"消失导致的"德性"动荡，也进一步突出了外在的政治对于人的灵魂意义。

通过撒路斯特和西塞罗对早期罗马历史的叙述，我们可以看到，他们都试图美化罗马早期的历史，从而建立与当前政治的对比。罗马人虽然战功彪炳，但罗马的强大并非因为罗马人的战争技艺，甚至也不是来自其制度的优越性，而是因为其正义与德性。一方面，在对外关系中，强调罗马的对外战争大多属于自卫战争；另一方面，则尽量削弱武德在罗马的作用，反而突出其"德性"。撒路斯特提到的"罗马转折点"，则又暗示了"德性"的局限，它极易受外在条件影响，极不稳定。西塞罗和撒路斯特虽然美化了早期罗马的历史，但由此展开的"罗马转折"，又质疑了罗马早期的德性，不同于哲学家"静止"的讨论方式，撒路斯特和西塞罗从另一个方面展现了正义本身的局限性。

三 恺撒与卡图演说中的"正义"问题

纪事中的哲学不同于哲学作品，它有着"政治的"视野，其最直接的体现就是"正义"问题。修昔底德在其作品中，特别喜欢插入演说，并且以演说呈现两种观念的对峙，这也成了后来政治纪事的典型特征。撒路斯特在《喀提林阴谋》中，同样也喜欢使用演说。在《喀提林阴谋》中，主要出现了四篇演说，其中两篇出自喀提林，两篇则出自恺撒与卡图。在这场庭审演说中，出现了类似"必然"与"正义"的对峙。在元老院审判阴谋分子时，恺撒和卡图提出了完全不同的原则。前面有关"审判与正义"的章节已经对他们两人的演说进行了具体探讨，本节只结合纪事中的问题做一些理论上的扩展。在元老院的演说中，恺撒率先表达了自己的观点，他以"哲学性"的陈述开始了其观点。本节主要从三个方面来展开有关的问题：一是哲学与政治的言说方式；二是祖法之正变；三是"先例论"的普遍与特殊。这三个问题都呈现了哲学与政治的关系。

首先是恺撒的哲学性说辞与卡图的政治性说辞形成对峙，形成两种看待当前事件的视角。前面已经分析过，恺撒以"所有人"开始他的演说，在一开始就把他的观点建立在一种普遍的哲学观念之上。他主要强调了一种自然哲学的观念，尤其是对死亡的论述，取消了罗马的宗教和政治的关联（亦参西塞罗第四篇《反喀提林辞》）。卡图虽然也是廊下派的哲人，但他却没有用哲学观念，而是诉诸政治的情势，以维护罗马宗教观念的方式来反驳恺撒。卡图的回应方式，首先是以具体的特殊的"政治"回应其普遍的哲学说辞。恺撒以中立的情感开始，而卡图则一开始就展现了愤怒的情绪，这是典型的修辞方式。[1] 这种愤怒的情绪来自自己的公民居然对自己的国家发动战争。卡图在一开始把问题转移，他认为他们当前考虑的并非仅仅是如何处理这些阴谋分子，而是根据当前的局势要求采取预防措施。与其他普通的犯法行为相比，叛国行为直接涉及的问题是动摇法律的根基。所以他们必须站在政治的视角上，对叛国的行为采取行动。

其次，恺撒和卡图辩论中的一个核心问题就是对于"祖法"的态度。在修辞学的视野来看，祖法提供了例证可以用来证明发言者的观点。但是，两人在维护不同的观点时，却引用了不同的祖法，得出相反的结论，祖法的有效性也成了问题。另外，祖法代表了一种政治视角，是一种习俗，与自然形成某种对峙。这个时候就需要对祖法进行重新解释，这就引出祖法背后的问题。恺撒从"祖法"引出了"尊严"（dignitas）和益处的问题。恺撒在他的演说中，一共引用了五次祖先的例子，而卡图只引用了一次。在恺撒那里，引用礼法却是为了批评祖法。恺撒表面上尊崇祖先，但实际上重塑了祖法。在他的解释中，祖先们都关注"尊严"而非法律。他突出了祖先的宽大为怀，而非祖先的正义，这与恺撒的形象一致。恺撒使用祖法的例子，最后落脚点不在"法律"而在"尊严"。

卡图只在一处引用祖法，但他这个例子还特别特殊，展现了与恺撒的"仁慈"解释相对的"严厉"的祖法。卡图理解的祖法并没有与他的哲学观念形成冲突，而是一致。对祖法的援用，也体现出两人正义观的区别。恺撒引用了祖先仁慈的例子，卡图引用祖先严厉的例子。曼利乌斯·托尔克瓦图斯（Manlius Torquatus）的儿子在战争中被处死并非因为叛国或者胆

---

[1] 据《卡图传》，作为廊下派哲人的卡图在发言时也喜欢使用哲学用词。不过在这次论辩中避免了使用哲学用词，似乎更多出于修辞上的考虑。罗马人普遍对哲学怀有敌意，亦参西塞罗《论共和国》卷一。

怯，反而是因为太过勇敢。他由这个例子，与罗马当前的现状以及恺撒自己的例子形成强烈的对比，形成对当前形势的批评。这既体现出他们观点的差异，也体现出恺撒与卡图两人品格之间的对比。撒路斯特就描述他们两人的品格："恺撒被认为伟大是因为仁慈和慷慨，卡图则一生正直；前者以宽厚和怜悯而知名，而后者则以严厉带来荣耀。恺撒因给予、救济、宽恕而获得荣耀，卡图则什么也不收。恺撒是不幸者的庇护所，卡图则是坏人的灾难。"（54.2-3）由此来看，两人发言恰是他们品格的最好写照。卡图虽然只有一个例子，但却与恺撒的例子形成了强烈的反差。

最后，恺撒抛出了"先例论"，这部分在他的演说中占据了最长的篇幅。他认为先例不论好坏，在后来的继承者中都会发生变样，最终会伤害这个国家。他引用不同的例子，有希腊人的例子，也有罗马人的例子。他在讨论这些问题时，却没有辨析事情的正误善恶，只是泛泛地提及先例后来会变成恶例。他认为坏先例都是从好的先例产生出来；当国家统治权落入无能之辈或者坏人之手时，先例就会转移到无辜之人身上。他的先例论，抛弃了好坏善恶的差别，只是关注其命运的无常，看似保守的立场，反而伤害"正义"。①

针对恺撒的"先例论"，卡图则以善恶之分来进行批评。他既批评长期以来文字丧失了真正意义，导致善恶不分，其实也是明确指向了恺撒的说法。② 同时，他又将这个问题回归到罗马如何壮大上面，通过追溯罗马的德性，对当前的现状提出批评，认为正是我们善恶不分，野心篡夺了功绩应得的一切报酬。他最终以善恶的划分，点出事件的核心，从而反击了恺撒的"先例论"。另外，如果从撒路斯特写作此书时的背景来看，恺撒的"先例论"更具反讽意义。正是这个口口声声反对先例的恺撒自己创造了先例，违反了法律。他因为觉得自己"尊严"受损，带领军队渡过波河，结束了罗马共和国。撒路斯特记述（或者说"创作"）这篇演说，似乎也是想以此解释恺撒行动的根源。

从恺撒的发言可以看出，他诉诸普遍性原则却没有关注善恶的问题，也没有关注具体的问题，而是以宽泛的"益处"以及"尊严"取代了更基

---

① 恺撒这种无常的命运观与他的自然哲学观念一致，其立足于自然哲学的观念必然会引出这样的结果。
② 这部分脱胎于西塞罗的第四篇《反喀提林辞》，西塞罗在演说中就辨析了民主派以及残酷、仁慈等语词。

本和迫切的问题。此外，恺撒利用了哲学观念对罗马人的观念造成冲击。他否认了人的死后世界，也就是否认了罗马人所信奉的宗教，从而把支撑罗马人的正义观从根本上抽离了。恺撒通过似乎中立的原则，实际上抽离了罗马信仰的根基，最终把罗马的原则立足于"益处"和"尊严"而非"善"。卡图的回应既是应对他的益处说和尊严说，同时又是应对他的这种论述方式。恺撒演说的核心在于"哲学"与"仁慈"，但恺撒的这种普遍原则在面对紧随而至的"政治危机"时，并不合时宜。卡图演说的核心则在于"政治"与"当前"。在卡图看来，他们政治处境的迫切性对于当时的行动提出了更高的要求，行动的正义性来源之一反而是"情势的紧迫"，也就是"必然"。最终是卡图赢得了此次辩论，元老院处决了阴谋分子，但共和国最终却被恺撒的"尊严"践踏得粉碎。

本节探讨纪事与哲学，尤其是与政治密切相关的"正义"问题，这些问题形成了支撑纪事的重要原则。纪事不仅仅记述重大的政治事件，更重要的是提供了对重大事件的理解，这种理解与善恶观念密切相关。从撒路斯特对古代罗马史的追溯以及对元老院辩论的记述中，我们明显可以看到"正义"观念如何主导了他的纪事写作。在现代史学的演变中，受"价值中立"或者"价值"与"事实"分立的影响，善恶的判断已经不再是历史书写中的重要问题，哲学在历史作品中的呈现方式也产生了重大变迁。

第三节　诗歌与纪事

从修昔底德处开始的"必然"与"正义"的讨论，我们主要涉及哲学与政治在"纪事"中的呈现，从而认识了纪事与哲学的关系。在这一节，我们将进一步展现诗歌与纪事的关系。我们可以回到亚里士多德对"纪事"与"诗歌"关系的经典评价：写作诗歌这种活动比写作纪事更富有哲学味，更被严肃对待。亚里士多德对纪事与诗歌做了这样的比较，却以哲学作为标准之一，从而展开了在哲学的标准下，纪事与诗歌之间的关系。我们先尝试从亚里士多德的经典评价中，来理解诗歌与纪事的关系。亚里士多德的原话是：

> 诗歌与纪事之间的差别在于，一个描述已发生的事情，一个描述可能发生的事情。因此，写诗这种活动比写作纪事更富于哲学味，更被严肃对待（φιλοσοφώτερον καὶ σπουδαιότερον）。因为诗所描述的事情带有普遍性（τὰ καθόλου）；而纪事则叙述个别的事情（τὰ καθ' ἕκαστον）。……个别的事情，指的是阿尔喀比亚德所作的事情或者所遭遇的事情。（1451b）

在亚里士多德看来，诗歌与纪事之间的差别在于"可能发生"与"已经发生"、"普遍"与"个别"。但亚里士多德也指出，诗歌同样也可以描述已经发生的事情，重点在于"可然律"（也可以译为"可能发生"）。[①] 以此来反观纪事，则纪事的特点在于已经发生的事情以及个别的事情。相比于诗歌，纪事的范围要小很多，纪事家的空间也要小很多。"可能性"的问题也是典型的修辞学问题，也可以在修辞学的视角下进行分析（见亚里士多德《修辞学》）。本节并非要以亚里士多德的这种区分来理解撒路斯特的《喀提林阴谋》和西塞罗的《反喀提林辞》，而是借助亚里士多德对纪事与哲学区分的理解，从"已经发生"和"可能发生"、"个别"与"普遍"的角度来理解这两部作品，从而加深对它们的理解。[②]

波里比乌斯在其《罗马兴志》中，曾经专门探讨过纪事作品与诗歌的关系。他在第二书的56章曾经提到纪事家与诗人的区别：

> 纪事家的任务不是用耸人听闻的描绘来惊吓读者，也不该如悲剧诗人一样，去呈现那些或许曾经被说过的演说，或者是一一罗列正在考量之事件的所有可能结果。他首先及最重要的任务是去忠实地记录实际上所发生过的以及被说出的，无论那些是如何的平常。悲剧与纪事的目的绝不相同，恰好相反。人透过他的角色将最可能说得通的话

[①] 有关《诗学》中诗歌与纪事关系的解读，亦可参刘小枫《巫阳招魂——亚里士多德〈诗术〉绎读》，生活·读书·新知三联书店2019年版。尤其是该书的前言部分，涉及诗歌、历史和哲学的关系。

[②] 有关亚里士多德对纪事的认识，也有很多争议，有学者认为亚里士多德并非贬低纪事的价值，而且他的《雅典政制》属于纪事作品。本书不介入这些争论，而且在古典时期，纪事与诗歌的关系比我们现在的要接近，诗歌、演说与纪事都属于宽泛修辞学的范畴，而不像我们现在诗歌、历史和哲学三分的局面。参 Woodman, A. J., *Rhetoric in Classical Historiography: Four Studies*, Areopagitica Press, 1988, pp. 70-73.

语说出，借此来惊悚或者迷惑他的读者，但是纪事家的任务是要借由他所呈现之话语及行动的真实性，来教化和说服学生，但这效果并非短暂即兴，而是永恒。因此，悲剧在这第一种情形下，最高的目标是"可能性"；即使所说的并非真实，其目的是要欺骗观众；但在第二种情形下（纪事），则是真相，其目的是要有利于读者。（依翁嘉声译本，略有改动）①

波里比乌斯的这个判断，也表明插入创作的演说，其实更类似诗人。此外，他还举出与诗人主要的不同，诗人重视的是可能性，目的在于迷惑观众。而纪事家则关注真相，目的在于有利读者。波里比乌斯对纪事与诗歌关系的探讨，有利于我们进一步来认识纪事与诗歌的关系。②

我们回到撒路斯特的《喀提林阴谋》。前面已经述及，《喀提林阴谋》是政治危机的产物，它既面对当前发生的政治危机，同时又通过当前危机达成对人类生活的理解。纪事同样结合了个别与普遍的问题。撒路斯特在一开始也提出了写作纪事面临的困难：首先是文笔必须配得上他记述的事情；其次是批评别人，会被认为是出于恶意和嫉妒；最后是对于记述的杰出人物的功绩，当别人也容易做到时，他们才愿意相信你，超过这个限度，会被认为是荒谬的，或者是虚构的。③此外，他也通过自己的经历表明了写作纪事应该具有的条件，因为他的灵魂已经从政治的希望、恐惧和党派中解脱。此外，撒路斯特也对写作纪事的意义做了简要的表达。他说："我决定分别记述罗马人的功业，因为每件事看来都值得追忆。"这表明撒路斯特所记述的罗马人的功业是经过挑选的，既是已经发生的，同样也是个别的。此外，他提到为什么记述"喀提林阴谋"时，表示"首先我认为这个事件特别值得追忆，因为它的罪行以及危险都非同寻常"。他之所以选择了这一事件，主要是因为它的罪行和危险不同寻常。这一点更是突出了他的纪事作品的特殊性。一个特别的事件如何又会与普遍的东西产生关联呢？这点与作者前面的陈述似乎相左，因为他曾经表示自己要叙述

---

① 见［古罗马］波里比阿《罗马帝国的崛起》，翁嘉声译，社会科学文献出版社2013年版。
② 此外，他在第三书（48）同样批评了某些纪事家借用悲剧诗人的"机械降神"来解释历史，他认为这很荒谬。
③ 这个说法与修昔底德的说法类似，他也曾经说过，当听众不相信发言者说的是真情的时候，发言者很难把话说得合适……（《伯罗奔半岛战争志》2.35）。

罗马人的功业，但他提到"喀提林阴谋"时，却又表明其主要是"罪行及其危险"。撒路斯特既表示自己要记述功业，却又因为这一事件罪行非同寻常的缘故，结合了这两者。我们可以在两个层面上进行理解：一是罗马人挫败了这一非同寻常的罪行，这是一种功业；二是对非同寻常罪行的理解，可以用来理解罗马人的功业得失。

与此不同，西塞罗的《反喀提林辞》则没有撒路斯特面临的这些困难，也没有这些负担。四篇《反喀提林辞》既是当时的政治处境下的产物，同时又是修辞作品。其演说一部分立足于已有证据，但也在很大程度上立足于对未知事情的判断，通过修辞手法把未知事务当成已知事务，以达成修辞上的力量。西塞罗的演说虽然不能称得上严格意义上的诗，但其为了达到目的，实际上也有虚构的成分。我们对比和分析撒路斯特和西塞罗的作品，也可以在一定意义上理解纪事与诗歌之间的关系。我们主要在两个意义上对比这两部作品：一是典型的"已经发生"与"可能发生"；二是"个别"与"普遍"。最后我们将再探讨纪事与诗歌之间的关系。

一 "已经发生"与"可能发生"

在论述前，需要强调，这里提到的已经发生和可能发生，并不仅仅代表事件已经发生这一事实，同时也要呈现事件如何发生，这也是纪事处理的一大问题。同样，我们也不是以已经发生和可能发生来区分两部作品，而是通过这种区分，进一步来理解这两部作品。"可能发生"或者说"可能性"是一个修辞学的术语，其在演说中扮演着非常重要的作用，这点也在纪事作品得到运用。

撒路斯特是在事件发生逾二十年后才开始记述"喀提林阴谋"，另外，当时的参与者也大多还健在。他对"喀提林阴谋"的叙述，必须立足于大多数人的认知，这是对他来说一个非常大的掣肘。在"喀提林阴谋"中，基本事情的脉络都比较清晰，后来纪事家对此也没有太大质疑。[1] 但是，撒路斯特主要提供的并非仅仅记述这一事件，而是对这一事件的理解。其中对已经发生的事情主要是记述各个事情的节点，但其作品中又有未发生

---

[1] 参 Syme, *Sallust*, Berkeley: University of California Press, 2002，其中对撒路斯特作品中的一些事件做了辨析。

第四章 "喀提林阴谋"与纪事

的事情，或者说可能发生的事情。在撒路斯特对这一事件的理解上，他主要在两个方面呈现出特点：一是通过演说辞；二是通过对早期罗马史的铺陈。前面已经提及，撒路斯特作品中的一大特点在于其插入了"演说辞"。该文中一共插入了四篇演说辞，而这四篇演说辞都是撒路斯特的创作。这些演说辞至少具有两个方面的意义：一是解释演说者的行为；二是服务于撒路斯特的叙述目的。此外，撒路斯特在作品的写作中还有一大特点，就是其插入了大段有关罗马史的叙述。撒路斯特插入古代罗马历史的叙述，既建立了当前政治的一个对应，同时也提供了一种解释的思路，也即如何从古代罗马政治的变迁，来认识当前政治。尤其是形成一种特别的认识方式，既建立了古代罗马与当前罗马的对应，同时又建立了他的纪事作品与读者生活之间的对应。

撒路斯特纪事的内容，虽然都已经是众所周知的事情，但是他同样为这些事实提供了一些非常特别的角度。比如在对"喀提林"人物形象的塑造上，西塞罗通过他的《反喀提林辞》，已经固定了喀提林的非常邪恶的形象，再加上后来卡图的发言等，都共同塑造了他邪恶的叛国者的形象。这些形象也在后来得到继承，在维吉尔的《埃涅阿斯纪》中，喀提林就已经是一个邪恶的形象。但撒路斯特却显示了复杂的喀提林形象，甚至把它当成共和国末期罗马人的一个缩影。[①] 撒路斯特在一开始突出了喀提林比较正面的形象，他有非常适合的军事德性（身体能够忍受饥饿、严寒和少睡，超过一般人想象，《喀提林阴谋》5.3），但同时又有极大的缺陷（灵魂冒失、狡诈、善变，任何事情能装得像和瞒得住；觊觎别人的财产，挥霍自己的财产；欲望强烈；口才有余，智慧不足，《喀提林阴谋》5.4）。另外，在其最后与罗马人的决战中，也充分显示出其具备将领的德性［喀提林看到溃败的部队，以及他自己只有少部分残部，他记起他的出身以及他之前的尊严（dignitatis），他冲进敌人最密的地方，在战斗中被杀，《喀提林阴谋》60.7］。在他身上明显分化成两者：一是能力上的强大；二是品性或者德性上的邪恶。这两者之间的分离，恰好形成了罗马共和国时期的政治困境。

由此可见，在撒路斯特的《喀提林阴谋》的纪事中，既有对过去事件

[①] 有关喀提林的特殊形象，可以参 Wilkins, A. T., *Villain or Hero*: *Sallust's Portrayal of Catiline*, Peter Lang Publishing, 1994.

· 149 ·

的记述及其对过去的理解,同时又有对未来的借鉴意义。通过对"喀提林"这一人物以及"喀提林阴谋"这一事件的理解,最终达成对共和国末期的思考,同时又可以思考有关人的"德性"与城邦之间的关系。在这一点上,可以看到柏拉图《理想国》的影子。① 这也是撒路斯特纪事非常特别的地方,其在对过去的记述中,同时呈现一种面向未来的知识。

西塞罗的《反喀提林辞》则刚好可以形成对撒路斯特纪事作品的一种补充。撒路斯特呈现的是已经发生的喀提林阴谋事件,而西塞罗则亲历这一事件,呈现了这一事件如何发生和发展。他的四篇演说以另一种方式呈现了喀提林和西塞罗对喀提林阴谋的处理,尤其是其第一篇演说,发生在喀提林阴谋并未揭露之时。西塞罗在当时并没有充分的证据,只是通过修辞的力量,成功逼走了喀提林。本节接下来将分析西塞罗在第一演说中的修辞手段。因为此演说已经在前面第二章第二节分析过,本节只尝试分析其对"可能发生"问题的探讨。西塞罗的这个演说有两个面向:一是对喀提林,这是其最主要的政治意图;二是对他自己,他塑造自己作为执政官的形象。

前文已经介绍过,西塞罗通过自己的内线,了解到他们前一晚上在莱卡家中的集会,并且知晓了他们的具体任务分配。但他只是得知这个消息,并没有掌握相关的证据,不足以指控喀提林。所以他的第一篇《反喀提林辞》并非要在法庭上指控他,而是想通过向元老们揭发他的罪行,让他害怕而离开罗马。西塞罗并没有充分证据,而他就得依靠建立这种"可能性",起到修辞上的作用,赢得在场元老支持和被控方的恐惧。就这点而言,他的修辞手段结合了外部的情感以及核心的修辞论证。他在一开始通过一连串的反问,似乎自己已经掌握了他们的行动。既让听众相信他所言似乎有据,同时也引起喀提林的恐慌。他列出了几个具体日期,似乎言之凿凿,让喀提林意识到他的计划已经泄露,让元老们相信他所言有据。同时他又引用了相关的法律,也试图呈现出自己有足够的理由抓捕喀提林。但我们知道,他自己的证据还是比较薄弱,并不足以抓捕喀提林,所以他最终却语气一缓,给出一个折中方案,让喀提林离开罗马。

由此来看,西塞罗的第一篇《反喀提林辞》是一部典型的修辞作品。

---

① 参麦克奎因《撒路斯特政治纪事中的〈王制〉》,载刘小枫编《撒路斯特与政治史学》,华夏出版社2011年版。

他对"喀提林阴谋"的构建主要通过四个方面：一是对自己掌握证据的适当描述，达成对喀提林的心理压力；二是对喀提林品格和之前行为的描述，加强这一阴谋存在的合理性；三是对演说者西塞罗正直形象的突出，从而更确认自己指控的可靠；四是通过语言的修辞力量，产生对控告方的心理压力和元老院的认可。

在撒路斯特和西塞罗的说法中，我们可以明显看到他们的区别，但又有某种共同的东西。不管是在演说辞还是纪事中，它们都立足于修辞学意义上的"可能性"，而非"必然性"。虽然撒路斯特描述的是过去的事情，但他更重要的是突出这种"可能性"。这种"可能性"既来自对喀提林品格的描述以及罗马历史的梳理，同时也有对于人性的思考。西塞罗的"可能性"也立足于对喀提林既有形象的突出，以及相关事实的呈现。

二 "个别"与"普遍"

不管对于撒路斯特还是西塞罗而言，这两篇文献都有特别意义。西塞罗的《反喀提林辞》既是当时政治危机刺激下产生的政治文献，同时又具备其特殊的意义，它既呈现喀提林也呈现西塞罗，从而呈现出所谓的好的执政官的形象。此外，这一作品既是对当时事件的反应，同时在后来又成为理解这一事件的文本。撒路斯特的《喀提林阴谋》通过对这一事件的描述，想要达成的并非仅仅是对"喀提林阴谋"这一事件的理解，而是对于整个罗马共和国衰亡的理解。所以就这一点而言，他们的作品都结合了普遍与特殊、个别与一般。有关这两部作品，前面都已经有过详细分析，本节只做一些理论上的拓展，主要关注这两部作品如何体现"个别"与"普遍"、"特殊"与"一般"的结合。

《喀提林阴谋》是对共和国末期的"喀提林事件"的记述，其虽然是发生在共和国末期的具体的一次事件，但在撒路斯特的笔下，却承担了反映罗马后期的政治乱象，甚至是理解罗马政治衰亡的一个范本。不管是撒路斯特在开头展示的一种哲学见解，从才智的运用来理解人在世间的位置，还是其以德性对比的方式贯穿恺撒与卡图的演说，都可以看出撒路斯特超越喀提林阴谋这一事件的纪事意图。这同时也是纪事的追求之一，从特殊的或者具体的反映普遍的、一般的内容。

"普遍"在《喀提林阴谋》中最明显的体现就在于对"德性"的理解。德性问题既与个人相关，同时也与城邦相关。德性这一问题，既可以被用来理解喀提林，也对理解恺撒与卡图，以及理解罗马历史有帮助。撒路斯特在文本开头对德性（才智的运用）与功业关系所做的陈述，建立了以德性理解人的方式，从而以"德性"作为理解纪事作品的切入点。在对"喀提林阴谋"这一事件的发生和发展的叙述中，"德性"问题被进一步突出和强调。"喀提林"这一罪行的发生就是其"德性"问题导致的，其在"德性"上的欠缺，导致其做出邪恶的行为，同时呈现两种德性的分离。同时，撒路斯特简要插入了罗马早期历史，通过早期历史的演变，进一步解释"德性"在罗马的强大以及罗马的历史转折中所扮演的角色。对古代罗马史的陈述，提供了理解共和国后期政治纷争的视角。撒路斯特主要以演说来呈现"德性"，其处理恺撒与卡图的发言时，有关德性的问题达到顶峰。与喀提林对立的是恺撒与卡图的德性，但他们两人的德性又形成一种对立。这两个层面的对立，可以用来理解共和国后期的衰亡的缘由。共和国的衰亡，在于美好德性的丧失，但同时又在于好德性的不足和欠缺，导致共和国最终的覆灭。

西塞罗的《反喀提林辞》同样也是如此，它虽然是政治文献，但同时他又融合了西塞罗对共和国的理解。西塞罗在三年后对其进行修改，同时把这四篇演说选入其"执政官演说"，也就是把其从具体的"喀提林阴谋"事件中抽离出来，进而在"执政官形象"这个层面来理解这个演说。西塞罗的演说虽然主要是指控喀提林，但其更主要的是思考有关执政官的责任以及共和国的福祉问题。西塞罗在演说中主要突出两个重点：一是展示出其作为执政官的形象，从而与喀提林的形象形成对比；二是对于共和国福祉的思考，把这一事件与共和国的现状结合起来，这一思考贯穿在其四篇演说当中。

历史中的"喀提林"形象，基本上都由西塞罗所塑造，他著名的《反喀提林辞》，让这一形象成了历史形象。但同时，与喀提林相对的，是西塞罗作为执政官的形象，其对自己形象的塑造贯穿在其四篇演说当中。他的演说既是控诉演说，同时也是自我展示演说。在第一篇演说中，当他斥责喀提林如何安排他的阴谋时，他同时呈现的是一个执政官如何果敢行动，如何精密部署，如何熟知对方的行为。在第二篇演说中，在得知喀提林离开后，他进一步强化喀提林的邪恶形象。在第四篇演说中，西塞罗虽然讨论的是如何处理这些被抓获的阴谋分子，但他更主要的却是呈现自己的"形象"和"品格"。西塞罗在其四篇《反喀提林辞》中，还贯穿了他对共和国的思考。一个贵族，居然会阴谋反对自己的祖国，究竟是什么导致了这样的行为？在这样的罪行面前，共和国应该如何处理这样的阴谋分子？《反喀提林辞》既呈现出这一事件的解决脉络，同时也展现出他对共和国现状的思考。

从对这两部作品的分析来看，两部作品都呈现出特殊与普遍的结合，在对具体事件的分析中，都更关注一些更普遍的、与更宽广的人类生活相关的问题。不管是撒路斯特还是西塞罗，从"喀提林"其人到"喀提林阴谋"这一事件，都探讨了与罗马共和国以及罗马人德性的问题，从而为罗马共和国的衰亡提供一种思考角度。

三　诗歌、纪事与哲学

从以上的分析，我们可以看出，对撒路斯特和西塞罗的这两部作品，不能这样泾渭分明地以亚里士多德意义上的区分来理解。但是，亚里士多德对纪事、诗歌和哲学的区分，尤其是对"已经发生"与"可能发生"、"个别"与"普遍"、"特殊"与"一般"的认识，有助于我们更清楚地认识撒路斯特和西塞罗的叙述和意图，有助于我们更清楚地认识政治纪事的问题和张力。从他们两人的作品来看，纪事与诗歌同样可以关注普遍的以及一般的事件，同样可以关注可能发生的事情，这些并不形成它们之间必然的区分。但同时，它们对普遍以及可能发生的理解又有区别。本节尝试对此再做一简要梳理。

前一节重点探讨了纪事与哲学的区别，其主要区别之一在于对政治的不同态度。纪事对当前、对政治、对运动（战争）更关注，而哲学则关注古老、关注静止、关注普遍。纪事与诗歌立足于近似的基础，也就是对"政治"和"城邦"的异乎寻常的关注。此外，我们注意到，哲学与诗歌之间有长久的争论，其争论的焦点在于如何理解人类生活。诗歌和哲学提供了不同的理解人类生活的途径，而纪事同样可以在这个视野下得到展现。

有关诗歌与纪事的关系，可以在诗歌与哲学的关系中得到呈现。本节接下来将结合《理想国》中对诗歌与哲学之间的争论，来理解纪事的特点。柏拉图在《理想国》中，展开了贯穿西方思想史的"诗与哲学之争"。诗歌与哲学的争论之一在于，谁对人类的生活更有发言权？柏拉图认为，诗歌和诗人屈从于城邦的意见，而哲学超越了城邦意见。诗歌的问题在于，诗歌中的东西经常互相冲突，教导并不善的东西，其体现了城邦的意见互相冲突（见《理想国》卷三）。同时，诗歌又远离真实，它主要反映城邦之物，而非真实的理念（见《理想国》卷十）。但是，柏拉图在批判诗歌时，同时又展现出诗歌在理解人类灵魂中有其特别的优点。诗歌在对人的灵魂的理解和描摹上，有其独特的意义，尤其对于灵魂中的意气（或者译为激情）的理解。由此，哲学要向诗歌学习如何认识和表达人的灵魂。但是，诗歌太过屈从于城邦的意见，以城邦之是为是，以城邦之非为非。在柏拉图看来，现实中城邦的意见是不完美的，需要超越城邦的意见，最终才能够认识理智世界。诗歌和诗人仍然处于城邦的洞穴之中，而哲学和哲人则在洞穴之外。但是，柏拉图也暗示出，诗歌如果能够接纳哲学，就可以避免自身的不足。

由此来看，撒路斯特的政治纪事，就其与城邦的关系而言，更接近诗歌，都关注城邦和政治。但是，诗歌相对来说更关注个人，尤其是个人的灵魂，而非城邦。纪事则更关注城邦，关注个人只是为了更好地理解城邦，城邦的生死存亡是纪事关注的重点。撒路斯特的政治纪事就是关注其所在的城邦——罗马共和国的衰亡。此外，撒路斯特的政治纪事也有其突破城邦的一面，从城邦到德性。但是它关注的东西更为政治，而非个体。撒路斯特的政治纪事通过"德性"的问题，贯穿了个人的灵魂与城邦的兴衰，由此达成一种普遍的理解，在这一点上，它又类似于哲学。虽然在政治纪事中，个人也是其关注重点，但撒路斯特的政治纪事更多关注的是城邦的兴衰，它通过对个人，也就是喀提林这个人物的理解，最终是要理解城邦，理解罗马共和国的兴衰之由。同时，纪事家不同于诗人和哲人，大多数纪事家都曾经从事城邦的政治事务，对城邦事务有其独特的理解和关切。撒路斯特自己就曾经从政，后来认识到政治事务中的问题，而从政治事务中抽身出来，转而写作纪事。

由此来看，诗歌与纪事的关系并不能简单以亚里士多德的区分来理解，但亚里士多德有关"已经发生"和"可能发生"、"个别"与"普遍"的理解，可以用来理解撒路斯特的政治纪事《喀提林阴谋》和西塞罗的四篇《反喀提林辞》。撒路斯特的政治纪事和西塞罗的《反喀提林辞》在某些方面类似于诗歌，都特别关注城邦政治，也与诗歌一样屈从于城邦的意见，以城邦的福祉、城邦的存亡为其目标，而与哲学不同。就与城邦关系而言，撒路斯特的政治纪事和西塞罗的《反喀提林辞》与诗歌更为接近，而远离哲学。因为纪事更关注当前以及具体的城邦，关注具体城邦的兴衰和存亡。但同时，撒路斯特的《喀提林阴谋》又以"德性"贯穿了个人的灵魂与城邦，从而又类似于哲学。但是，其德性的理解仍然主要在于理解城邦，它仍然是"政治"的。

第四节　德性与命运

政治纪事既关注城邦或者国家的兴衰，也关注个人与城邦的关系，其必然要面对的问题就是城邦的兴衰之由与个人的关系。在古典的政治纪事中，必然要回答的问题就是，城邦政治衰亡是出于人力的问题，还是外在于人的问题。由此，政治纪事中的典型问题就是如何处理人力之外的"命运"与属人的"德性"之间的关系。由此，"命运"与"德性"的关系，成了政治纪事必然面对的问题。古典纪事家都特别突出命运对人世的作用，不管在修昔底德还是在撒路斯特等人的作品中，命运在人世中都占有非常重要的位置。李维的《建城以来史》在其一开始，就特别突出了"命运"之于城邦的重要意义（"依我看来，如此伟大的城邦的起源和仅次于神力的伟大统治的开端应该归属于命运"，《建城以来史》4.1）。但是，纪事家们同样重视德性的作用，尤其是"德性"对于城邦的重要价值，德性与命运之间的张力形成古典纪事非常典型的特征。这种张力在文艺复兴时期受到挑战，马基雅维里钟爱李维的《建城以来史》，他专门写作了《论李维》。他在《论李维》和《君主论》中都贬斥命运在人世中的作用。他提出了一个非常著名的观点，命运之神是个女子，你想要压倒她，就必须打她，冲击她（《君主论》第25章）。[①]

[①] 马基雅维里的这个观点开启了现代思想，但同时它又有其古典来源，主要与纪事作品中对"命运"的认识相关。马基雅维里对"命运"的态度主要来自其对李维作品的阅读，详见其《论李维》。相关研究，可参［美］施特劳斯《关于马基雅维里的思考》，申彤译，译林出版社2003年版。

有关"命运"与"德性"的关系，实际上也涉及与"自然"的关系。自然是理解政治的一个非常重要的维度，亚里士多德在《政治学》中，就曾经提到，自然作为外在于城邦的因素，对城邦产生重要影响。城邦不完全是人造之物，它符合人的自然。① 由此，自然与城邦形成某种对应。在政治纪事中，城邦的变化要么是自然的运动，要么是人的意愿。自然的运动对人而言，也可以理解成是"命运"，时好时坏，而且永远都不可靠。哲人区分了自然与命运之间的关系，但在纪事家那里自然常常被简化为命运，历史常常被理解成是德性与命运之间的竞争。

柏拉图在《理想国》中，勾勒出五种政体的更迭，同时对应了五种灵魂类型。柏拉图建立这样的对比模式，也是为了说明人的灵魂在政治变迁中的作用。在这种政体的更迭中，命运占据重要的地位，但人力也不能忽视。最主要的是，柏拉图建立了一种特殊的灵魂与城邦之间的对应模式，个人灵魂与政治之间有明显对应关系。② 这种模式在政治纪事中则以另外一种方式呈现。在古典的政治纪事中，命运得到非同寻常的强调。③ 这也缘于命运或者机运在政治事务中扮演的角色。人类事务充满了偶然，导致命运在政治事务的变迁中起着非常重要的作用。但是，除了类似于机运的命运外，纪事家更青睐的是与德性或者好品质相关的命运，命运的影响在某种程度上又可以通过"德性"的展现，得到最大程度的削弱，甚至命运会随着德性变化而变化。

撒路斯特使用的"命运"虽然有那种不受人力干扰的命运，但其更关注的主要是与个人"德性"相关，与个人"德性"密切相关的命运。撒路斯特在《喀提林阴谋》中，主要在两个层面使用了"命运"：一是用命运来理解和解释政治事务的变迁；二是在写作纪事这个层面，更突出命运对于写作的特殊意义。本节将在这两个层面上来探讨撒路斯特如何理解命运，最终探讨在其纪事作品中"命运"与"德性"的关系。

---

① 亦见《论共和国》《论法律》。
② 在马基雅维里处，这种关系被弱化了，所以在马基雅维里处会更多强调"制度"的作用，而非"德性"。这点也成了后来对政治的基本理解方式。
③ 这点在李维和普鲁塔克的作品中多次强调，命运明显在政治事务中占有非常重要的地位。同时参《论李维》。

第四章 "喀提林阴谋"与纪事

一 政治兴衰与命运

在《喀提林阴谋》中，撒路斯特特别突出了"命运"对于罗马的意义。在撒路斯特看来，命运对于理解政治事务来说特别重要。在其《喀提林阴谋》中，罗马政治的盛衰与命运的关系主要体现为两点：一是罗马的历史转折受命运影响；二是个人的品格与命运相关。

撒路斯特在描述政治事务的变迁以及勾勒罗马历史的转折时，特别强调了命运。在讲述罗马强大的时候，他没有提及命运导致罗马的强大，只是讲到罗马早期的德性让罗马变得强大。但是，涉及罗马的衰落时，他就特别提到了"命运"。"命运"与政治的衰败密切相关，这点与《理想国》的说法类似。撒路斯特理解早期罗马史的特点在于，它设定了一个转折点。他把公元前 146 年迦太基的灭亡，当成罗马由盛转衰的重要转折点。伽太基的灭亡如何能够成为罗马的转折点呢？撒路斯特以两种方式做出解释。一是他强调"命运"的作用。"命运"在罗马达到最强盛之时显示出其暴虐的一面。撒路斯特提到，"但是，当共和国因为辛劳和公正成长，伟大的君王们在战争中击败，野蛮的部落和大量的民众被武力掳掠，伽太基，罗马统治的宿敌，已经根除，整个海洋和大地都畅通无阻，命运开始残酷和搞乱所有事务"（《喀提林阴谋》10.1）。罗马在强大之后，尤其是征服了敌人之后，很快迎来了转折。二是他突出"德性"的变迁。撒路斯特似乎以无目的的"命运"来解释罗马的变化，但他的这个命运背后又与罗马人的德性变迁联系起来。罗马的强大与德性的养育相关，罗马的衰落也与德性的变迁相关，"德性"贯穿了撒路斯特对罗马兴衰的解释。他以"奢侈"和"贪婪"这两种邪恶的兴起开始论述罗马的政治转折。罗马"外敌"的消失，只是滋生了这两种邪恶，最终导致了罗马德性的变迁。就这点而言，命运对于罗马的德性变迁，同样起着非常重要的作用。罗马的历史转折，成了他理解罗马政治的一个非常重要的切入点。但是罗马的历史转折似乎是命运的结果。究竟是命运使然，还是恶德所致？这点需要进一步细致分析。他在文中似乎指出是命运让罗马政治衰落，但他在解释罗马衰亡的时候，却重点把罗马的政治衰败与德性的变迁联系起来，突出了德性才是罗马衰亡的原因，由此建立了命运与德性之间的竞争关系。此外，撒路斯特的早期罗马史又可以和撒路斯特后面谈及的人物德性对照起来。

撒路斯特虽然在之前多次提到，罗马共和国的衰落与"命运"相关，但是，"命运"又与统治者的"品格"（mores）密切相关。在全书第一次使用"命运"时，撒路斯特就指出，命运随着品格而变（fortuna simul cum moribus immutatur，《喀提林阴谋》2.5）。在《喀提林阴谋》中，主要由两组人物来理解命运与品格的关系。一是以恺撒与卡图为一组，撒路斯特对他们进行了德性对照，特别提到了他们的品格［但是，在我的记忆中，却有德性巨大，而品格不同的两个人，恺撒和卡图……我不能沉默略过而不提示他们两人的本性和品格（naturam et mores），《喀提林阴谋》53.6］。二是一个恶例，也就是喀提林［在我开始叙述前，我要简要介绍一下这个人的品格（cuius hominis mribus），《喀提林阴谋》4.5］。《喀提林阴谋》前面是对喀提林的品格描述，后面主要是对恺撒与卡图德性的对比。撒路斯特也是以两组不同的人的品格来解释个人德性与命运之间的关系。撒路斯特在"德性对照"中，得出一个结论，罗马之所以能取得如此功绩，正是由少数公民的突出功业造成的（53.2 - 53.5），在此处他也没有强调命运的作用。他在此处的这个解释，类似于古代罗马史中罗马的壮大，也都是出于德性。在撒路斯特的描述中，罗马的强大没有命运的眷顾，但其衰落却显示出命运的暴虐，这显示出撒路斯特对命运的暧昧态度。①

撒路斯特对命运与政治事务之间关系的看法，也体现在其反面人物喀提林身上，这种关系主要是通过喀提林的演说得到展示。喀提林一共发表了两篇演说，他在两篇演说中都提到了命运。在喀提林的演说中，他也强调了德性，但其德性主要是"勇敢"。在第一篇演说快结束时，喀提林说道："那些东西，你们常常追求的东西，自由，还有财富，荣光（decus），荣耀都在你们眼前；这所有东西都是命运给予胜利者的各种奖赏。"（20.14）在他的第二篇演说中，在演说接近结尾处，他提到了命运："但是，如果命运妒嫉你们的德性，不要未经报复就丢掉精神，也不要被抓住或者像畜牲（pecora）一样被屠宰，而是以男子汉的习惯（more）去战斗，留给敌人血腥和可悲的胜利。"撒路斯特以负面人物喀提林之口表达出一

---

① 注疏者拉姆齐认为，撒路斯特在两个层面上使用这个词：一是人们无论如何也无法控制的机运或者偶然（8.1，34.2，41.3，51.25，53.3，58.21）；二是好或者坏的运气，受到德性以及好品格存在与否的影响（比如2.5，20.14）。

种对命运的态度。喀提林并不特别看重命运的影响，而是更强调德性的作用。他在这个演说中也非常强调德性，只是他的德性不同于撒路斯特。在喀提林看来，敢于行动的人，才能够得到命运的青睐，命运与德性之间也存在着对立或者竞争关系，他的演说在另一个层面否认了命运的决定作用。在恺撒与卡图的对比中，以正面的方式尽量削弱命运在政治生活中的作用，在喀提林的演说中，又进一步借反面人物之口表明命运对于个人来说，并不占据主导地位。

不管是在城邦的变迁还是在个人的品格身上，撒路斯特以这两种方式呈现出"命运"在政治事务中的作用。他既强调了命运导致城邦的衰落，也强调了这一转折导致的罗马人德性的变化，进而导致城邦的衰落。相对于命运的作用，其实更重要的是德性的变迁。同时，撒路斯特又用正反的人物例子把命运与个人的品格和德性联系起来，好的德性可能影响命运，甚至改变自己的命运。除了《喀提林阴谋》外，撒路斯特在其另一部政治纪事作品《朱古达战争》中更直接地表达了德性与命运之间的关系，尤其是德性的根本性作用，这点将在下文进行探讨。从撒路斯特行文来看，命运虽然影响了城邦的衰落，但德性占据了更为重要的作用，德性的衰落才是城邦衰落的根本原因。

二　纪事与命运

撒路斯特在《喀提林阴谋》中，除了用"命运"来解释和理解政治事务外，也以"命运"来理解他的写作，这是他的作品中对"命运"非常特殊的理解，可以帮助我们理解纪事的地位。他在提到罗马早期的风气时，突然插入一句："但是，毫无疑问，命运掌控所有事务；命运出于热望而非事实，赞扬或者埋没所有事情。"（《喀提林阴谋》8.1）他似乎强调的是暴虐的命运对罗马政治衰亡乃至个人生活的影响。但是，撒路斯特在此对"命运"的强调却在于"赞扬或者埋没"（celebrat obscuratque），这是典型的修辞学的说法，与写作相关。撒路斯特接下来讲述的是希腊人与罗马人之间的差别，并不在他们的功业上，而是在写作上。撒路斯特认为，希腊人的功业之所以被称赞为最伟大的，在于雅典产生过许多具有非凡才能的作家，他们的功业因这些作家而被认作无与伦比。他进一步得出结论，希腊人的德性之所以被捧得那么高，也正是因为伟大作家的颂扬文字。但罗马人则没有这些优势，因为罗马人看重的是实务，最好的人会做而不会说，情愿自己的美好行事受赞扬，而非自己来记载。① 撒路斯特这样对比，既突出了希腊人的功业有被捧高的可能，同时突出了罗马人重视实务，而在写作上不足，从而为罗马的"纪事"提供了巨大空间。

撒路斯特由此就建立了"命运"与"纪事"之间的关系。因为罗马人重视实务，所以他们更多在行动中而非言辞中展现自己的功业，导致他们的事业被埋没了。伟大的政治家以自己的德性来对抗命运，而撒路斯特选择了写作纪事来对抗命运对罗马人的不公。这至少基于两个方面的原因：一是罗马人已经丧失了早期的务实德性，在政治事务中只有厚颜无耻、腐化堕落，及贪得无厌。在这样的政治环境中，个人很难再建功立业（《喀提林阴谋》3.3-3.5）。二是好好写作也不输于好好行动，尤其在堕落的外部环境中（《喀提林阴谋》3.1）。撒路斯特选择了写作纪事，选择记述罗马人的功业。罗马人的功业不如希腊人，主要因为在写作方面不如希腊人，这也是撒路斯特所谓的命运"赞扬和埋没"的意思。撒路斯特则以自己的努力，以自己的实际行动，试图让罗马人的文字能够配得上罗马人的功业，从而在这方面与希腊人一决高下。就这点而言，撒路斯特在写作纪事中更突出了个人的努力可以超越命运。政治事务无法避免受到命运的影响，人的努力可以削弱但不能完全抵御命运。但是在纪事写作中，人则可以在更大程度上掌握自己的主动权。撒路斯特在政治上失意，却以自己的纪事写作，扭转了罗马人在记述功业上相对不利的劣势。

撒路斯特对写作"纪事"的态度，在他书的序言中已经得到体现。撒路斯特特别重视写作"纪事"的重要意义，认为它并不亚于为国家服务，甚至高于政治事功。由此，我们可以在另外一个层面来理解纪事的价值。纪事既可以记述罗马人的功业，让罗马人的功业能够和希腊人比肩。更重要的是，纪事也可以通过具体城邦的兴衰建立人的德性与城邦命运之间的关系，通过"德性"理解个人与城邦之间的关系，从而提供一种政治变迁的解释模式，纪事的价值反而可能超过具体功业的价值。如果我们结合撒路斯特对命运与政治事务以及命运与纪事这两者的态度

---

① 与此类似，西塞罗则在另一个层面上比较了希腊纪事。他认为希腊纪事在罗马的表现就是演说，从而类比了纪事与演说。

来看，就会更清楚他的意图。理解纪事与命运的关系，也可以进一步来探究纪事的意义。纪事在古典作家那里不仅仅是对过去事实的记录，更是对过去事实的"探究"，可以通过纪事理解命运与德性在政治生活中的地位。

由前面的分析来看，纪事不同于诗歌和哲学，提供了另外一种理解政治的模式。在政治观念而言，诗歌更多表达了城邦的意见，但诗歌又不执着于具体城邦。哲学则从自然的角度理解城邦，而非关注个体的城邦，尤其不关注城邦的成长。纪事则立足于具体城邦的兴衰，纪事提供的这种模式与政治关系密切，因为它更关注具体城邦尤其是纪事家所处的城邦。同样，纪事家对城邦兴衰的记录，也可以在这种视野中建立"命运与德性"之间的关系。纪事家可以由此建立一种道德化的解释模式，可以把政治立足于个人的灵魂，从而与柏拉图的政治变迁模式类似，通向哲学。

三　德性与命运

古典纪事家都非常重视"命运"对城邦政治的作用，但也为人的行动留下很大的空间。对"命运与德性"关系的认识，最明显地体现出不同思想家对政治认识之差别。从撒路斯特对"命运"的使用来看，他虽然认可某些命运不以人的意志为转移，但却更看重与人的"德性"相关，能够被人的德性所改变的命运。这里提到的"命运"，既涉及写作纪事，同时也涉及个人以及国家的衰亡。经过撒路斯特改造的"命运"，可以与人的德性相匹配。罗马共和国的衰败主要归因于罗马的外敌消失，导致罗马原初德性的丧失，而非完全来自偶然的命运。他想通过写作纪事，呈现出这种德性与命运之间的关系。有关纪事的命运，可以由撒路斯特的努力得到弥补，而国家的命运，虽然个人无能为力，但可以通过纪事展示出来伟大人物的德性与国家兴衰之间的关系，由此突出其纪事的意义。

在另一部政治纪事作品《朱古达战争》的一开始，撒路斯特更进一步提及了"命运"与"德性"的关系，尤其是"德性"对"命运"的优先作用。他进一步提升了"德性"相比于"命运"的力量，他认为，"它甚至不需要命运，因为命运不能把诚实、勤奋或其他优良品格给予任何人，也不能把它们从他们身上夺走"。他还提到，"人们对正义事业的关注，可以同他们追求对他们没有好处并且肯定无益并往往甚至是危险的事物的热情相比的话,他们便可以掌握命运,而不受命运的摆布"。撒路斯特在这里,极大地推崇德性的运用,并且认为命运甚至可以被掌握,个人可以不受命运摆布,从而为个人德性留下了巨大的空间。

撒路斯特的解释同样也呈现了古典纪事家关注的问题。政治的变迁和衰败究竟主要来自人力,还是来自非人力的因素。在古典纪事家眼中,外力尤其是命运占有了非常核心的位置,政治就可能走向衰败或者循环,而不会保持稳定。但它同样也给予个人德性以巨大的空间。个人的德性对于政治衰败来说,起着更为直接的作用。良好的德性可以促进城邦往好的方面发展,或者维持城邦,而不好的德性或者德性的衰败则可能导致城邦的衰败。但同样,好的德性与坏的德性,又或多或少受到自然或者命运的影响,从而让城邦处于一个不断运动的状态中。纪事作为一种写作行为,却不受命运的支配,而更容易受个人支配。

纪事家通过对"命运"与"德性"关系的探讨,也可能达成对统治者或者读者的教育,这也是纪事的一大功能。对于读者而言,通过阅读纪事,他们既能够认识到外在命运的作用,也能认识到个人的德性和好品质可能影响个人以及国家命运。政治纪事从而也扮演着解释和教育的功能,达到一种对事件和国家的道德化的解释。撒路斯特将命运与人的德性联系起来,从而建立了"德性"在政治事务中的基础作用。这也是古典纪事家的共识,在后来李维的记述中,"德性"也占据了非常核心的地位。但是,命运仍然有其重要的地位,甚至可以说命运正好指明了政治事务的界限。在《理想国》中哲人王的国家不能存在,是因为命运的缘故,而其政治不可避免的衰败,也是命运的影响。在这一限度内,则是人的德性施展的空间。城邦不得不受制于命运,但个人可以极大地削弱命运的影响。罗马共和国最终无可奈何花落去,但撒路斯特却可能选择写作纪事,让罗马的功业能在文字上比肩希腊。

在文艺复兴时期,"命运与德性"的这种理解方式却受到了很大的挑战。马基雅维里把古典纪事家的这种理解方式做了转移,把以"德性"为基础来理解政治事务转向"制度",并且从根本上转变了"德性"的意义,而更强调"能力",这既开启了现代政治,同样也开启了古典纪事向现代纪事的转变。① 后来的历史主义则与马基雅维里的观念又反了过来，将人类生活完全交给了不可知的命运。在古典纪事和古典思想中，在命运与德性之间，保持着一种微妙的平衡。

---

① 有关马基雅维里对于政治思想认识的转变，参施特劳斯《关于马基雅维里的思考》《什么是政治哲学》《自然权利与历史》等。尤其在《关于马基雅维里的思考》中，施特劳斯用了很大篇幅来讨论有关"命运"的问题，值得参考。

第五章　西塞罗、撒路斯特与西方政治纪事传统

本章将从具体的对纪事的探讨，进入一个思想史的范畴，试图进行历史的探讨。西方的政治纪事始于修昔底德，在古罗马蔚为大观，在现代则开始衰落，最后变成了现代史学、文化史、经济史、政治史等。在这种改变中，同时伴随着的是"政治"本身地位下降。原初决定了"纪事"之特殊性的"政治"，在现代史学中反而越来越不受重视。本章尝试抓住历史中的几个点，探讨政治纪事的变迁，探讨政治纪事如何变为现代史学。

在前面的分析中，我们可以看到西塞罗对"纪事"的看法，他的观点代表了古典时期的纪事观。西塞罗更多站在演说家的立场，站在修辞学的意义上来理解纪事，他的观点形成了古典时期对"纪事"最主要的理解方式。如果站在西塞罗的立场上，古典纪事与现代史学大异其趣。本章尝试探讨的一点，就是这种偏差是如何产生的，政治纪事如何从修辞到求真。当然，我们也可以看到，其背后是哲学观念的变迁。纪事观念变迁与哲学观念变迁密切相关。亚里士多德意义上的"哲学"与"纪事"之间的关系，在现代要重新理解和解释。

当然，这一问题非常庞大，也非常困难。本章并不是要进行一个统一的历史梳理，而只能做一些简要探讨。本章想通过对不同时期的纪事所涉及的不同问题进行大体探讨，来理解这种政治纪事的特殊性及其变迁，从而刺激我们进一步探究"纪事"的幽暗。

第五章　西塞罗、撒路斯特与西方政治纪事传统

第一节　多面的纪事：古希腊政治纪事的面向

本节将重点探讨古希腊的政治纪事。古希腊的政治纪事从修昔底德开始，其代表人物有修昔底德、色诺芬和波里比乌斯等。其中波里比乌斯比较特别，他原为希腊人，后来又成了罗马人，有身份的变化。但其虽然记述罗马历史，却又与希腊政治纪事传统密切相关，所以本节将其一起纳入讨论。[①] 他们三人都是某种意义上的邦外之人，都曾经被城邦流放，其对城邦的认识也超越了具体的城邦。这三部作品都篇幅巨大，无法做太过细致的分析。本节将首先分析政治纪事的开创者修昔底德的作品《伯罗奔半岛战争志》中的纪事特点，其次从续写修昔底德作品的色诺芬的《希腊志》中来看其对修昔底德纪事的批评和扩展，[②] 最后本节将分析《罗马兴志》中纪事原则的扩展，由此探讨古希腊政治纪事的展开和变化。

修昔底德开创了政治纪事的传统，前面业已介绍过，其主要特点在于关注当代事件，或者直到当代的历史事件，而且主要关注的是政治和军事事件。另外，修昔底德对政治和城邦异乎寻常关注，这让他的纪事作品既不同于哲学作品，也不同于诗人的作品。同时，它又呈现出与其前辈希罗多德迥然不同的关切，比起希罗多德对文化和习俗的关注，修昔底德更关注当前，关注严格的政治事务。正是修昔底德的写作，形成了西方政治纪事最为明显的特点。本章并非要梳理古希腊的政治纪事线索，而是立足于几个具体的点，来认识西方政治纪事在早期的展开。

[①] 有关波里比乌斯的生平，可见中译本前言，亦见马勇的梳理，参马勇《帝国、政制与德性——珀律比俄斯的〈罗马兴志〉的笔法和意图》，博士学位论文，中国人民大学，2017年。
[②] 本书的《希腊志》主要使用中译本，参［古希腊］色诺芬《希腊志》，徐松岩译，上海三联出版社2013年版。国内主要有两个译本，另外一个为叶拉美译本，见［古希腊］色诺芬《希腊志》，叶拉美译，中央编译出版社2019年版。

一 《伯罗奔半岛战争志》与政治纪事的开启

修昔底德在其作品一开始就呈现了其本人与其纪事作品之间的关系，并且由此展示出与希罗多德和诗人荷马之间的不同。修昔底德一开始就提到自己的身份——雅典人修昔底德，而这部作品是其"探询"的结果。修昔底德的作品关注的是发生在雅典人与斯巴达人之间的战争，其关注重点在于，一是自己城邦的事务，二是战争事务，它与希罗多德对不同民族，以及古物的研究不同。另外，他在作品中也摒弃了神话，更多涉及人间事务，而非神圣事务。他对自己研究的对象也有一个评价，它是"最大"的一场战争，"大"到足以通过这场战争来理解人类的战争，使其作品成为"永世瑰宝"。由此来看，与"历史之父"希罗多德相比，修昔底德的政治纪事有四点明显区别：一是他突出记述者的身份是雅典人；[①] 二是关注自己城邦的事务，也即雅典事务；三是把关注重点严格放在政治和军事事务；四是摒弃超自然的事务。他强调伯罗奔战争比希波战争"大"，其实也是意图超越希罗多德。

此外，修昔底德也表示出其纪事作品与诗人的作品之间有明显的不同，他在卷一的"考古"中进一步把自己的作品放在与特洛伊战争竞争的立场上，也就把自己放在与荷马竞争的立场上。他批评了特洛伊战争，既在于其规模不够大，也在于其故事的真实性。修昔底德的作品在两种意义，超过特洛伊战争。第一，其记述的是希腊世界最大的一场战争，而特洛伊时代无法进行大规模的战争；第二，荷马有很多不实之词，而其却通过自己的探讨"真实"呈现希腊世界发生的这场战争。通过与希罗多德和荷马的比较，修昔底德建立了自己作品的位置，同时也建立了西方政治纪事的基本模式。

修昔底德政治纪事的一大特点就是使用演说，而这也形成了他的政治纪事的明显特点，并且影响了后来的纪事家。前面也已经介绍过，修昔底德对其演说的定位在于，"至于不同的人所发表的演说……对我来说，难以原原本本记下演说者的发言。故书中每一个演说人，在我看来，不过说出了我认为的在各种不同场合必需的话罢了，同时，我尽量贴近实际发言

[①] 虽然他是雅典人，但同时他又是邦外之人，他们都曾经被城邦流放，反而有一个外在的视角来看待城邦事务。

第五章　西塞罗、撒路斯特与西方政治纪事传统

的大意"[《伯罗奔半岛战争志》（1.22.1）]。他主要自己创造演说,并且使它出现在它适合出现的地方,让发言人说出他在这个场合会说的话,同时通过演说暗示出写作者的态度。修昔底德插入演说,也影响了后来的政治纪事家。比如在色诺芬的相关纪事作品中,在后来古罗马纪事家撒路斯特的作品中,都插入了很多演说。① 在纪事中插入的演说起码可以起到两个明显的作用:一是通过言辞呈现出言说者的形象和品格;二是隐晦地表达纪事家的看法,纪事家通过不同的演说,呈现不同的视角,从而更全面地呈现不同的观念。②

在修昔底德作品中最著名的便是伯利克勒斯的《葬礼演说》,这篇演说也成了千古名篇,有很多学者研究。这篇演说呈现了对雅典民主制的赞美,但我们断不能把伯利克勒斯的观点等同于修昔底德的。伯利克勒斯赞美了雅典,修昔底德对此沉默不语。③ 伯利克勒斯的演说,是整个作品中对雅典最为明显的赞扬。伯利克勒斯在演说中提到,他要阐明是什么让雅典达到霸权,以及其城邦体制和民众的个人生活方式。伯利克勒斯认为正是其民主政体让其强大,雅典结合了精致与节俭。由此,雅典成了整个希腊的楷模。修昔底德通过伯利克勒斯来赞扬雅典,但他本人没有赞扬雅典。正是通过这篇演说,他给读者展示出自己对雅典的帝国主义、伯利克勒斯以及伯罗奔半岛战争的认识和看法。

修昔底德还喜欢通过演说的组织和展开表达自己的观点。上一章已经提到过,修昔底德在转述科基拉人和科林斯人的演说时,分别使用了"必然"与"正义"作为演说的开篇,从而通过这两篇演说一开始的立场表达,呈现他对整个战争事务的认识。有学者认为修昔底德是现实主义政治

---

① 与此不同,波里比乌斯则很少插入演说,都是以简单的转述和意图的描述代替创作的演说,他也批评了创作演说是诗人的做法,不过波里比乌斯在后面有关斯基皮奥与汉尼拔的战争中,同样也插入一些演说。
② "演说"是纪事中最为特别的部分,它既属于事件,同时又是作者的创作,是修辞作品,也正是因为演说的特殊性,赋予了纪事修辞特征。有关古希腊纪事中演说的意义,可以参 John Marincola, Speeches in Classical Historiography, in Marincola, John, *A Companion to Greek and Roman Historiography*, Wiley-Blackwell, 2007,他认为演说主要有如下三个方面的作用:一是呈现真实与可能性;二是形成一种惯例;三是呈现过去与现在的事实。
③ 对《葬礼演说》的分析,可参魏朝勇《伯里克勒"葬礼演说"的雅典禀性》,《中山大学学报》2009年第5期,亦收录于其《自然与神圣:修昔底德的修辞政治》,华东师范大学出版社2010年版。

的开创者，这部分来源于他笔下的人物形象，但这些却不能完全归之于修昔底德。

另外，在对于战争的原因（aitia）的揭示中，可以看出修昔底德的纪事手法。修昔底德并没有直接给出伯罗奔半岛战争的原因，而是呈现了雅典和斯巴达双方的指责，双方都认为是对方挑起了战争。修昔底德陈述了两方的理由，并没有表达其意见，但在叙述中又暗示了自己的态度。虽然是斯巴达先挑起战争，但实际上正是雅典帝国的扩张逼迫斯巴达不得不挑起战争。[①]

从修昔底德的写作中，我们可以看到他的政治纪事，既挑战了希罗多德开创的纪事传统，同时也提供了不同于诗人荷马的认识。修昔底德通过其《伯罗奔半岛战争志》建立了政治纪事的模式，提供了独特的对政治事务的理解。修昔底德既是政治纪事的开创者，同时又是集大成者。政治纪事在修昔底德处开始，却又到达了其顶峰。

二 色诺芬与哲人纪事家

修昔底德没有完成其《伯罗奔半岛战争志》，或者说他写到后面就停止了，剩下的部分没有记述。对此也有不同的解释，有的认为是他未完成，也有的认为后面内容已经没有写下去的必要。色诺芬则接着修昔底德完成了《希腊志》，虽没有完成对伯罗奔半岛战争的记述，但是却以与修昔底德完全不同的写作方式，给出了完全不同的关切。[②]

作为希腊最早的三位纪事作家之一，色诺芬和修昔底德都曾经带兵打过仗。但是他们在写作上有明显差别。修昔底德只创作了《伯罗奔半岛战争志》这部作品，并且把自己的思考都寓于《伯罗奔半岛战争志》中。色诺芬除了《希腊志》和《远征记》这样的纪事作品外，他的作品主要还有两类：一是记述苏格拉底的作品，包括《回忆苏格拉底》《申辩》《会饮》《齐家》等，这些作品都以苏格拉底为主角；二是有关外族人士的作品，比如《斯巴达政制》《居鲁士的教育》《希耶罗》等。色诺芬最核心的作

[①] 有关原因的论述，可以参考波里比乌斯下文对原因的论述。
[②] 《伯罗奔半岛战争志》只写到战争的第 21 年，也即公元前 411 年，而战争结束于公元前 405 年前后。

第五章　西塞罗、撒路斯特与西方政治纪事传统

品是记述苏格拉底的作品，他与柏拉图有类似的追求，而其《希腊志》在其整体作品中地位不高。由此，也可以看出政治纪事在色诺芬思想中的地位，与修昔底德的理解不同。① 西塞罗在《论演说家》中，就特别提到色诺芬与其他希腊纪事家不同，主要在于其与哲学的关系密切。②

　　色诺芬与修昔底德有个共同点，他们虽然记述了他们所属的雅典与斯巴达的战争，但他们并没有站在雅典一方，反而偏爱雅典的对手——斯巴达。他们虽然都关心自己城邦的事务，但没有因为自己所处城邦的因素，而无条件地拥护雅典，反而在雅典与斯巴达的对峙中，呈现斯巴达的优点以及雅典的不足。修昔底德和色诺芬都重视或者肯定斯巴达的优点，而这些优点刚好可以反衬出雅典在这些方面的不足。色诺芬对斯巴达的态度，除了出现在《希腊志》中之外，还出现在他的《斯巴达政制》以及《阿尔格劳斯王》中，在这些作品中他还是对斯巴达有所贬斥。从这些作品可以看出色诺芬的写作，更多的是看重探讨政治事务的本性，而非仅仅站在某个立场上。③ 从修昔底德和色诺芬对斯巴达政制的偏爱，可以看出政治纪事的旨趣之一在于对最佳政制的关注和思考，而非仅仅记录自己城邦的事务，也不是以自己城邦之是为是、以自己城邦之非为非。他们虽然都是雅典城邦之人，但其更关注城邦政制的优越性。与雅典的民主制中呈现出对美的热爱相比，斯巴达政制更多呈现的是节制，这是雅典城邦缺乏的，也是雅典城邦衰落的原因之一。④

---

① 按施特劳斯的看法，经过柏拉图的哲学之后，政治纪事已经丧失了其价值，体现在色诺芬身上则是其把作品中最重要的部分用来记述苏格拉底。亦参［美］施特劳斯《城邦与人》、［法］科耶夫等《驯服欲望——施特劳斯笔下的色诺芬》，贺志刚等译，华夏出版社2002年版。
② 《论演说家》(2.14)："最后，甚至从哲学中出现了第一个纪事家，苏格拉底的著名的追随者。"由此来看，西塞罗把色诺芬放在与希罗多德—修昔底德不同的纪事传统当中，色诺芬首先是一个哲学家，其次才是纪事家。
③ 有关色诺芬在政治史中的地位，国内有一些相关的研究，大体给予较高的评价，可参徐松岩译本序。
④ 色诺芬对斯巴达的赞美仍然有所保留。参［美］施特劳斯《斯巴达精神或者色诺芬的品味》，载刘小枫、陈少明编《色诺芬的品味》，华夏出版社2006年版。有关色诺芬对斯巴达的看法，亦可以参陈戎女《斯巴达政制译笺》，华东师范大学出版社2019年版。此外，波里比乌斯在第六书中也比较了雅典的民主制与斯巴达政制的优缺点，他称赞了斯巴达人的节制以及对金钱的态度，但认为斯巴达政制最大的不足在于无法支撑跨洋远征，斯巴达政制的特点只能用来保家卫国，却无法支撑强大的帝国。

色诺芬的《希腊志》与修昔底德作品中最大也是最明显的区别在于文体风格上。修昔底德和色诺芬的政治纪事之间有柏拉图的作品，我们可以通过柏拉图来理解他们两人的关系。色诺芬在其《希腊志》的前面部分，还类似修昔底德，到了后面，则更多的是罗列了各种事件。这种明显的风格上的差异，也引起了不少的争议。作为一个相当高产和行文优美的作家，色诺芬采用这种文体似乎是有意为之。色诺芬之所以使用这样的文体，可能与他对纪事的认识相关。我们可以从色诺芬的作品整体和他的身份来理解。他首先是个哲人，他是以哲人的方式写作纪事，所以他对纪事的认识与修昔底德不同。如果说修昔底德的政治纪事把当前的政治事务提高到非常重要的角色，并且提升了纪事相对于诗歌的价值，那么色诺芬则用他的写作，明确了哲学高于纪事的价值，政治事务虽然很重要，但也非常有限。色诺芬的政治纪事写到后面，基本就流于事情的罗列，缺少政治事件的惊心动魄，这与他的关切是一致的。他没有必要完整叙述这一场战争，之前的叙述就足以呈现政治事务的本性。

在某种意义上，色诺芬质疑了修昔底德开创的政治纪事的价值，他的作品更类似于柏拉图的作品，他把自己的主要精力放在对苏格拉底的回忆上，并且以苏格拉底为中心形成了其最主要的作品。色诺芬以对政治事务完全不同的态度来描述《希腊志》，质疑了修昔底德开创的政治纪事的原则，同时也加深了我们对政治纪事与哲学之间关系的理解。

三 波里比乌斯对修昔底德的接续与挑战

在修昔底德和色诺芬之后的古希腊政治纪事中，最有代表性的纪事家就是波里比乌斯，但波里比乌斯关注的重点是罗马人的事业，从而呈现出与修昔底德和色诺芬明显不同的关切。波里比乌斯与前面两个纪事家类似，也曾在行伍中效力，后来到了罗马，与小斯基皮奥交好，还跟随他征战过非洲，有一手资料来源。此外，他有身份上的变化，他之前是希腊人，但后来成为罗马公民，他记述罗马人的历史，既因其罗马人的身份，又来自其独特的兴趣，他想探讨罗马的政制与罗马功业之间的关系。

与之前的政治纪事相比，他的政治纪事有两个新的指向：一是他自认为自己的政治纪事是"普遍史"；二是他认为自己的政治纪事有非常实用的目的。对于自己为什么记述罗马人的崛起，他的解释是相比于之前的帝国来说，罗马人的功业超过现在的其他任何帝国，这点又类似修昔底德对其战争之"大"的强调。修昔底德强调战争之"大"，其实也就是强调其政治纪事作品之"大"。波里比乌斯对"大"的强调又不同于修昔底德，他提到："在早先时候，有关世界的历史，是由一系列不相关的事件组合而成，其缘由与其结果不相关联……但是从这时起，历史变成有机的整体。在意大利及非洲的事情与在亚洲及希腊所发生者相系，其中所有事件发生关联，并导致单一结果。"（《罗马兴志》1.3）这既是他选择这个时间作为起点的原因，同时也是其作品写作的原因，他的关切是一个更大的帝国的命运，这个帝国的成长与其他国家密切相关，它是一个相对"普世"的历史。在波里比乌斯笔下，纪事开始呈现不同的状态，它更像是一种"普遍史"，他也对"纪事"进行了新的突破，其中他进一步突出了纪事与命运之间的关系。他认为命运女神（Fortuna）将几乎所有的事情引到相同方向，强迫它们汇聚至相同的目标。纪事家则将这一过程，置于一综合的观点之下，呈现给读者。另外，他们这个时代没有人开始写作普世史，只处理个别孤立的战争，但尚未有人尝试去检讨这些事件的整体及普遍架构：何时发生、从何发生以及何以导致最终结果。波里比乌斯由此提出他的纪事关切，命运所造就的一切，正是最精彩的，以及最值得去多加思考的。

他政治纪事的第二个指向是"实用史"，这也是他对其作品价值的陈述。他提到他写作政治纪事的意义，"就行为来说，人类当然无法找到比对过去之知识更好的引导。研读历史既是最真正意义的教育和从政生涯的训练，而且也是教导人们在遭遇灾难之时，要能有尊严地承担命运所带来之沉浮，其最可靠以及唯一的方法是被提醒到其他人所曾蒙受过的灾难"（《罗马兴志》1.1）。他正是把自己的纪事放在这样一个实用的意义上，可以直接作为人类生活的引导，教育从政之人，同时还有一个特别的意义，通过之前既有的灾难，来警醒世人。

除了以上两个特点之外，波里比乌斯还提到其作品之所以吸引人，原因在于其作品的"不可预知的成分"（τὸ παράδοξον τῶν πράξεων），会使读者，不管老少，都会受到挑战与刺激。这个"不可预知的成分"，在其作品中有非常重要的地位，也引起很多研究者的关注。它可能是希腊化时期的作家自希腊悲剧借用而来的。在这一点上，纪事吸收了戏剧的一些因素，也服务于纪事作品的教育目的。由此，古希腊的纪事就明显不同于我们对诗歌、纪事与历史三者的简单区分，而是吸收了诗歌的一些元素，利用这些元素，是为了教育目的。在这一点上，纪事与诗歌和哲学都有些共同之处，它们明显具有教育的目的，尤其是道德德性的教育，这点是现代史学所缺乏的。

在其纪事作品的谋篇中，明显可以看到修昔底德的影响，在记述罗马的第二次布匿战争之前，波里比乌斯用两卷的内容介绍了在第二次布匿战争之前亚洲和非洲的状况，以此来帮助读者理解布匿战争的原因。这种介绍既给出了战争的原因，同时更重要的是，提供了一种理解政治事务的视野，尤其是帮助读者理解波里比乌斯所谓的"普世史"。

此外，类似于修昔底德对战争的解释，波里比乌斯也解释了罗马与迦太基战争的起因。他没有像别人一样简单地从战争的起始开始，而是探讨了几个不同的概念：原因、借口和起始（《罗马兴志》3.6）。他认为，原因是在一连串事件中最优先的，而起始则是最后的。他用"起始"来指最先将已经决定之计划付诸实施的动作，而"原因"是那些影响我们目的及决定的事件，亦即我们对事情的概念、我们的心态、我们对它们的评估，以及整个我们赖以做出决定和芭堤雅人（Pathians）整个思维推导过程。由此来看，他对这场战争原因的理解也与修昔底德的解释类似。修昔底德也在其作品一开始的"考古"中，辨析了战争的表面原因与真实原因。

波里比乌斯纪事作品中最特别的两卷是第六书和第三十书，第六书是他全书的主旨，介绍罗马的政制，并且解释称罗马政制正是罗马之所以能够建立跨越大洲帝国的原因。此外，在第三十书中，他主要质疑了之前纪事家的纪事原则。他在质疑时，辨析了部分史实，但更主要的却是借质疑该纪事家，而进一步明确了自己的纪事原则。这两卷既呈现了他作品的旨趣，更重要的是提供了其纪事的原则，从而将自己的纪事建立在一个更高的基础之上。

波里比乌斯对其作品价值的陈述，挑战了修昔底德的政治纪事。他不同于修昔底德的一点在于，他认为在单一事件中很难得到全面性的观点，从而也就质疑了修昔底德通过伯罗奔半岛战争可以理解后世所有战争的企图。他通过记述非洲和亚洲事务，也质疑了修昔底德所谓"最大"的描述，从而自认为提供了一种更全面的视角，形成了类似我们今天的"世界史"的意识和视角。在这个意义上，波里比乌斯极大地扩展了古希腊政治纪事的视野和范围。

第五章　西塞罗、撒路斯特与西方政治纪事传统

从古希腊三位政治纪事作家眼中，我们可以看到三种类型的政治纪事，或者说政治纪事的变化。修昔底德开其端，色诺芬则质疑了修昔底德政治纪事的意义，以哲学的方式挑战了政治纪事相对于哲学而言的价值。波里比乌斯又以另外一种方式挑战了修昔底德的政治纪事，以一个"普遍史"取代和扩展了修昔底德的纪事，并且提出其纪事原则。这三位纪事家都关注"政制"或者"最佳政制"的问题，这形成了政治纪事最为明显的特征，并且带有很强的教育意义。但这些古典纪事典型的特征，却与现代的史学有着完全不同的旨趣。

第二节　开端与罗马史：古罗马纪事的起源崇拜

罗马帝国的衰落是西方知识分子的一大心病。吉本的皇皇巨著《罗马帝国衰亡记》也正是尝试追思罗马的衰亡，为后人提供借鉴。在更早的罗马共和国末期，就已经开始出现对罗马共和国衰亡的追思。罗马共和国的灭亡对于共和国末期的知识人来说是巨大的冲击，也得到后来史家的不断回响。对罗马共和国衰亡的思考又与罗马早期历史叙述结合在一起，尤其是对罗马开端或者起源的思考。[①] 罗马的起源是充满诱惑的话题，激起罗马诗人、纪事家和哲学家极大的兴趣。罗马的开端涉及罗马如何强大、罗马的品性（mores）等问题，既是历史问题，也是现实问题，同时又是政治哲学问题。本节将专注于罗马共和国末期到帝制早期主要几个知识人对罗马起源的思考，结合罗马共和国的衰亡来认识罗马"起源"的相关问题。

本节涉及的"开端"主要指从罗马建城到王政结束之时，也就是罗马历史上的王政时代。本节将主要关注四位知识人对此的认识，其中包括一位哲学家、两位纪事家、一位诗人。一是处于共和国末期政治旋涡的政治家和哲学家西塞罗，其相关著作为《论共和国》；二是最早开始

[①] 对罗马共和国的思考主要集中在两个点上：一是对罗马开端的思考；二是对罗马从强大到衰落原因的思考。

追思罗马共和国的纪事家撒路斯特，其相关著作有《喀提林阴谋》《朱古达战争》《纪事》；三是稍后于撒路斯特的李维，其代表作品为《建城以来史》；四是罗马帝国桂冠诗人维吉尔，其作品有《埃涅阿斯纪》。本节试图通过差不多同时期不同知识人的不同视角展开对罗马开端问题的思考，呈现认识和理解"开端"对于认识罗马衰落的意义所在。

西塞罗在其《论共和国》第二卷中，借斯基皮奥之口对为什么要讲述罗马七王时期的历史做了简要解释，其目的在于"为了解释我们的国家是如何产生、如何成长壮大、如何巩固和繁荣"。在撒路斯特的作品中，其两部政治纪事作品曾经简要涉及这个问题，他的旨趣与西塞罗类似，撒路斯特提到，他要"简短讨论祖先在国内和行军时的制度，以何种方式治理国家并且留下如此伟大的国家，又如何逐渐变化，从最美变得最坏以及最残暴"。由此来看，撒路斯特和西塞罗对罗马早期历史的叙述，与罗马共和国兴衰密切相关。这些也同样呈现在维吉尔和李维的思考中。《埃涅阿斯纪》一书以罗马祖先埃涅阿斯如何受神意引导来到拉丁姆的故事展开，其本身就是对罗马开端的神话叙述。在卷六中，维吉尔还通过埃涅阿斯之口，展示出了罗马的历史画卷，并且试图呈现罗马的哲学基础。该书既为罗马建城增加神圣性又预示了奥古斯都的统治。[①] 对罗马早期历史最为详细的叙述出现在李维的巨著《建城以来史》中，他把其他作家笔下简略的早期历史叙述进行了详细增补，但其基本立场和认识与撒路斯特差别不大。本节尝试结合西塞罗、撒路斯特、李维与维吉尔对早期罗马史（主要是王政时期）的叙述，以不同的视角来探讨有关罗马历史叙述开端的问题。

除了李维和西塞罗外，其他人对罗马早期历史的叙述都非常简略，但仍然凸显了"开端"涉及的重大问题，其包括了把建城作为起点的理解、王政的问题以及罗马"尚武"的品质等。本节试图从这三个方面来展开"开端"问题所涉及的政治与哲学问题，同时呈现罗马历史书写的几种叙述模式。

---

① 维吉尔的埃涅阿斯有奥古斯都的影子，其对罗马开端的叙述与当时的政治形势密切相关。《埃涅阿斯纪》涉及问题太多，本书只是作为辅助参考。除了维吉尔更多虚构成分的《埃涅阿斯纪》外，对罗马建城以前的历史各作家都语焉不详，众说纷纭。有关维吉尔政治思想的研究，可参［美］阿德勒《维吉尔的帝国》，王承教译，华夏出版社2012年版。此外，对于文本的研究，可以参王承教选编《埃涅阿斯纪章句》，王承教等译，华夏出版社2009年版。

第五章　西塞罗、撒路斯特与西方政治纪事传统

一　起点的"建城"与罗马的历史生成

有关罗马早期历史的叙述主要集中于"建城"。与其他古老国家的传说类似,罗马的起源也与神明结合在一起。如李维所言:"人们会把人间事情与神的事情所混,以增加城邦的神圣性。"李维也承认这种混同的合理性,因为它让其他服从罗马的民族也以同样的心境承认罗马的统治(《建城以来史》pre.7),但他的作品并不重点关注这点,甚至是在淡化神的作用。虽然传说中的罗马起源与神明密切相关,但各位作家在其思考中都尽量减少其神圣要素,却突出其属人的因素。

罗马的起源主要有两种传说:一是来自特洛伊王子埃涅阿斯;二是来自罗慕罗斯。两者都与神明密切相关:埃涅阿斯是美神维纳斯之子,受神明指示要建立罗马;罗慕罗斯据说是战神马尔斯所生,死后入列神界。[①]在罗马共和国末期、帝制早期,罗马的起源主要以西塞罗和撒路斯特的两种说法为代表,这两种意见又有其更久远的来源。西塞罗在《论共和国》中,把罗马历史追溯到罗慕罗斯。在撒路斯特那里,他使用了始于埃涅阿斯的传说:"罗马城,就我认为,最初由特洛伊人建立和居住。"而且没有专门提及罗慕罗斯,但他强调了建城是罗马文明的开始:他们种族不同,语言不同,彼此以不同方式生活,当他们聚集在同一面城墙之后,人们不可思议地追忆他们多么容易就结合在一起。因此,在短期内,这些各不相同和居无定所的人群因为和谐形成了城邦。在李维和维吉尔处,则尝试结合这两种传说。在李维处,他把这两个传说合在一起,并且明确了他们之间的详细谱系,罗慕罗斯成了埃涅阿斯的后人。[②]在《埃涅阿斯纪》卷六中,维吉尔通过安奇塞斯之口,叙述了罗马未来的历史,也提到他的后人罗慕罗斯建城的业绩。[③]罗马的历史不管起源于埃涅阿斯还是罗慕罗斯,

---

① 西塞罗在《论共和国》中就是以斯基皮奥的口吻讲述从卡图那里听来的有关罗马起源的故事,卡图著有《始源》,讲述意大利不同民族的起源。
② 有关罗慕罗斯的传说很多,而且众说纷纭。亦可参《希腊罗马名人传·罗慕罗斯》。
③ 参《埃涅阿斯纪》:"罗马将因他的掌权而闻名于世,罗马的统治将遍布大地,他的威灵将与天为俦,他将围起七座山寨,建成一座城市……"《埃涅阿斯纪》中从埃涅阿斯到罗慕罗斯之间的历史说得比较简略,他只提到了西尔维乌斯、西尔维乌斯·埃涅阿斯等,而且并非按时间顺序来列举。

都突出了一个问题,即罗马的强大是一次完成还是一个历史过程。在《埃涅阿斯纪》的叙述中,有神明参与的罗马开端,是罗马的神圣起源。罗马的开端有其重要意义,但在几位作家笔下,罗马的历史顶峰并非在开端。

虽然关于罗马的历史起源有各种说法,但罗马城的历史始于"建城"。关于罗马历史的叙述既突出了建城的重要意义,同时也展示出罗马的壮大是一个长期的历史过程。如撒路斯特所言,罗马的壮大依赖于城的建立,"建城"是罗马的历史起点。西塞罗在《论共和国》中以斯基皮奥的口吻说从罗慕罗斯开始了罗马的历史。他没有肯定或否定有关罗慕罗斯传说的真假,而只是表示其故事可信,他在叙述中淡化了神的作用,却突出了罗慕罗斯在建城中属人的智慧,他考虑的是建城选址对民众道德风尚的影响及其军事意义。[①] 正是出于罗慕罗斯的创举,罗马才能够迅速壮大,在建城之后迅速结合了萨宾人等。西塞罗盛赞罗慕罗斯的德行、智慧与洞察力,他把罗慕罗斯最大的功绩归因于两者:一是元老院;二是占卜。《埃涅阿斯纪》只是简要提到罗慕罗斯建立了罗马城,因其而使罗马的统治遍布大地。

相对而言,李维对罗马开端的叙述则更为"现实主义"。李维对罗马七王时期的历史叙述大体类似于西塞罗,但补充了七王之前到埃涅阿斯之间的谱系。他们可能使用了类似的材料,但其侧重点又有很大不同。李维的作品名称虽然是《建城以来史》,建城似乎是叙述的起点。但是,罗马建城是从罗慕罗斯开始,李维的叙述却从埃涅阿斯开始。前面已经说过,李维并不反对把国家的起源神圣化,但他并不看重这点。李维提到埃涅阿斯等被俘后被希腊人释放,受命运驱使来到拉丁姆地区,之后简要叙述了埃涅阿斯到罗慕罗斯的谱系,然后重点才转向了罗慕罗斯。相比于神力,他更看重"命运"的作用。在叙述罗慕罗斯之前,他提到:"在我看来,如此伟大的城市的起源和仅次于神力的伟大统治的开端应归因于命运。"李维对早期罗马史的叙述重点是罗慕罗斯。罗慕罗斯建立了城邦,但在建立之时同样混杂了不义、欺骗与适当的正义。我们可以用《理想国》做对比,在柏拉图那里,建城是一个城邦最完美的时候,但罗马并非如此,罗马建城之初有很大的不足。如书中罗马人向邻邦所言:城像其他事情一样,是从很低微的状态开始兴起的(《建城以来史》1.9.3)。李维去除了

---

① 亦可参柏拉图《法义》,其考虑建城位置对民众道德风尚的影响。

建城的神圣因素，也同样表明了起源之不完美。

除了强调建城之外，作家们更关注的是罗马的历史生成。建城虽然是起点，但罗马的强大、罗马的风气养成却是一个长期的历史过程。除了《埃涅阿斯纪》之外，他们都在淡化罗马的神圣因素，强调属人的因素，其实也凸显出建城本身的不完美，从而为罗马的历史生成提供了空间。撒路斯特虽然肯定了建城的重要意义，但也突出罗马的强大是一个历史过程，是在不断地征战中完成的（《喀提林阴谋》6—10）。西塞罗借斯基皮奥之口，强调他讲述罗马的历史是要讲我们的国家如何产生、如何成长壮大、如何巩固和繁荣的，把罗马的建立放在历史的视野当中。[1] 他还认为，"我们的国家的存在不是靠一个人的智慧，而是靠许多人的智慧，不是由一代人，而是经过数个世纪，由数代人建立的"（《论共和国》2.2）。他讲述了罗马王政时期的历史之后，对话者莱利乌斯也得出一个观点，国家不是一下子建立的，每个国王相继做了不少好的、有益的事情。李维同样给了罗马王政时期一个历史维度。他也叙述了罗马诸王给予罗马不同的品性，罗马在不同王的时期慢慢得到完善。《埃涅阿斯纪》虽然把重点放在埃涅阿斯的筚路蓝缕上，但同样也给予不同的王不同的历史位置，间接表明了罗马的历史生成。

在维吉尔的叙述中，建城与神明的参与密切相关，开端就具有某种完美性，但它同样提供了一个历史的维度。在西塞罗、李维和撒路斯特的叙述中，"建城"毫无疑问是罗马的开端，但罗马城邦同样有个历史生成的过程。开端并非完美，它经过了一个历史过程，由不同的王给予罗马不同的品性，使其趋于完美。"建城"作为起点或是顶点，给予了罗马历史不同的叙述模式。罗马的顶峰并不在开端，而在后来的某个时刻，这样就为后来的"兴—衰"的解释模式和历史叙述模式提供了契机。

二 "王政"与政体更迭论

罗马的王政时期基本都来自传说，但对王政时期的叙述却组成罗马历

---

[1] 斯基皮奥的这种讲述方式受到听众的赞扬，因为可以隐藏自己的观点（参《论共和国》2.11："因为你在阐述问题时宁可把你自己的见解归于他人，也不愿意像柏拉图笔下的苏格拉底那样进行虚构……"）。

史中非常重要的部分。王政时期的材料虽然大多湮没无闻，但涉及罗马历史必然要涉及王政时期。王政既为罗马走向共和提供历史借鉴，说明国家如何成长（西塞罗语），同时也可以由王政时期来理解历史和现实，进而由王政来理解政治事务的本质。在对王政的叙述中，可以看到两种不同的叙述模式。第一种模式就是历史生成的模式，就是前面所讲的"兴—衰"的历史模式。在西塞罗看来，罗马经过七王时期而趋于完善。罗慕罗斯开始的征伐和建城，之后由努马完善的法律与祭礼。维吉尔在《埃涅阿斯纪》中特别提到努马为罗马奠定了合法基础。[①] 后来又经过几代王，逐步完善了罗马在战争与和平时期的统治，最终形成了罗马的风气（mores）。

除了这种历史生成模式外，对罗马王政时期的叙述还有第二种模式，也就是政体更迭的模式，了解王政时期的历史有助于理解王政的不足。这种模式是借柏拉图《理想国》的思想资源，以西塞罗《论共和国》中的讨论模式进行。西塞罗把对罗马历史的讨论放在有关政体好坏的框架下，借讲述罗马历史来理解政治事务的本性。西塞罗强调他要讲的是我们的国家如何产生、如何成长壮大、如何巩固和繁荣，而非臆造一个国家。西塞罗讲述罗马的历史并非为了陈述历史事实，而是为了理解政体优劣。王政的优势和劣势都在罗马早期历史中明显体现出来。他以罗马历史为例来讲政体更迭，既是考虑听众都是罗马人，但同时又未尝不是出于教育之意图。

罗慕罗斯开始的六王都给罗马注入了正面的因素，但之前诸王给王政奠定的名声却由罗马最后一个王小塔克文（Tarquinius, Superbus）所毁灭。小塔克文既终结了罗马的王政，同时也呈现出王政的巨大不足。西塞罗在《论共和国》中，就提到王政的不足在于它太过寄希望于王的品格，也就是过于寄希望于命运。当国王变得不公正时，这种政制会崩溃，成为最不好的，又接近于最好的一种政体。就单一政制而言，无疑王政是最好的政体（《论共和国》1.45）。因为这种最好的政体是最符合自然的政体，而且与人的灵魂是对应的。西塞罗还举了柏拉图曾举过的医生和舵手的例子来证明一人统治优于多人。撒路斯特也这样写道："统治依法建立，这种

[①] 《埃涅阿斯纪》中的原话是："他第一次给罗马城奠定了合法的基础"，也暗示着罗慕罗斯的建城不够"正义"，而罗马城的正义又与努马建立的祭祀相关。有关罗马建城的问题也是一个思想问题，有关罗慕罗斯与努马谁对罗马的意义更重大，一直是个争论不休的问题。在马基雅维里的《论李维》中也有简要涉及，他既看重建城的"创举"，又极推崇努马为罗马建立的"宗教"。

统治的名字是王政。选出的人，身体因为年纪而衰弱，才智中的智慧却稳固……"但王政最大的不足在于容易过渡到僭主统治，也就是最坏的政制，就像塔克文的残暴终结了之前的王政一样。

王政除了过分依赖于王的德性之外，还有其他的不足，其中一个在于王政之下缺少自由（《论共和国》1.27）。李维对王政的态度不那么友好，他认为所有人甘心为王统治，因为他们未尝到自由的甜头（1.17.3）。撒路斯特也写道，"不可思议地追忆，一旦城邦选择了自由，在短时间内成长得如此伟大"（《喀提林阴谋》7.3）。这也揭示出王政的一大缺陷，就是民众缺少"自由"。西塞罗由此提到了更优越的混合政体，它包含卓越的、王政的因素，同时又有贵族制和民主制的因素，这种政体有公平性和稳定性。

由此来看，罗马进入共和制，既是一个历史事实，同时也符合对政治事务本性的理解。王政虽然是单一最好的政体，它以智慧为原则进行统治，但其不足在于"自由"的缺乏，以及过分依赖机运，而容易从王政变成僭政，这点与柏拉图的观点一致。混合政体则可以避免这种情况发生。罗马的共和制结合了三种政体的优势。由此来看，对王政的讨论主要是为了理解共和，同时与当时共和国末期的政治背景密切相关，又有其哲学背景。解释罗马从王政到共和的历史会形成两种历史解释模式：一是政治衰败论，这种政体更迭的解释模式会变成一种政治衰败史，类似于柏拉图《理想国》中的政体更迭模式，从而与"兴—衰"模式形成对峙。二是从单一的政体转向更优异的更符合实际的混合政体，这又符合历史生成的"兴—衰"模式。罗马的历史叙述同时混合了这两种模式，同时涉及对政治事务的不同理解。一个是从属人的政治角度进行理解，历史必然是一个"兴衰"的模式；一个则是从哲学的角度出发，立足于人的灵魂，探究最好的政体形式。在政治理想化的维度下进行政体更迭的叙述和解释模式。①

三 "尚武"与道德化的解释模式

罗马给后人留下的最大的影响，莫过于它的军功显赫。这点也在维吉

---

① 现代对于罗马政制的研究则基于完全不同的基础，并非立足于三种政制的更替关系，而是更多关注政制的生成问题，参［意］马尔蒂诺《罗马政制史》（两卷本），薛军译，北京大学出版社2009年版。

尔的名言里得到体现："罗马人，你记住，你应当用你的权威统治万国，这将是你的专长，你应当确立和平的秩序，对臣服的人要宽大，对傲慢的人，通过战争征服他们。"（《埃涅阿斯纪》6.851—853）但是，罗马的"武功"在不同作家的笔下却有不同意义。罗马的征伐与罗马的发展壮大密切相关，又与"正义"问题的展开密切相关，从而为罗马历史的道德化解释提供契机。对罗马早期历史中的战争描述，与作者们对他们时代战争的理解密切相关。文中讨论的四位作家大体同时代，都经历了共和国末期政治的内乱，对当时战争的认识自然会投射到罗马建城初期的战争中。在这几个作家笔下，罗马的"武功"都没有得到表扬，而"武功"背后的正义问题则得到更多的关注。

对罗马早期的战争叙述主要是两个阶段：一是建城之前的战争；二是建城之后七王时期的战争。建城之前的战争，主要叙述集中于埃涅阿斯。这些战争仅仅在《埃涅阿斯纪》和《建城以来史》中有过简要记述。《建城以来史》这部分内容比较简略，但值得注意的是这两部作品都极大地美化了早期的罗马人，基本上战争中罗马人都是站在正义的一方。《埃涅阿斯纪》中讲述的希腊人的木马攻城，以及后来与拉丁人以及图尔努斯的战争，"正义"都在罗马人这边。《建城以来史》中也是如此，罗马人在历次战争中都是被迫应战。他们的这种叙述模式也体现在一些后来作家对罗马历史的叙述中。在他们的叙述中，既突出罗马的以战立国，同时也强调战争主要出自邻国的入侵和不义，罗马只是为了维护自己的生存。建城之后的战争则与罗马的壮大密切相关，叙述罗马的"武功"却显示出一种道德化的解释模式。本节将主要分析西塞罗和李维笔下战争对于罗马的意义，并且关注其道德化的解释模式。西塞罗和李维的七王叙述可能出自类似的材料，但同时都带有其特别的意图。

前面已经说过，罗慕罗斯是罗马的建城者，也是罗马版图扩大的首位领导者，塑造了罗马城。李维叙述了罗慕罗斯带领的几次战争及其对罗马扩大的意义，虽然罗慕罗斯有不义，但罗马早期战争大多还是正义的。西塞罗对罗慕罗斯的战争功绩很少提及，而是认为其最大功绩是建立了元老院和占卜。紧随罗慕罗斯的努马却被置于一个类似圣王的位置。他既是一个异邦人，同时又无意于政治，却因为自己的德性被共同推举为罗马之王。努马被西塞罗置于这样的位置："当他看到罗马人遵循罗慕罗斯的原则充满战争欲望时，他认为有必要稍许抵制他们的这种热情。"在他的表述中,却暗示了罗慕罗斯主要赋予罗马人战争的欲望,努马则承担着抑制战争欲望的作用。努马主要的工作在于让人们劳作和祭祀,创立了集会和竞技比赛,通过采取这些措施,"使人们因热望战争而变得残暴、疯狂的心灵趋于人道和温和"。他认为努马确立了能使国家长久存在的两件事情:敬神和宽仁。由此与罗慕罗斯的功绩形成对照,虽是表扬努马,但也刻意淡化了罗马的"武功"。

在他们两人的叙述中,后面的四位王要么偏重罗慕罗斯的"武功",要么偏向努马的文治,使得罗马在战争与和平中得到壮大和发展,直到最后一个王小塔克文。小塔克文是其中非常特别的一个王,因其残暴而得到傲慢的称号(superbo,李维1.49.1)。他的特别在于两点:一是他得位不正,杀害了他的岳父才得到王位。二是他德性有亏。正是因为小塔克文的残暴导致了罗马从王政走向了共和。小塔克文在李维的叙述中,是最经常使用武力的,而且不义地使用武力,从而形成了对罗马"武功"的道德化解释:罗马的国王主要为生存而战,残暴的君王穷兵黩武。这也把城邦与个人灵魂做了对应,为后来道德化的历史解释提供了契机。

罗马正义的维护和塑造与其对神的态度密不可分。罗马的先王要么有卓越战功,要么在侍奉诸神上有独特贡献。对诸神的奉献在作家那里,被赋予了平衡罗马"武功"的作用。罗慕罗斯在建城中"武功"卓越,但李维却特别强调了他在侍奉诸神中所做的贡献,甚至包括他最后的神化,同样也是如此。在罗慕罗斯建城时,李维专门提到赫拉克勒斯被以希腊礼仪祭祀,并且讲述了赫拉克勒斯与帕拉丁的故事。李维提到,这祭礼是罗慕罗斯从外来圣仪中接受的唯一的一个。在通过与萨宾人的战争中,罗慕罗斯又建立了朱庇特神庙,从而完善了罗马的祭祀。罗慕罗斯的出身与消失的神秘因素被弱化,但没有被完全否认。这与民众们认可罗慕罗斯的功业和德性相关。在罗马建城的叙述中,虽然几位作家尽量减少了其神圣要素,但在罗马建城以后,神却变得必不可少。对神的侍奉与缓和战争的热望,与战争中的正义问题密切相关。有关侍奉诸神的问题在早期罗马历史叙述中不断被提及,且与王的德性密切相关。善于征战的王没有得到很高的褒扬,但在侍奉诸神上尽心力的王则得到较高的评价。

罗马在建城之后战功卓越,成为一个大国,这也是西方人至今仍对罗马念念不忘的原因。但是,这四位作家并不特别重视罗马的战功,甚至淡化罗马的"武功",为这种武功建立一种道德化的解释维度。他们的关注点有二：一是战争的正义问题；二是如何缓和好战的热情，主要是侍奉诸神的问题。作家们关注罗马"武功"中的正义问题，从而形成一种道德化的历史批判模式，也为后来道德化解释罗马史提供了契机。罗马兴于"武功"，但也失于"武功"，罗马共和国的最后衰亡也是由于多年的征战与内战。作家对罗马早期战争的叙述和思考，其实也反映了他们对罗马共和国后期内战的思考。他们通过对早期罗马史的重新叙述，也是想重新追问罗马的品质，追慕祖先的风尚以矫正时代的不足，并且为后人留下借鉴，从而建立了这样一种历史叙述和解释模式。

四 结语："开端"的历史与哲学

在柏拉图的《理想国》和《法义》中，在言辞中建立城邦，并且在一开始就已经非常完善。罗马的历史却是一个历史过程，但这个历史过程被赋予了不同的维度。罗马开端的叙述，既是历史叙述，同时也是叙述者对于罗马本性的思考。罗马的开端主要来自传说，但这些传说形塑了罗马的形象，对这些传说的叙述也体现了叙述者的思考。西塞罗、撒路斯特、维吉尔与李维都处于罗马历史的重要时刻，他们都看到了罗马共和国的衰落，除了西塞罗外，其他三人都见证了罗马帝制的开始。对罗马历史的重要叙述和思考就有了借古鉴今的意味。他们都或多或少美化了罗马早期的历史，借以呈现罗马衰落的道德化解释。在他们对罗马早期历史的叙述中，我们至少可以看到三种历史的叙述模式：一是通过对建城的认识，建立一种历史化的模式，从而建立一种"兴—衰"解释模式；二是从王政出发的政制更迭，建立了最好政治的败坏模式，同时开启道德化解释政制变迁的可能；三是从罗马战功与其正义的思考，建立了道德化的历史解释模式。从这些不同的叙述和解释模式中，我们可以看到作家们在城邦与个人灵魂之间建立了对应和关联，在历史叙述中有其独特的哲学思考。

第五章　西塞罗、撒路斯特与西方政治纪事传统

第三节　德性与命运的竞争：
文艺复兴时期的纪事
——以马基雅维里为例

古典时期的政治纪事建立了政治纪事的基本规范，其突出政治生活的地位，对最佳政制的关注，以及对命运与德性关系的思考都成为古典政治纪事中的重要组成部分。到了文艺复兴时期，政治纪事又开始呈现出新的方式。在文艺复兴时期，作为第一个人文主义历史学研究者，彼特拉克曾有一句名言："全部历史（纪事）除了赞美罗马之外，还有什么？"[①] 这突出了在文艺复兴时期罗马与纪事之间的关系。文艺复兴时期对罗马最为推崇的思想家非马基雅维里莫属，在其《君主论》和《论李维》中大量出现了罗马的事例，他以罗马的事例为典范来进行他的说教，其《佛罗伦萨史》的写作也模仿了罗马纪事的写作。本节将以马基雅维里为代表来探讨政治纪事的新变化。马基雅维里并非严格意义上的政治纪事家，而以政治哲学家知名。之所以选择马基雅维里，既是因为其与古罗马纪事之间的密切关系，也因为其对纪事中的核心问题"命运与德性"关系的新思考。此外，马基雅维里处在古今之间的特殊地位，更有助于我们理解政治纪事由古向今的转变。马基雅维里写作了《佛罗伦萨史》这样的纪事作品，更重要的是，他对古罗马纪事家李维《建城以来史》的阅读，既是尝试模仿古人建立"新的方式与制度"，同时也是建立新的认识纪事的方式，从而部分改变了古典纪事的关切，影响了后来的纪事家和思想家。本节并非尝试梳理文艺复兴时期的政治纪事，而是以马基雅维里为例，探讨在文艺复兴时期政治纪事思想发生的新变化。马基雅维里这三部作品的关注点似乎不同，但又有密切关系：《君主论》与《论李维》是姐妹篇，而《论李维》和《佛罗伦萨史》又互为正反例。这三部作品都贯穿着其对古代

[①] "Quid est enim aliud omnis historia, quam Romana laus."亦参凯利《多面的历史》，陈恒等译，生活·读书·新知三联书店 2000 年版，第 248 页。彼特拉克对罗马纪事研究的贡献，可以参 Ronald Witt, "Francesco Petrarca and the Parameters of Historical Research Article", *Religions*, Vol. 3, No. 4, 2012, pp. 699–709.

尤其是罗马事例以及罗马纪事的认识。对马基雅维里来说，纪事不仅是好古的认识，"更是通往政治科学的钥匙，是制定合理慎重的政策的关键"（凯利语，第275页）。本节将根据其三部作品的内容按顺序分成三个部分：一是讨论马基雅维里的《君主论》中与纪事相关的部分，探讨纪事对于马基雅维里的意义；二是讨论马基雅维里《论李维》中涉及的纪事思想和观念；三是探讨马基雅维里的《佛罗伦萨史》中的纪事观念，并且与前面的作品对比。

一 马基雅维里的《君主论》与政治纪事

《君主论》是马基雅维里最为著名的作品，这既是一部劝导现世君王的小册子，同时也是探讨君主国的作品。《君主论》的教谕在于如何建立新的君主国，以及建议现有的君主如何进行统治并且呼吁君主统一意大利。此外，这部作品也是一部修辞著作的典范，其表面中规中矩的形式下却掩藏着非常激进的观念。因本节的问题所限，本书主要探讨它与纪事相关的内容：一是简要探讨其《君主论》对于"命运与德性"的态度，这是古典纪事中非常重要的内容，但马基雅维里却进行了创新；二是探讨其对古代范例的使用。

马基雅维里的《君主论》中有两个说法特别让人吃惊。一是他对"德性"（virtus）的重新定义。[①] 二是他对于命运的态度。我们在前面已经讨论过，德性与命运的关系是纪事中的常见问题，但是在马基雅维里处，因为他重新定义了"德性"的内涵，反而建立了"德性"对"命运"的优先地位。在探讨马基雅维利的纪事思想之前，我们有必要先来关注其对"德性"的重新定义。我们在本书的前面部分已经讨论过，"德性"（virtus）这个词虽然源出于vir（男人），与武德相关。但在后来古典作家的使用中，它已被赋予新的意义。但是，马基雅维里又重新把virtus降低到能力的层面，去除了其中的道德指向。马基雅维里表面上赞扬古代的德行，实则却是为了改进这种德行。比如他在《君主论》中称赞汉尼拔的残忍，认为这反而是他的优点，这点与古典的观念相悖。他的解释把古代的德行变成了正确的德

[①] 为了有示与罗马德性的区别，本书将马基雅维里的 virtus 翻译成"德行"，也与中译本的译法一致。

第五章　西塞罗、撒路斯特与西方政治纪事传统

行,甚至就是马基雅维里式的德行。①

在理解了马基雅维里重新定义的"德行"之后,我们才能来看待它作品中对"德行"与"命运"的关系。马基雅维里作品中对"命运"最著名的论述是其把命运比作女人,在其《君主论》的第二十五章,也就是作品的倒数第二章(最后一章是奉劝将意大利从蛮族手中解放出来,可见第二十五章的重要性),这一章的标题是"命运在人世事务上有多大力量和怎样对抗"。在这一章中,他提到了有关命运的著名说法:"命运之神是个女子,你想要压倒她,就必须打她,冲击她……命运常常是青年人的朋友,因为他们在小心谨慎方面较差,但是比较凶猛,而且能够更加大胆地制服她。"在这一章中,他质疑命运对于人间事务的支配性作用,而提到命运是我们半个行动的主宰,但是它留下一半或者几乎一半归我们支配。他认为君主的成功,依赖于他们的做法符合时代特性。如果一个人能够随着时态和事态的发展而改变自己的品格,那么命运是不会改变的。他也以教皇朱利奥二世的例子,证明果敢的行动要胜过命运。他的这种"命运观"极大地贬低了命运在政治事务中的重要性,挑战了古典纪事中的基本观念。在古典纪事中,政治生活的无常主要信赖于命运,而最佳政制的好坏也依赖于命运。在马基雅维里那里,命运则明显让位于个人能力,这显示出其作品的大胆和创新。②

《君主论》中还值得注意的是其对古代事例的使用,也可以呈现出他对纪事作品的认识。《君主论》是一部小册子,马基雅维里对事例的使用非常谨慎,同样也交错使用了古代与现代的事例。马基雅维里在第十四章"君主关于军事方面的责任"中谈到阅读纪事的意义,他提到,"为着训练脑筋,君主还应该阅读历史,并且研究历史上伟大人物的行动,看看他们在战争中是怎样做的,检查他们胜利与战败的原因,以便避免后者而步武前者。最重要的是,他要像过去那些伟大人物那样做"。他强调纪事的意

---

① 有关马基雅维里的"德行"观念,参[美]施特劳斯《关于马基雅维利的思考》,申彤译,译林出版社2016年版。另外,可以参傅乾《马基雅维利的 virtu》,载韩潮编《谁是马基雅维利》,上海人民出版社2010年版。

② 对《君主论》的解读,可以参[美]阿尔瓦热兹《马基雅维里的事业——〈君主论〉疏证》,贺志刚译,华东师范大学出版社2009年版。此外,马基雅维里在其例子的使用中,呈现出命运与德行的差别。比如他的《君主论》所敬献的强大的美第奇家族以及当时崛起的鲍其亚,这两位今人的例子依赖的都是命运,但是古代的罗慕罗斯和摩西的崛起,则主要依靠德行。马基雅维里认为,相对于依靠德行的事业,依赖命运的事业极其不稳固。

义也就突出了其《论李维》和《佛罗伦萨史》的价值。马基雅维里在《君主论》中交替使用了古代的例子和现代的例子，他对这些例子的使用贯彻了其对纪事的认识，进一步体现在其《论李维》中。马基雅维里在引证古代的例子时，暗中转换了这些事例本身的语境和纪事家原初的认知，而是以自己的理念重新解释了古代的例子，从而使其具有了新意义。在这一点上来说，马基雅维里是有开创性的。

在古典纪事中，事例服从于纪事家的意图，只是例证了纪事家的观念。对古典纪事的阅读，更重要的是理解纪事家对事件的解读，由此来认识人的德性和政治的关系。但是在马基雅维里那里，事例可以与纪事家断裂关系，阅读纪事不用再理会纪事家的看法，事例完全可以脱离纪事作品，具有独特价值，这点也开启了现代史学的观念，这点在《论李维》中得到进一步呈现。

二 作为范例的纪事：《论李维》的写作方式

马基雅维里对纪事的思考最主要体现在他对古罗马纪事家李维《建城以来史》的阅读，也就是他的《论李维前十书》（简称《论李维》）。一般认为，《论李维》是《君主论》的姐妹篇，似乎一篇讨论君主制、一篇讨论共和制（见潘汉典《〈君主论〉前言》），或者说一篇讨论"新君主"、一篇讨论"新方式与制度"。但是，这两部作品之间的关系比其表面上显得更密切。作品针对的对象不同，导致作品写作方式有明显差异。《论李维》关注的问题与《君主论》并没有明显区别。君主制与共和制这两个政制的差异只是表面上的差异，这两部作品都传递了有关"新方式与制度"的思想，马基雅维里要做一个教师，教导有潜质有野心的读者如何获得权力并且取得巨大的功业，而李维的作品以及古代的例子只是给他提供了范例。换而言之，李维的作品只是个材料库，李维也并非古典德行的教师。[①]

[①] 有关《论李维》与《君主论》的关系，参［美］曼斯菲尔德的《导论》，载于［意］马基雅维里《论李维》，冯克利译，上海人民出版社2005年版。此外，施特劳斯在其《思索马基雅维利》中，也专门讨论了两部作品之间的关系，他不同意一般认为两部作品分别处理"共和制"和"君主制"的区分，而是认为两部作品其实讲的内容一致。只是献给君主的《君主论》相对含蓄，而给朋友的《论李维》更大胆。另外有关《论李维》的解读，可以参［美］曼斯菲尔德《新的方式与制度》，贺志刚译，华夏出版社2009年版。

第五章　西塞罗、撒路斯特与西方政治纪事传统

在《论李维》一开始，马基雅维里也提到阅读古典纪事的特殊意义。他指出"古代"对于今人的意义，我们不是要盲目地崇拜古代，而是要懂得如何阅读古代的纪事作品："最杰出的史书昭示于我们的，乃是古代的王国与共和国、君王与将帅、公民和立法者以及为自己的祖国而取得的丰功伟绩……"他同时指出当今阅读纪事作品的缺陷：缺少真正的历史见识，在阅读史书时既无感悟，亦读不出其中的真谛。马基雅维里写作此书，就是要为读者做指引，如何来阅读古典的纪事作品，让读过这书的人，"易于让他们所欲掌握的史识发挥功效"。马基雅维里对古人和古代德行的发掘，不同于以往的纪事家对古代的认识，而是按他的思想重新解释古人和古代的德行。马基雅维里对李维的使用，并非通过古代的事例而提炼出来原则，而是以古代的事件作为范例。① 在这点上，马基雅维里对李维的推崇并非在于其纪事作品的意义，而是李维恰好提供了罗马人的案例，马基雅维里看重的是纪事中罗马的案例，而非李维。在这点上，马基雅维里对李维的阅读已经类似我们现代的学术研究者。

在《论李维》中，虽然马基雅维里看起来是在讨论李维的《建城以来史》，但作品明显是他《君主论》思想的进一步补充和扩展。他在这部作品中延续了《君主论》中的观念，对"德行与命运"的观念的解读更进一步。在这点而言，《君主论》也是阅读《论李维》的必要准备。在其作品的标题中，他多次突出了"德行"，当然这个德行已经并非李维意义上的德性（在第一卷第二十章，第二卷第一、十九、三十章，第三卷第十六章的标题中都出现了德行）。同样，他也在作品中进一步贬低了命运在政治事务中的作用。他在第二卷第一章的标题中就提出一个问题："罗马建立帝国的原因，是德行还是运气。"马基雅维里质疑了其他作家认为罗马人主要受惠于运气的观点，认为德行可以改变命运。他通过罗马人的事例和其他民族的例子，最终得出结论，就帝国的获得而言，德行的作用要远大于他们的运气。在第三卷第三十一章的标题"强大的共和国和杰出的人，无论面对何种命运，都能保持同样的勇气，同样的尊严"中突出了"命

---

① 参［美］施特劳斯《关于马基雅维利的思考》，申彤译，译林出版社 2016 年版，第 103 页。施特劳斯不认可有些学者的观点，也即他认为马基雅维里把古人的经验和教训提炼成一般的原则。施特劳斯认为，马基雅维里在前言中明确表示，自己谈论的是范例，而且在其他地方谈到过优秀历史学家的案例，可以让后人有例可循。我们可以认为，有关马基雅维里推崇的是古人的案例还是纪事家的原则，是认识马基雅维里对纪事态度的一个重要方面。

运"与"德行"的关系,他在文中对比了罗马人和威尼斯人的例子。罗马人在厄运中没有变得低三下四,在好运中也没有虚骄轻狂。威尼斯人则截然不同,他们在好运到来时变得非常轻狂,而在厄运降临时,则因内乱失去国家,还割地给西班牙人。马基雅维里通过这两个例子的对比,突出了平时训练的重要性远远大于命运的影响,进一步突出了"德行"对于"命运"的优先作用。马基雅维里认为,如果城市有像罗马一样的制度和武装,让公民体验德行和命运的力量,便随时能够精神振奋。反之,则任由命运浮沉。马基雅维里对"命运"的看法更在于他如何理解"命运",他在《论李维》中突出命运之神支配一切的威力,也就暗中用命运之神取代了原来神的位置,但又不止步于此。他在清除了神在政治生活中的位置之后,又贬低命运的地位,使它让位于德行。如果是有德行之人,则命运之神无法显示威力,由此建立了德行之于命运,甚至神的重要性。[①]

除了有关"德行与命运"的关系外,马基雅维里在《论李维》中也进一步开启了有关"制度"的问题。在亚里士多德的意义上,政制很大程度上取决于民众的质料,所以最佳政制依赖于不可见的命运。但是,马基雅维里则质疑了这点,他更推崇制度可以改造质料。在《论李维》一开始他就提到了发现新方式和制度的危险,也突出了"新方式与制度"在古典纪事中非同寻常的意义。在前面我们讨论过,最佳政制是古典纪事关注的问题,而波里比乌斯就把罗马强大归之于罗马的政制。在马基雅维里那里,"制度"的重要性得到进一步强调,但最佳政制的问题却被抛之脑后。波里比乌斯虽然强调了罗马政制上的优越性,但这种优越性仍然建立在人的"德性"以及偶然性的基础之上,德性是制度的基础之一,但是最佳政制的实现依赖于命运,而非人力。古典纪事中以"德性"为基础认识政治事务的方式在马基雅维里这里得到极大的逆转。在马基雅维里这里,"制度"问题反而成了政治事务的基础。《论李维》就建立在这样的基础之上,马基雅维里突出了"制度"对于政治事务的基础性作用。有关德行与制度的关系,在其第一卷第二十章中就有所讨论,这一章的标题是"两个有德行的君主相继执主政,便可成就大业;组织良好的共和国可以使德行后续有

[①] 参[美]施特劳斯《有关马基雅维利的思考》,申彤译,译林出版社2016年版,第287—304页。在这一部分,施特劳斯在一个更广的视野中讨论了马基雅维里如何用命运之神取代了空中之神以及基督教的上帝。马基雅维里先用命运取代了神,然后又用德行征服命运,从而推出其革命性的观念。

人，其获取与扩张也能蔚为大观"。这一章的内容非常短，但却呈现了德行与制度之间的关系，单靠君主的德行，可以成就大业、征服天下，但是如果有一个良好的制度，则可以产生无数有德行的君主。就这点而言，好的制度比起好的德行来说更重要。

从《论李维》中，我们可以看到马基雅维里的思想与《君主论》中是一脉相承的。他在这两部作品中都突出了"德行"相对于"命运"的优势，并且鼓励他意向的读者模仿古人行动。在《论李维》中，他以很多例证证明了命运非同寻常的力量，以命运取代了上帝的位置，最终又以人的德行来击打和征服命运。在《论李维》中，马基雅维里明显地倾向于罗马人的德行以及罗马的"共和制度"，并且以此作为政治的蓝本，这也就是马基雅维里在李维的书中发现的"新方式与制度"，从而以他更倾慕的共和制取代了《君主论》中的君主国，同时也开启了现代对于"制度"本身的讨论。另外值得一提的是，马基雅维里对李维纪事的阅读方式是新的。马基雅维里并不关注李维如何认识和呈现罗马人的德行和罗马政制，而只是推崇李维记载的事例。"事例"比起"教诲"或者"认识"有更高地位。在马基雅维里那里，李维的价值并非呈现了对古代的认识，而是因为他提供了很多的范例。这点改变了对纪事的阅读方式，也是其革新的一面。

三 作为纪事实践的《佛罗伦萨史》

《佛罗伦萨史》是马基雅维里写作的政治纪事作品，其最明显体现出马基雅维里的政治纪事思想。该书主要记述了马基雅维里的母邦佛罗伦萨的历史，时间跨度从佛罗伦萨建城一直到马基雅维里所在的时代。《佛罗伦萨史》应该和《论李维》一起对照阅读，如果说《论李维》更多谈论了应该效仿的罗马范例，则《佛罗伦萨史》提供了与罗马相反的案例，也即应该避免的例子。如果说《论李维》描述了罗马人的德行如何让罗马变得伟大，《佛罗伦萨史》则解释了纷争和内乱如何让佛罗伦萨处于分裂状态。两部书可以互相对读。

相对于《君主论》和《论李维》，《佛罗伦萨史》相对来说没那么激进，其中的一个原因在于该书特别的处境。该书是应美第奇家族的人要求而写，而当此书完成时，此人已经成了当时的教皇。马基雅维里也在两封书信中以及曾经跟友人谈及此书的写作，比如他在1521年写给圭恰迪尼的信中，就提到他了解了非常有益的制度和秩序，可以利用它们来达成某些目的，尤其是通过比较的方式。在另一封信中，他问圭恰迪尼，他的写作在赞扬和谴责中是否公允。在他跟年轻的朋友谈论此书时，提到阅读此书的方法，这种方法也是古典纪事的常用手法："我不会说出，一个人是通过什么方式或者什么手段和诡计，达到如此高的权力巅峰的。任何想要了解这个情况的人可以很好地注意我通过他的反对者之口说出的东西，因为我自己不愿意说出来的话，我会让他的反对者说出，就像从我嘴里说出一样。"[①] 由此来看，我们也不能以阅读现代史学著作的方式来阅读此书，而应该接续古典纪事的传统。此书的写作跟古典的政治纪事一样，同样有两个动机，一个是实际上的，一个是理论上的。这部作品也跟其另外两部作品一样，既有实际意图又有隐含意图。马基雅维里的实际动机隐藏在其对历史的叙述中，而其理论动机较为明显。[②]

马基雅维里的这部作品是典型的"政治"纪事作品。这部作品关注特定的城邦——马基雅维里的母邦佛罗伦萨，关注特定的时期——从佛罗伦萨城的起源直到1492年洛伦佐美第奇的去世；它也呈现了一个问题或者主题——佛罗伦萨内部的仇恨与党争的起因。[③] 马基雅维里此书仍然接续了西方纪事的传统，其与之前的纪事拥有共同的特征。比如他的作品主要是政治的，而非经济的、文化的；他的作品中也虚构了演说，显得像是原封不动记录的。《佛罗伦萨史》关注的主题仍然是政治的。这主要指的是他主要关注政治事务，而其他事务如果纳入他的讨论，那是因为它们会影响到政治事务。比如马基雅维里也提到了社会史的内容，也就是不同的阶层的区分，还记述了行会的兴起以及庶民的反叛，但其重点却是为了考察这些事务所能产生的政治后果。此外，他的作品也关注经济的内容，比如明矾矿的开采，但他重视这个事情却是因为它成了一场战争的起因。他也

[①] 参[美]曼斯菲尔德《〈佛罗伦萨史〉导言》，载[意]马基雅维利《马基雅维利全集》（卷二），王永忠译，吉林出版集团有限责任公司2013年版，第10页。另外，他在《论李维》第一卷第十章有类似的表述，纪事家对恺撒的评价体现在他们对喀提林的谴责以及对布鲁图斯的赞美中。这种写作手法在古希腊的色诺芬那里较常用，色诺芬正是马基雅维里最为推崇的作家之一。
[②] 从西塞罗《论共和国》那里就可以看到这两者的结合，西塞罗的《论共和国》第二卷就是结合了理论与历史，这点在文艺复兴时期则更为普遍。
[③] 见[美]曼斯菲尔德《〈佛罗伦萨史〉导言》，载[意]马基雅维利《马基雅维利全集》（卷二），王永忠译，吉林出版集团有限责任公司2013年版。

第五章　西塞罗、撒路斯特与西方政治纪事传统

记述了圣焦尔焦银行的运作，却只是用它来反映当时的腐败，他把这些经济的内容看作政治的一部分，主要是透过经济问题来看政治问题。在文化领域也与此类似，他提到了建筑师布鲁内莱斯基，记述的却是他的政治行动。他也记述了其他一些文化人，比如皮科、但丁等人，在他的作品中主要却是以一个公民或者政治人物的形象被提及。就这点而言，他把所有类型的事情都纳入政治领域，这也是西方古典政治纪事传统的余绪，明显不同于我们现代的史学关切。

马基雅维里在此书中明显继续了其有关"命运与德行"的思考。在前面两部作品中，命运与德行的关系主要体现罗马人的历史当中，他主要以罗马人的事例证明德行相对于命运的优先作用。在这部作品中，马基雅维里则以佛罗伦萨的历史来解释当德行不足时，命运如何肆虐。马基雅维里在叙述佛罗伦萨历史时，也不忘时时与罗马对比。他注意到罗马也有很多的纷争与不和，却在不和与纷争中壮大。①《佛罗伦萨史》的非常特别之处就在于作者对于"纷争"的认识。马基雅维里并不认为"纷争"都是坏的，而是做了区分，好的和坏的"纷争"的差别在于是否带来派系和党争。他也以公共和私人的方式获得声望以区分好纷争和坏纷争。前者无党派之见，建立在公共利益之上则是国家之幸，后者沽名钓誉，则国家深受其害。佛罗伦萨则是坏的典型，因为它的纷争总是伴随着党争。由对"纷争"与"不和"的思考，体现出在同样的命运条件下，不同的德行可能导致不同的结果，这最终确认了德行对于命运的优先作用。马基雅维里写作佛罗伦萨史，并非仅仅记述佛罗伦萨从开始到他那个时代所发生的事情，而是通过记述历史事件，达成对历史的认识。②在这一点上，马基雅维里的写作与古典纪事是类似的，但在认识方式和结论中却大有不同。

从马基雅维里的写作来看，他的主要作品中都借用了罗马纪事中的例子，并且部分模仿了罗马纪事的写作，但其却改变了古典纪事家对这些事例的认识。他把这些事例当成质料，用他的新思想进行重新解释。经过他的解释，古代的范例呈现出完全不同的意义。不管是对于"德行"，还是

---

① 这点是马基雅维里的独特解释，我们前面第二节中注意到古典纪事家并不持有这种看法。
② 曼斯菲尔德在《〈佛罗伦萨史〉导言》中就提到，马基雅维里的《佛罗伦萨史》并不同于现代的历史著作，甚至也不同于其同时代的历史著作，而是一种"探究"。这种"探究"是古典纪事的余绪，但其观点和认识方式却已经与古典纪事有重大分歧。

对于"命运"的态度，都产生了重要的变化，同时马基雅维里也从古典的范例中开启了"新的方式与制度"。马基雅维里在传递新思想时，其实也是进一步反思了古典"纪事"的意义。在马基雅维里之后，政治纪事虽然保留了其"政治"的形态，但已经不再具有古典意义上的教育功能。马基雅维里开创了新的对纪事的阅读，这也成了后来对纪事或者说历史阅读的基本方式。

第四节　普遍历史与历史主义：政治纪事的衰落与现代史学的展开

从前面几节的内容中，我们可以注意到政治纪事在不同时期的演变。虽然政治纪事在演变，但是仍然一些基本的东西被历代传承，比如对政治事务异乎寻常的重视，对演说的重视，尤其是在修辞方面。这些方面显示出其与现代史学之间明显不同的旨趣。我们任意翻开的一本现代史学著作，不管在形式上还是在内容上都极不类似于古典政治纪事，可以表明现代史学与古典政治之间明显的差别。政治纪事的衰落与现代哲学观念的兴趣有密切关系，本节无法囊括一个极大的问题，但可以理出两条线索来呈现政治纪事的衰落与现代史学展开的关系。本节主要探讨这三个方面的内容：一是政治纪事的衰落；二是政治纪事如何走向普遍历史；三是政治纪事最终又如何走向历史主义。

在前面也曾经涉及过，柏拉图的哲学就已经质疑了政治纪事的价值，但政治纪事仍然以政治的方式存在。到了马基雅维里那里，他通过重新定义德性以及对"德行与命运"关系的不同理解，也在一定程度上质疑了古典的政治纪事原则。但是，一直到文艺复兴时期，纪事主要以政治纪事的方式呈现，政治仍然是纪事最为关注的事务。政治纪事的衰落后面是政治在人类生活中地位的变化。当政治不再居于人类生活的核心，它也就不再居于纪事家的重心，政治纪事必然也就衰落了。政治纪事的衰落也是政治的衰落。它与现代哲学的产生和变迁有密切关系。现代的历史学背后是新的哲学观念，它以不同于柏拉图式的哲学质疑了政治纪事的意义，进一步挑战了政治纪事的价值并且终结了政治纪事。①

与政治纪事的衰落相比，现代史学反而获得了无限荣誉。我们在《理想国》中统治者的教育中，看不到纪事的影子，纪事更受修辞学家的偏爱。但是现代史学反而成了各种学术的基础，基本上所有的人文社会科学都以某种形式的史学方式存在。比如哲学史研究取代了哲学研究，文学史研究取代了文学研究，甚至史学史研究也取代了对历史的研究。古典纪事的明显衰落与现代史学的荣耀之间的落差，让我们有必要来简要探讨其缘由。

一 政治纪事的衰落与现代哲学

政治纪事的衰落主要源于政治地位的衰落，就是政治在人类生活中地位下降，政治不再居于纪事的核心。在古典纪事中，毫无疑问，政治居于纪事的核心，就像我们前面说过在马基雅维里的作品中，虽然他也记载了经济和社会的内容，但这些内容都与政治密切相关，都从属于政治。

在前面，我们曾经探讨过，修昔底德开创了政治纪事，但是柏拉图和色诺芬对苏格拉底的回忆已经挑战了修昔底德开创的政治纪事传统。不过，政治纪事仍然是纪事的主要存在方式。在古典哲人那里，政治生活虽然低于真正的哲学生活，但是政治生活仍然有它的尊严和地位。② 就如亚里士多德所言，人在本性上是城邦的动物。政治是人的根本属性。这种对人的理解，也是政治纪事之所以成为纪事的主要形态的原因。在修昔底德的作品中，他提到自己之所以叙述伯罗奔半岛战争时，就突出了作为政治事务的战争的特别意义，并且突出其所记述的战争比起之前所有的战争都要"大"。如今翻开任何一本史学作品，我们能看到的可能是社会史、政治史、制度史、文化史（有文学史、哲学史，甚至还有史学史）等。在古典观念中，政治主导了人类的方方面面，决定了人类生死存亡的方式，纪

---

① 科瑟勒克在其《历史/史学概念的历史流变》中主要探讨了文艺复兴以来史学的流变，他认为其经历了三个过程：从自然志到自然史，从神圣史到救赎史，从普遍历史到世界历史。他认为这三者呈现了历史是如何成为一个奠基性的概念的。

② 参西塞罗对苏格拉底转向的说法，参尼科哥斯基《西塞罗的苏格拉底》，载刘小枫、陈少明编《经典与解释：西塞罗的苏格拉底》，华夏出版社2011年版。

事作品主要的呈现方式就是政治纪事。政治纪事既保留了人类的伟大行事，同时也为后人提供一种政治教诲，后人可以通过政治纪事学习政治事务。但在现代观念中，政治只是诸种生活方式的一种，与其他的文化生活、社会生活等相比，并没有其特殊性。由此而言，当政治生活丧失了其在人类生活中的地位，政治纪事的衰落也是必然。这既来自现代有关政治观念的变迁，同样也与现代的生活方式相关。

政治纪事的核心之一是关注"最佳政制"的问题。虽然政治纪事不同于哲学的探讨方式，但政治纪事中或多或少都隐含着对"最佳政制"的关注。在前面的探讨中，我们已经注意到，对于哲人探讨的"最佳政制"与纪事家探讨的"最佳政制"的区分可以最明显体现在柏拉图的《理想国》和《法义》以及西塞罗的《论共和国》中。哲人探讨的"最佳政治"符合"自然"，关注的是"应然"；而纪事家探讨的"最佳政制"则考虑到了命运的和人的因素，更关注"实际"可行的，也就是"实然"的。由此形成对"王政"和"混合政制"的探讨。在政治纪事的开创者修昔底德的作品中，他通过雅典与斯巴达的战争，探讨的是两者政制的问题，并且以此达成对雅典政制的反思。波里比乌斯在其《罗马兴志》中，明确提到其作品的关注点，就是罗马如何强大，而他得出的结论就是，正是罗马的混合政制，让罗马从一个小国变成一个横跨亚非欧的帝国，其在第六书中，专门探讨了罗马的混合政制相较于其他国家的制度而来的优越性。即使在马基雅维里的《佛罗伦萨史》中，他虽然主要记述的是"纷争和内乱"，但他却是把佛罗伦萨当成一个负面的例子来探讨，背后仍然有对于政制的指向。由此来看，"最佳政制"问题一直是政治纪事中的核心问题。但"最佳政制"问题在现代史学中却被取代了。即使在"政治史"或者"制度史"中，我们也很难见到"最佳政制"的踪影。我们可能看到的是各个时期各个地方曾经有过的不同政治制度，或者我们可以看到不同制度的演进，但我们很难看到对这些制度的价值判断，所有政制似乎都有同等尊严。[①] 在古典纪事中，"最佳政制"既是事实描述，同样也是价值判断，可以在"最佳政制"的视野下来审视所有现有的制度。但是现代的"制度史"或者"政治史"，只会陈述不同时候的历史与时代和具体环境相关，

---

① 我们可以参考享有盛誉的萨拜因《政治学说史》。该书探讨了两千多年来的各种政治学说，并且介绍了其形成、演说和发展，但没有对任何政治学说形成价值判断。

没有优劣之分。换而言之，所有制度都是平等的，有同等的价值。放弃了对"最佳政制"的探讨和追求，可能造成两种结果：一是放弃了对最佳政制的探讨，从而丧失了对"好"制度的追求，政制完全成了命运无常的产物；二是可能把当前存在的某些特殊制度误当成最佳政制。这两种倾向在我们当代的世界政治中明显存在，也引发了很多问题。由此，我们也有必要审视古典纪事的问题。

古典纪事虽然经历了哲学的洗礼，但是哲学与政治之间的空间仍然得到一定程度的保留。古典哲学家也意识到自然与习俗、哲学与政治之间有冲突，但政治社会需要某种意义作为共识，而非以哲学取代意见。纪事则部分承担了共识的作用，同时纪事中也保留了通向哲学的可能。政治生活虽然低于哲学生活，但仍然有其尊严。在现代史学的视野下，政治生活不再享有优势地位，与文化生活以及其他各种类型的生活都享有同样的地位。最佳政制的问题也不再成为纪事中的核心，而与文化、艺术具有同样地位。不同政治制度也没有优劣之分，都享有同样的地位，在这样的前提下，政治纪事失去了其独特性，也就必然会衰落。这些问题的产生，部分要归于历史主义这种观念的影响。接下来简要探讨古典纪事如何变成了普遍历史，而普遍历史最终又如何变成历史主义。

二 政治纪事与普遍历史

在古希腊的波里比乌斯处，其政治纪事就已经有普遍历史的追求。波里比乌斯提到自己的作品是"普遍史"。不过在他的表述中，"普遍史"主要涉及两个方面：一是突破单个国家和单个战争的叙述；二是世界上的大多数国家形成有机整体，互相影响。波里比乌斯已经意识到了单个国家与其他国家的关系，以及各个国家之间的互相影响。波里比乌斯的普遍史观念极大地扩展了古典纪事的范围，其背后仍然是古典哲学的观念，尤其与廊下派的观念相吻合。[1] 他的这种普遍观念后来在部分史家那里得到承继。经过现代哲学的普遍历史，它与波里比乌斯处的普遍史已经非常不同。在现代同样出现了类似普遍史的"世界史"，两者都把视野放到各个国家之间的相互联系，但两者之间又有一些明显的区别。前面我们也介绍

---

[1] 参韩潮《波里比乌斯思想来源考》，第七届全国古典学年会论文，2019年。

过,"普遍史"与某种特别的哲学观念相关,它同时又与基督教的观念相关,它有重新解释世界的意图。

但是现代的普遍历史,最明显的特征是其与现代哲学的关系。现代普遍主义的观念来自现代哲学。现代思想观念背后则是对于理性的重新认识。这里可以引用培根的名言:"知识就是力量",知识不再呈现为一种对世界的认识,而是可以用来改造世界。现代哲学始于笛卡尔的普遍怀疑,从而以理性建立起对世界的认识。由此,现存的所有政制都要到理性的法庭上进行审判,只有理性的才会是普遍的、永恒的。普遍主义的现代哲学观念造就了普遍历史的观念,我们从"历史哲学"这个词就可以看到这两者的结合。有关"历史哲学",我们可以看看其集大成者黑格尔的思想。[①]黑格尔虽然带有对启蒙哲学的反思,但其历史观念却明显反映出这种普遍历史观念。黑格尔在其《世界史哲学讲演录》中,构建了一种特殊的世界历史观念,结合了时间和空间,呈现了这种普遍历史的观念。黑格尔把历史分成三个阶段:一是原始的历史,以希罗多德和修昔底德为代表,特点是把他们的经验移到精神观念领域中,把外在的变成了内在的观念;二是反省的历史,它的范围不限于作家所处的历史阶段,而它的精神是超越现时代的;三是哲学的历史,把世界历史当成一个理性的过程。他的划分既可以明显看出他对历史的"进步"解释,同时也可以注意到他理解的历史与哲学关系密切。黑格尔以"精神"来解释历史,其精神的最高呈现便是国家。黑格尔认为,正是其所处的时代,精神达到了顶峰。此外,各个国家都以这种精神结合起来,只是在不同的地理条件下,形成不同类型的国家,这些国家都由同一个"精神"主导,但在不同的民族形成不同的"民族精神"。此外,黑格尔还以精神把宗教、文化、艺术等都统一起来。在黑格尔笔下,历史有了特别的意义,由严格的理性也就是精神的支配;原来政治的功能,被"精神"所取代。更主要的是,黑格尔以"现在"作为其坐标,过去都成了"现在"的预备,而未来也已经呈现在"现在"中,那么只要认识"现在",就既认识到过去,也能认

[①] 从古典的历史到黑格尔的历史观念中最重要的转折就是卢梭。卢梭率先赋予了历史某种"理性",这点可以参考施特劳斯的《自然权利与历史》《现代性的三次浪潮》等,这一问题涉及的内容较多,将另文撰述。

识未来。① 黑格尔的这种观念，以理性的精神作为历史的根基，质疑甚至否认了古典纪事的价值，纪事仅存的价值在于帮助认识这种"精神"，但又非唯一方式。黑格尔所代表的历史哲学是一种全新的对历史的观念。除了他之外，这种普遍历史的观念也普遍出现在18世纪的其他思想家中。比如著名的历史学家布克哈特，他也是立足于普遍与理性来解释以前的历史。② 在这样一种普遍历史的观照之下，古典纪事自然就呈现为一种早期甚至蒙昧状态，普遍历史潜在的进步史观也否认了古典纪事内在的价值。

这种普遍历史的出现和成熟与启蒙哲学观念密切相关，其溃败又与启蒙哲学的溃败相关。启蒙哲学太过强调人的理性，尤其是想在地上建立"美德的大厦"，导致极其严重的政治后果。这种以高于现实的理念来改造世界的努力，其代价也是巨大的。启蒙哲学的溃败，导致普遍历史的式微，而随后产生的历史主义，也是对启蒙哲学和普遍历史观念的反思。

三　从普遍历史到历史主义

历史主义则最早出现在德国，它有两大背景：一是哲学上的启蒙观念；二是史学作为一门学科的形成。支撑现代学术的主要是两股思潮：一是实证主义；二是历史主义。实证主义为历史主义扫清了道路，它认为只有自然科学所定义的知识才是真正的知识，从而质疑了非自然科学的方法。但是，自然科学并不会提供有关价值的论断，由此而言，一切有关价值的判断都是无效的、主观的，这就否定了"自然"的标准，也否认了"最佳政制"的可能性。古典哲学和古典纪事的基本原则都被质疑甚至摧毁。历史主义在实证主义的立场上再进一步，试图把所有的事实都还原到历史当中，所有的范畴都在历史中可变。既然所有的历史事实和思想都是

---

① 黑格尔这种历史观同样有基督教思想的影子，参［德］洛维特《世界历史与救赎历史》，李秋零等译，上海人民出版社2006年版。黑格尔这种历史观对马克思的影响也很大。对黑格尔理性思想的反思，可以参［匈］卢卡奇《理性的毁灭》，程志民等译，江苏教育出版社2005年版。该书对德国思想进行反思，试图寻找到纳粹思想的脉络，作者认为，与黑格尔相对的非理性思想，尤其是尼采和叔本华的思想要对纳粹思想负很大责任。

② 参［瑞士］布克哈特《历史讲稿》，刘北成等译，生活·读书·新知三联书店2009年版。

特定时空的产物，那么对不同时期不同地域的事实就无法做出判断。①

实证主义和历史主义的政治背景都来自法国大革命。法国大革命是欧洲思想和学术思想的分水岭。法国大革命以理性的名义，对建立理性王国的追求反而导致了最大的血腥和恐惧。柏克甚至认为，法国大革命就是革命哲学的后果。另外法国大革命后欧洲的政治重建，也面临对抽象人权的反思。由此，本来被理性所否定和鄙视的习俗就有了某种合理性。② 由此，代表习俗的历史重新获得了其价值。但是，历史主义却走上了另外一条道路，把人类所有的思想都还原到历史当中，否定了任何普遍的以及超越时代的思想，反而又落入了普遍历史观念的另一极端。历史主义表面上似乎解放了人类，不再迷信任何思想，不相信任何思想传达的是真理，但同时导致的后果就是对不同的政制缺乏判断能力，也缺少了对不同思想的价值做出判断的能力，似乎每种历史思想都是其特殊情境的结果。其导致的结果似乎是走向客观和理性，但这反而是对人类理性的极大嘲讽。最终就会出现这样的结果："人类能从历史中得到的唯一知识，就是人类不能从历史中学到任何知识。"这样就把人类生活交给了不可捉摸的命运，而人类的理性变得非常有限。但是，把一切观念和思想都还原到历史中，这又可能是一种意见。如果缺少对于超出个别和具体事务的考察，缺少对于自然的考察，历史研究反而丧失其意义。在历史主义的观念下，古典纪事对"最佳政制"的探讨变得没有意义，古典纪事对于政治事务的重视也变得没有意义。现代史学不再把政治事务看得比其他事务重要，也不把某些历史看得比其他历史重要。③

历史主义的直接影响至少有两点：一是对"过去"的漠视；二是价值上的相对主义。如果"过去"所有的思想都是一时一地的产物，那么对过

---

① 有关德国历史主义的产生及其影响，可参［法］雷蒙·阿隆《从德国历史主义到分析的历史主义》，载《历史讲演录》，张琳敏译，上海译文出版社2011年版，第3—21页。
② 参［美］萨拜因《政治学说史》，邓正来译，上海人民出版社2008年版，第314页；［英］柏克《反思法国大革命》，张雅楠译，上海社会科学院出版社2014年版。
③ 有关历史主义的反思，最有力的应该是尼采。尼采在其《查拉图斯拉如是说》中对历史主义和相对主义进行反思，另外在其早期作品《不合时宜的沉思》的第二篇《论史学对生活的利弊》中就有对"历史"带来的弊端的足够警醒和反思。也可以参看［美］施特劳斯《尼采如何克服历史主义》，华东师范大学出版社2019年版。国内也有相关反思历史主义的著作，可参刘振《哲人与历史——现代政治思想中的历史意识》，华东师范大学出版社2021年版。该书分析现代思想家对现代历史意识的思考，反思现代历史意识对西方现代学术的影响。

去的研究和描述变得没有什么意义。如果所有思想都是一时一地的产物，那么也就没有好坏之分，因为这些具体的历史条件无法再现，也不可能再现，它也就无法再作为任何借鉴。在这一点上，"经典"也失去其意义。历史主义带来的深刻影响持续至今。历史主义不仅否定了古典纪事的意义，更否认了哲学的意义。按历史主义的理解，人类所有的思想都是时代的产物，都是具体时间和空间的产物，那所有的思想本身也就没有尊严。换而言之，所有的学术在这个意义上都失去了价值。对过去乃至现在任何思想的研究，都只作为一种纯粹的兴趣爱好，而非寻找任何普遍的超越性的意义。因为研究过去并不有益于现在，研究现在也不有益于未来。历史主义试图反对任何的教条主义，但它本身又成了最根深蒂固的教条。历史主义的结果必然导致虚无主义。[①]

在西塞罗对纪事的定义中，他称纪事是"时代的见证，真理的光辉，记忆的生命，生活的导师，古代社会的信使"，这些观念在现代却全部遭到质疑。纪事不再主要是政治纪事，而变成了现代的史学，已经不再具有西塞罗所言的意义，甚至"所有的历史都是当代史"（克罗齐语）。历史本来呈现了纪事家对于"德性与命运"关系的认识，经历了"历史主义"之后，现在所有的历史事件都变成了命运无常的产物。古典的纪事变成了当代的历史，既丧失了"政治"的旨趣，同样也丧失了纪事家赋予纪事的价值，更失去了其价值指向。重新认识古典纪事，也有助于我们思考当今的历史以至学术研究的意义。[②]

[①] 20世纪80年代兴起的新历史主义带有对"历史主义"的修正，但其影响主要在文学领域，笔者也翻译了新历史主义代表人物格林布拉特的作品《文艺复兴时期的自我塑造》。有关"新历史主义"的国内研究可以参看相关研究论文。
[②] 国内对现代史学方法和史学观念的反思，可以参刘小枫《拥彗先驱：走向政治史学》，华东师范大学出版社2020年版。

结　语

　　本书使用"纪事"来翻译 historia，并非要推翻我们常用的"历史"这个用词，只是为了挑起纪事与现代意义上的历史之间的紧张关系。在西方古典时期，historia 的概念与我们现代史学有很大区别，使用不同的译法是为了防止混淆。这两者中最为明显的区别在于，现代史学的重要哲学背景是实证主义与历史主义，而这些是古典时期所没有的。古典纪事与现代史学立足于不同的观念之上，它与修辞学以及古典哲学的关系更为密切，使用不同的译法只是为了彰显其不同的品味和旨趣。

　　本书通过探讨西塞罗与撒路斯特对"喀提林阴谋"这一事件的理解，试图探讨西方政治纪事传统。既探讨西方的政治纪事如何展开，同时也注意到在古典时期以及现代，政治纪事如何变成现代史学。这种变化跟时代变化有关，但更主要的是来自哲学观念的变迁。纪事在古典时期主要以政治纪事的形式存在，它的基本特点是把政治当成首要事务，试图通过对过去事件的记述，达成对政治事务的理解。就这点而言，纪事与哲学有类似的关切。但同时，政治纪事背后又有相关的哲学观念，它涉及的是如何理解政治事务在整个自然中的地位，理解人在万物中的位置，理解神的地位，理解命运在人世中的地位，理解人的德性在政治生活中的作用。

　　"喀提林阴谋"本来是一次政治事件，但后来则成为一场思想事件。本来这一事件在共和国末期并不特别突出，不管是在它之前，还是之后，都有类似的事件发生，只是共和国末期诸多政治乱象之一。但是，因为这一事件涉及西塞罗，同时又为后来的撒路斯特记述，这场并不突出的事件便成了著名事件。对于西塞罗而言，这场阴谋是其政治生涯的巅峰，同时他在挫败这场阴谋时发表了四篇流传千古的演说，表达了他对罗马共和国末期政治的看法。撒路斯特虽然不是事件亲历者，但他在罗马共和国灭亡之后，从记述"喀提林阴谋"开始发出罗马的兴亡之叹。这两位作家留下

结　语

的作品，让"喀提林阴谋"从一个具体特殊的事件，上升为一个普遍的事件。我们也可以借"喀提林阴谋"这一事件进一步探讨西方政治纪事的传统。

对"喀提林阴谋"的认识既要立足于罗马共和国末期的政治背景，同时又要注意西塞罗和撒路斯特的思想背景。"喀提林阴谋"发生时，正是罗马共和国处于风雨飘摇之时，在罗马发生的事件背后是政治角力。在"喀提林阴谋"后面，涉及恺撒、克拉苏和庞培等人的政治角力，无视这些背景和罗马共和国末期的政治背景，无法理解"喀提林阴谋"。但更重要的是，"喀提林阴谋"既是罗马共和国末期的"喀提林阴谋"，同时又是西塞罗和撒路斯特笔下的"喀提林阴谋"。由此，"喀提林阴谋"就有了超越具体个体的意义。如果站在西塞罗和撒路斯特的立场看，"喀提林阴谋"具有非常特别的意义。在挫败"喀提林阴谋"时，西塞罗是时任执政官。他的演说既要达成现实的修辞目的，同时又有背后的哲学和政治思考。而撒路斯特则将"喀提林阴谋"作为其一系列思考共和国衰亡的起点，从喀提林身上，他看到的不仅是个人的败坏，而是从城邦和个人的关系探讨其败坏，从喀提林这个人物和这一事件上，看到罗马衰亡之由。

西塞罗是"喀提林阴谋"这一事件的中心。既是因为其独特的身份：执政官、阴谋的对象、挫败阴谋的英雄，也是因为这一事件对其一生的重要意义，他因挫败阴谋而得到"共和国救星""祖国之父"的美誉；又因为未经法庭审判便处死阴谋分子，而在几年后遭到政敌流放。"喀提林阴谋"对于西塞罗而言，既涉及政治问题也涉及法律问题，但更主要是思想问题。四篇《反喀提林辞》以及后来编选的十篇执政官演说（四篇《反喀提林辞》是其核心），既试图呈现这一事件和西塞罗所处的位置，同时也想说明执政官的职责。这四篇《反喀提林辞》的发表，是在事件之后，并且经过修改。这四篇演说辞具有双重意义，既是一篇政治修辞文献，同时也是一部思想文献。其是政治事件的产物，必须在当时的政治情境下进行阅读和思考，因为它担负着直接的政治任务，以修辞的方式驱逐喀提林、说服听众、为自己辩护。但是，它对西塞罗以及后来的读者而言，又是一起思想事件。它作为一个整体，可以呈现西塞罗对"喀提林阴谋"这一事件的思考和认识。他把这一事件和执政官的形象、职责，以及共和国的福祉，有关审判的法律问题等联合起来。由此，《反喀提林辞》的发表，既把喀提林永远钉在历史的耻辱柱上，让西塞罗名垂千古，又以这一问题不断地激荡着后来的读者和研究者的思考。

因为曾经得到恺撒庇护，撒路斯特曾被归为恺撒党徒，但他因为对政治生活的失望而最终选择走上写作纪事之路。他没有亲自经历"喀提林阴谋"这一事件，却在这个事件发生二十年后，开始记述这一事件，并且把这一事件当成其系列思考的开始。撒路斯特没有把西塞罗当作中心人物，而是以喀提林这个人物串起整个事件。他在这部作品中把罗马城邦的兴衰和喀提林个人的堕落做了对应，通过城邦与个人的对应来理解"喀提林阴谋"的发生，进而思考罗马共和国的兴衰之由。他在作品中除了记述喀提林外，还插入了有关罗马早期的历史，既解释了罗马的兴起，也解释了罗马衰落的缘由，而这些衰落的缘由最终落到喀提林这个人物和"喀提林阴谋"这一事件身上。在作品后面，撒路斯特借元老院的论争展开其有关德性的探讨，并且以恺撒和卡图两个人物的德性对照，引出罗马的强大和衰落与德性之间的关系。由此，他把对这一事件的探讨，放到一个更大的背景中，同样也有更深的意义。在这个作品中，他讨论了德性与城邦的关系、命运与德性的关系等。在这一事件的记述之后，他又把自己的笔触伸展到更早的"朱古达战争"，探讨罗马的败坏如何开始，从而形成较为完整的对罗马衰落的思考。撒路斯特对此思考，同时又体现出他的思想来源，他既一定程度上受惠于以修昔底德为主的希腊纪事家以及以柏拉图为代表的希腊哲学家，同样又有自己本土思想的来源，从而让自己的作品在罗马作家中独树一帜。

西塞罗和撒路斯特的这两部作品同样能够让我们关注到西方政治纪事的相关问题。西塞罗虽然没有写作纪事作品，但他在《论共和国》中借斯基皮奥之口讲述了罗马的早期历史，在《论取材》《论演说家》《论法律》中都探讨了纪事的问题。他对纪事的定义成了后来主流的纪事观念。撒路斯特的政治纪事立足于西方政治纪事的思想传统，以政治危机作为其政治纪事的缘起。其在作品的序言部分，把自己的写作与发生在罗马末期的政治危机联系起来，开始其探讨。同时，通过对其作品的阅读，我们可以探讨纪事作品与哲学之间的关系，尤其是在有关"正义"的问题上，可以呈现出纪事与哲学之间的冲突。柏拉图在其《理想国》中通过言辞建立了一个"正义"的城邦，但现实中的城邦并非如此，柏拉图建立了有关"最佳政制"的思考，由此可以用来审视所有城邦。撒路斯特对罗马历史以及政治事件的探讨，与柏拉图式的哲学形成某种张力。另外，我们也可以通过

结　语

撒路斯特的作品，探讨纪事作品与诗歌的关系。亚里士多德对纪事与哲学的关系做了一个著名的划分，他以个别与普遍、特殊与一般对纪事与诗歌的关系进行划分。本书则以亚里士多德的划分原则来探讨撒路斯特的纪事作品，从而在更深意义上理解纪事作品的关系。最后，纪事作品中最为核心的问题之一则是如何理解命运与德性之间的关系。纪事作品对政治的记述中明显突出的就是命运在人世间的地位。人世间政治事务以及政制的多变很大程度上都来自命运的赐予，甚至包括伟大的业绩是否被记述都与命运密切相关。在撒路斯特笔下，他并没有完全屈从于命运的摆弄，而是以自己的方式呈现了命运与德性的关系。命运对于政治事务有其特殊的作用，但是人的德性仍然在很大程度上影响命运的力量施展。撒路斯特的纪事作品本身，也是呈现一种人的德性在命运之下的努力，从而可以用于理解政治生活并且达成教育目的。

理解西塞罗和撒路斯特的作品，也可以站在西方政治纪事的传统这一历史视角下，它既是西方政治纪事的一部分，同样补充了西方政治纪事的传统。从古希腊开始，纪事明显分为两种不同的探讨方式，以修昔底德和希罗多德为代表，而政治纪事是纪事的主要形态。在古希腊时期，政治纪事就开始以不同的方式展开，在修昔底德、色诺芬、波里比乌斯处，我们都可以看到政治纪事的不同形态，他们或者挑战或者接续了修昔底德开创的政治纪事，同时也推进了政治纪事的深度。在罗马时期的政治纪事中，我们也可以明显看到政治纪事在记述古时的历史关切。虽然身处共和国末期，但纪事家们都把视野放到罗马早期，从建城开始探讨罗马的德性，从而以罗马的方式建立一个理解现实政治的典范。到了文艺复兴时期，政治纪事发生巨大的转身，但纪事仍然以政治纪事的方式展开，不过其基本原则已经开始受到挑战。在马基雅维里的作品中，纪事明显成了其理念的承载物，其在政治纪事和其他作品中，挑战了古典政治纪事的观念，尤其是命运与德性的关系，挑战了古典政治纪事传统。后来的现代纪事更从根本上终结了古典政治纪事。政治纪事终结的前提是政治生活的必要性和优先性受到质疑，而其背后则是现代政治理论和哲学观念的变迁。经过现代哲学观念的洗礼之后，政治纪事已经丧失了其尊严和重要性，与其他历史一样，反而变得无足轻重。政治纪事走向了普遍历史，最终走向了历史主义。在对西方政治的简要梳理中，可以看到政治纪事的展开和消亡以及现代史学的产生。

对西塞罗和撒路斯特作品的分析，以及对西方政治纪事传统的梳理，可以让我们反思"纪事"与我们现代意义上"历史"的关系。古典意义上的纪事，其背后承载着纪事家对政治事务的认识、对人在世界中地位的认识、对人的德性与外在命运的认识等，在这些问题上，纪事家与哲人的认识并没有太大区别。纪事同时承担着教育功能，正如西塞罗所言，纪事是"时代的见证，真理的光辉，记忆的生命，生活的导师，古代社会的信使"。但在现代哲学和史学视野下，政治纪事已经丧失了其功能和意义。对古典纪事的认识，要么被归于修辞研究，要么拘泥于史实正误，政治纪事也被贬低到与其他作品同样的地位，甚至遭到批判和质疑。作为教育家的纪事家反而丧失了其地位。与此相伴的是，政治事务也丧失了其重要性和必要性，而与其他事务享有同等的地位，这也注定了政治纪事的必然消亡。现代的历史主义，看起来是解放了我们的历史，我们似乎有了更宽泛、更多的选择，但其又何尝不是一种遮蔽呢？重新探讨西方政治纪事的传统，保留纪事与历史的差别，也有助于反思我们的学术处境，重新追问一些基本的问题。对西塞罗和撒路斯特的探讨，或许可以重新成为一个新起点。

附　　录

一　论第一次喀提林阴谋*

西格（Robin Seager）著　吴明波 译

本文将分析所谓的第一次喀提林阴谋的证据，试图探明这种神话如何建构，并且发掘隐藏在传说背后的真实情况。①

引言

公元前 66 年的执政官选举任命了佩图斯（Autronius Paetus）和苏拉（P. Corneliu Sulla）。这两人随即被后面的两位候选人托克阿图斯（L. Manlius Torquatus）和科塔（L. Aurelius Cotta）以有野心（ambitus）的罪名控告。② 尽管有人试图打断诉讼的进程，但控告还是成功了，③ 结果这两人被褫夺了职位；新一轮的选举开始，托克阿图斯和科塔取代了前面两位执政官，获取了这个高位。在第一次选举时，喀提林即将结束他在非洲的任期。在他回来前，行省的使者已经抵达罗马，抱怨他的掠夺，元老院非常严厉地批评他的行为。④ 喀提林没有被索贿（de repetundis）的控告吓

---

* 此文极大受益于 E. L. Bowie 和 G. T. Fowler，感谢他们提出的意见和批评。
① 学者业已认识到这个说法不合适，参 F. Münzer, RE 4. 1519，现在普遍认为这个阴谋是子虚乌有（H. Frisch, Class. Et Med. 9, 1948, 10ff.，虽然我不知他如何得出这个结论）。唯一认真检视过这个传说的是亨德森（Henderson, JSR 40, 1950, 13f.）。这个讨论并非他文章中的主要意图，这个问题需要全面审视。
② Ascon. 75. 苏拉的控告者其实是托克阿图斯的儿子，参 Cic. Fin. 2. 62。
③ 参西塞罗《为苏拉辩》（15）。
④ 尤其是来自皮乌斯（Metellus Pius），行省的世袭保护人，参 Cic. Ap. Ascon. 85 - 7, 89。

住,他宣称他打算参加新的执政官选举,① 但是,当时的执政官图鲁斯(L. Volcacius Tullus)剥夺了他的候选人资格。我们有两个证据来确证这个事情。② 撒路斯特提供的信息毫无疑问是准确的。③ 在第一次选举中,喀提林并未成为候选人,这种情况如果不是前所未有,至少也不正常。由此,执政官面对一个实际问题,没有必要为喀提林的行为寻找不可告人的政治动机。不同的来源给我们提供了不同的故事,所以,我们必须详细地重新审视这些不同的故事。

证据

西塞罗(Cic. ap. Ascon. 92):在《着候选者托迦》(*In Toga Candida*)中,西塞罗谈到了喀提林和皮索的阴谋是为了谋杀共和派(caedes optimatium)。④ 阿斯科尼乌斯(Asconius)补充了两条信息:这个阴谋依赖传闻(opinio),当我们为这个阴谋寻找最早证据的时候,皮索已经死了,因此任何的毁谤都有可能。更重要的是这个注疏者给出的日期。他说喀提林和皮索在《着候选者托迦》发表前一年已经在策划阴谋,也即公元前65年。⑤ 但是,如果按撒路斯特的版本,它在公元前66年策划要在公元前65年1月1日实施,这个计划不大可能在公元前65年实施(facta)。阿斯科尼乌斯认为,估计西塞罗也认为,谈论的是另外一个更后面的计划;1月1日的计划完全没有提及。很明显,不管是他的阴谋的目的还是失败的理由都与撒路斯特的记载相符,不是1月1日,而是2月5日。⑥

---

① 参撒路斯特《喀提林阴谋》(18)。
② Ascon. 89. 参撒路斯特《喀提林阴谋》(18)。
③ 追近的索贿指控并没有成为法律上的障碍,这点在 Hardy, *JRS* 7, 1917, p. 157 的文章中已经指明。有关审判的日期参 Cic. Att. 1.2.1, Sull. 81, Cael. 10, Ascon. 85, 阿斯科尼乌斯和撒路斯特提及此事应该可以追溯到西塞罗在《着候选者托迦》中攻击喀提林。演说家毫无疑问强调了喀提林的行为罪大恶极,而且可能表明(可能基于有些事实)沃尔卡西乌斯(Volcacius)受法庭影响而拒绝给喀提林逃脱法律制裁的机会。
④ 有关"我提到的某个人"(ne quem alium nominem)的意思,Ascon. 92 的文本提及克拉苏,参 P. A. Brunt, *CR* 71, 1957, 第193页之后。
⑤ 参 Ascon. 83。
⑥ 我们必须考虑到这种可能性,阿斯科尼乌斯发现这种相似点并且采纳了撒路斯特的时间,但他实际上并没有重复撒路斯特提供的准确日期,这又违背了前面的说法。更可能的情况是,就像我们对于这个阴谋失败的解释,西塞罗利用的传闻(opinio)(如果不是他的创造),至少追溯到公元前65年这个时间,即使不是那年的2月5日,而撒路斯特和阿斯科尼乌斯各自发现了这个时间点。

附　录

　　西塞罗《反喀提林辞》（1.15）：在公元前66年12月29日，喀提林带着武器现身广场。将这件事情和撒路斯特提到的公元前65年1月1日的事情联系起来是荒谬的。① 如果他们想要在新年里发动谋杀就不会在12月的最后一天排练。我们后面将会讨论喀提林实际上的所作所为。

　　西塞罗《为穆瑞纳辩》（81）：有关喀提林和皮索的计划，前面引用的《着候选者托迦》段落中已经提到了它的主谋和目标。很不幸，含混的日期与阿斯科尼乌斯给出的阴谋日期相合，却无法确定。阴谋的时间和公元前63年11月的穆瑞纳审判的这段时间被称作三年期（triennium），这个时间既可能是1月1日也可能是2月5日。至少我们没有足够的证据来反驳阿斯科尼乌斯给出的时间：从公元前63年11月到公元前65年2月不能当成是两年期（biennium）。

　　西塞罗《为苏拉辩》（10以下）：这是第一次提到在公元前66年曾有过一场阴谋，但不是来自西塞罗而是托克阿图斯。② 这也是苏拉和安托尼乌斯第一次在传统中出现。西塞罗自然急于质疑这个事情，坚称他并不知晓任何有关的事情。

　　西塞罗《为苏拉辩》（67以下）：托克阿图斯的控告在此非常详尽，但是这段话却非常复杂，目的是混淆视听。西塞罗引自致庞培的信中有一句"行动前两年"（biennio ante conceptum），被托克阿图斯认为是提及了他更早的阴谋（superior coniuratio）。演说家有力地否认了这点：托克阿图斯认为这个阴谋在公元前66年开始酝酿，要想调和它和两年期（biennio）看来不可能。有关喀提林竞选活动的开始时间的暗示更能够解释西塞罗的说法。③ 按照盖尔泽（Gelzer）的评注来解释"De quo etiam … cogitauisse"。④ 托克阿图斯的看法是，安托尼乌斯和苏拉在公元前65年就任执政官会确保喀提林获得公元前64年的执政官职位。这点符合西塞罗向托克阿图斯所言，也符合托克阿图斯将喀提林与苏拉联系起来的目的；实际上，这是能够调和托克阿图斯两个主张的唯一方法。西塞罗想利用对手承认喀提林想要获取执政官职位，并且在没有足够证据的情况下，坚持认为喀提林想要公元前65年的执政官职位，西塞罗想让他的委托人

---

① M. Cary, *CAH* Ⅸ, 477.
② 亨德森忽略了《着候选者托迦》和《为穆瑞纳辩》中日期的不同，参前揭，13。
③ 即使控诉者的解释正确，当然，如西塞罗指出的，它也无法肯定苏拉参与了合谋。
④ *RE* 2A, 1696.

· 207 ·

置之度外，我们接下来能看到他成功了。这段话非常重要，因为它首次提到了那臭名昭著的1月1日。然而，我们仍然不清楚那天发生了什么。演说家描述苏拉假想的就职措辞可能造成毫无意义的修辞效果，但另一方面，这也表明谋杀本会发生在更早日期，但托克阿图斯和科塔仍然当选了。①

西塞罗《为苏拉辩》(81)：这加强了西塞罗对之前托克阿图斯指控的贬低。在喀提林被控索贿(repetundae)的案子中，公元前65年1月的阴谋并没有暴露，执政官托克阿图斯的行为表明他对此一无所知。②

苏维托尼乌斯《尤利乌斯传》(9)：因为苏维托尼乌斯的资料早于撒路斯特，所以他在编年上应该处于第二位。他的版本的最突出特征是喀提林和皮索都缺席（阴谋），他提及了克拉苏和恺撒，以及苏拉的合谋。③ 苏维托尼乌斯并没有清楚指出阴谋的时间，他笔下的阴谋完全混淆了1月1日和2月5日的事情，但是他显然认为西班牙的事情是另外的事情。

撒路斯特《喀提林阴谋》(18)：撒路斯特既有西塞罗的演说也了解苏维托尼乌斯使用过的反恺撒的传统。④ 但是，不管出于什么原因，他以自己的沉默纠正后者，没有重复比布鲁斯(Bibulus)和库里奥(Curio)的严重指控。他最早明确声称，新晋执政官将在1月1日被谋杀。这个日期，跟他所说的其他内容一样，都来自西塞罗对苏拉的控告。喀提林在那个时候才第一次出现。喀提林留下来了，而苏拉在叙述中缺席，这极大归

---

① 笔者的这个观点得益于Bowie。
② 必须注意到，这并不能证明托克阿图斯所言："我听到一些东西，但我不相信。"他的证言(indicium)仅仅涉及他为喀提林辩护，而非他所说的任何话。托克阿图斯可能没有听说任何事情。
③ E. T. Salmon, AJP 56, 1935, 303 n. 10, 他并没有引用苏维托尼乌斯或者狄奥的话。
④ 有关后者的实情参 Henderson, o. c. 13, Gelzer, $Caesar^6$, 35 n. 39, Henderson, o. c. 14, 她假定在公元前59年的宣传和苏维托尼乌斯的说法之间有个传统的隔阂，因为传记家忽略了喀提林的名字，而反恺撒者(obtrectatores Caesaris)则将喀提林牵涉于恺撒。但她坚持，这事虽然大家没兴趣，但无疑是真的。但是，苏维托尼乌斯宣称这直接来自公元前59年的传说。如果这个传说提到喀提林，很难相信他会忽略他。我相信库里奥和他的同伙非常高兴在任何骚乱中污蔑恺撒，而不管煽动者是谁。我接下来会证明，喀提林与1月1日的事情联系起来，是后来添加的。最初的传闻中只是安托尼乌斯和苏拉。为了反恺撒的人，又增加了恺撒和克拉苏。他们肯定非常乐意，所谓的计划，没有喀提林，已经足够邪恶了。公元前63年的事件呈现了不同的画面。喀提林被置于前台，而恺撒被控是同谋。

功于西塞罗成功的计谋。① 我们要分清两个要素：西塞罗认为喀提林和皮索单独策划了谋杀共和派（caedes optimatium），并将皮索派往西班牙。在西塞罗那里，这两个计划截然不同，而撒路斯特将两者结合在一起，把第二件事情看作第一件事情的延续，是同一批人所为，皮索被派往西班牙作为最初计划的一部分，而安托尼乌斯则没有将两者联系起来。由此，皮索比他在西塞罗的说法中扮演了更重要的位置。② 这点与其说让人惊讶，不如说有趣：对于死人，什么坏事都说上了（de mortuis nil nisi malum）。

狄奥《罗马史》（36.44.3f）：狄奥的说法大概来自李维，他认为喀提林和苏拉都参与了谋划。他留下的空白让我们无法确认谁能取代科塔和托克阿图斯的位置。既然他将安托尼乌斯和苏拉当成计划的头头，他们很可能也会成为执政官。对第二次阴谋他似乎一无所知。他对皮索派往西班牙的观点与苏维托尼乌斯类似，尽管他将皮索和阴谋联系起来。他也认为西班牙的事件是独立的事件，而非阴谋的一部分。

传说的变化

我们来梳理一下这些材料。在此先不管克拉苏和恺撒，我们有以下的说法：（1）按阿斯科尼乌斯的说法，喀提林和苏拉阴谋在公元前65年谋杀共和派（optimates）（西塞罗《着候选者托迦》，《控穆瑞纳》）。（2）喀提林在公元前66年12月29日有一些邪恶的行动（西塞罗《反喀提林辞》）。（3）安托尼乌斯、苏拉和喀提林密谋，让前两位成为执政官，在公元前66年谋划在公元前65年1月1日实行，或者更早一点（托克阿图斯）。（4）安托尼乌斯和喀提林想让他们自己成为执政官（西塞罗《为苏拉辩》），这是前面说法的变体，因此在时间上相同。（5）安托尼乌斯和苏拉密谋恢复他们的职位（苏维托尼乌斯）。（6）安托尼乌斯、喀提林和皮索密谋让安托尼乌斯和喀提林成为执政官，公元前66年12月计划，于公元前65年1月1日实施（据撒路斯特）。（7）他们同样密谋在公元前65年2月5日屠杀多数元老（plerique senatores）（据撒路斯特）。（8）安托尼乌斯、苏拉、喀提林和皮索密谋让安托尼乌斯和苏拉成为执政官（据狄奥）。

当我们将这些材料按时间顺序排列时，就能够追寻这个传说的变化。

---

① Münzer, *RE* 4.1519，注意到，西塞罗为苏拉辩护，这对撒路斯特来说更容易掩盖苏拉的罪行。这个解释并不充分，撒路斯特无意洗白苏拉。
② 亨德森注意到了，但没有解释，参 o. c. 14。

最早的说法，也是最吸引现代历史学者的说法，出现在审判苏拉时。针锋相对的两方的陈述假定存在一个仅仅针对安托尼乌斯和苏拉的简单版本。苏维托尼乌斯使用了这个版本，可能李维在《序》（101）中也是如此。小托克阿图斯补充了喀提林的名字。他这样做可以制造一个丑闻，可能我们也有必要探讨它的目的。虽然这个丑闻跟他的案子不直接相关，但是它有效地促成他的目的，将苏拉和喀提林关联起来。另外，西塞罗可能抓住这个机会（比如在《着候选者托迦》散佚的部分中），将喀提林和失败的任命（designati）这一丑闻联系起来，由此诋毁对手，在公元前62年他为了自己的委托人不得不回到他两年前的说法。后面这种说法的可能性更低，因为没有证据表明托克阿图斯引用了西塞罗早期演说中这些尴尬的说法。如果它们存在的话，他肯定会引用。我们仅仅听说他想要篡改西塞罗给庞培的信中的证据，这是一份并不让人印象深刻的材料。

这就是有关第一次喀提林阴谋的传说。西塞罗在公元前62年极力否认存在这个阴谋，他说不管是他还是老托克阿图斯对此都一无所知。然而，如果这点让人无法接受，西塞罗手底（sub ala）还有另一张牌。他不得不承认有这个计划，却巧妙地避开了托克阿图斯篡改的故事。他接受了加上喀提林，这些对他的委托人来说至关重要，但是后来通过前面的策略，他将苏拉排除出了这个事件。这个策略足以表明最初的传闻与喀提林并没有关系。

演说家的努力最直接的结果出现在撒路斯特的叙述中，苏拉明显缺席了这次阴谋，而且他公元前65年的执政官选举也被喀提林取代了。西塞罗有关公元前65年事件的早期版本的材料引起一些混乱，正如我们所见，在《着候选者托迦》中已经变得非常有条理。我相信西塞罗为了诋毁对手而编造它们。这个事件背后的东西留待考虑。这两个不同事情融合在一起就形成了下一个说法，这也是撒路斯特的解释中出现的内容，也即皮索出现在第一次阴谋当中。这也就是《为苏拉辩》的问题，撒路斯特也进行了修饰。这个影响也可以在狄奥那里看到，他保留了喀提林和皮索的罪行。但是狄奥的材料可能来自不同的版本，我们必须记得所谓的苏拉的同谋。

苏维托尼乌斯揭示了另一种说法的性质及其存在的原因。他对喀提林之事没什么可说的；除了克拉苏和恺撒的故事外，我认为他的叙述保留了审判苏拉时最初的和简单的传说版本：安托尼乌斯和苏拉想要再次攫取执政官职位。我们不难找到理由。反恺撒者（obtrectatores caesaris）是传记家的材料来源，他们不像西塞罗和托克阿图斯有动机来歪曲事实。他们对喀提林和苏拉的关系没有兴趣，他们并不想要抹黑或者洗白这两人。① 因为他们只关心恺撒的罪过，所以他们完全忽略了喀提林，很幸运，苏维托尼乌斯保留了他们的材料，苏维托尼乌斯和他们一样，只对恺撒感兴趣，而不是直接对喀提林和皮索感兴趣。

事实

不难看出，这些传说缺乏实质的材料。我们从撒路斯特那里知道，公元前65年1月1日那天什么也没有发生。我们得问，是否策划了什么事情？谁可能策划了？很明显，科塔和托克阿图斯的敌人是安托尼乌斯和苏拉，因为他们的尊严（dignitas）毁在他们手里。② 但是，如果他们有理由厌恶科塔和托克阿图斯，喀提林却没有。如果他想要谋杀谁的话，那肯定是图鲁斯（Volcacious Tullus），他在第二次选举中拒绝了他的候选资格。皮索也没有动机，他被派往西班牙也应该另行看待。不仅喀提林和皮索与安托尼乌斯和苏拉的图谋无关，而且根本没有这个阴谋。如果计划成功了，科塔和托克阿图斯被杀，那接下来发生什么事情？如果安托尼乌斯和苏拉能够幸免于难，那就太幸运了。他们没有任何希望恢复执政官职位哪怕一天，更不用说一年了。

更重要的是要解释喀提林在12月29日出现在广场上的原因，这也是他首次出现在有关1月1日的传闻中。当时人们正关注曼尼利乌斯（Manilius）的审判。庞培党徒组织了暴动，西塞罗不得不推迟审判而且许诺在下一年的案子中为曼尼利乌斯辩护。③ 他的辩护被认为是取悦民众和庞培。④ 在盖尔泽看来，喀提林出现在广场与针对曼尼利乌斯的游行有关。⑤ 因此，我们必须探讨喀提林的隶属关系，就目前所知来说，与这种假说是否一致。史家们常常认为他是克拉苏和恺撒的工具，但没有足够的证据。⑥

---

① 如果承认喀提林没有出现在公元前59年的说法中，那么我们能够说最初的说法不仅针对安托尼乌斯和苏拉，但是到公元前59年，西塞罗和安托尼乌斯不再坚持这个看法了，因为没什么用了。
② 从党派政治的角度来解释取消第一次选举的结果没有必要也很危险。"每个人都为了自己的利益争斗"（Pro sua quisque potentia certabant）足以解释一切。
③ Ascon. 60, 66; Dio 36.44；参普鲁塔克《西塞罗传》（9.4 之后）。
④ Comm. Pet. 51，参普鲁塔克《西塞罗传》（9.7）。
⑤ RE 2A. 1697, Dio 36.44.2 中，曼尼利乌斯的第一次审判被暴乱中止了。
⑥ Hardy, o. c. 159; Salmon, o. c. 302 ff.；以及 Frisch, o. c. 34，都认为从公元前66年开始，克拉苏与喀提林有关联。

确实，把喀提林当成任何人的工具，不符合我们对他的了解。在著名的萨卢伊塔纳骑兵团（truma salluitana）被授予公民身份之前，曾在斯特拉伯（Pompeius Strabo）手下任职的塞古乌斯（L. Sergius）是这个将军的参谋（consilium），这个人被当成喀提林。① 他将在那里认识庞培。我们也能建立联系，虽然可能是长期潜伏，能够在需要时调用。的确，喀提林在公元前70年前后过得不错，虽然在苏拉治下犯了罪，但他仍然逃脱了元老院的驱逐，而在那次清洗中安托尼乌斯和其他人也被驱逐了。我们知道，至少有一位庞培的朋友出力赦免了喀提林，当他因为索贿受审时。此人正是几个月前可能的受害者，执政官托克阿图斯。② 我们可以说，我们所知喀提林参与了因为曼尼利乌斯的游行，而且没有证据来反驳这点。③

如果喀提林唯一的行动造成他在1月1日事件中的形象，实际上，他只是想要破坏对曼尼利乌斯的第一次审判，我们也可以大胆推测，在《着候选者托迦》中提到的，也即撒路斯特认为公元前65年2月5日发生的阴谋也是同样来源。我们不知道那天发生了什么事情。试图谋杀共和派（caedes optimatium）明显是被极大地放大了，但其中可能有某些游行，可能是一些小的投石行动和集会（lapidatio atque concursus）。这些事情跟安托尼乌斯和苏拉的不满没有关系，这些人也没有出现在西塞罗的说法当中，而且与喀提林和皮索的关系也是虚构出来的。但是在公元前65年某个时候，有人想要重新开始曼尼利乌斯的案子。这是个可以接受的假设，将喀提林与皮索在公元前65年2月的行动与拒绝第二次的审讯关联起来，

---

① ILS 8888，参 C. Cichorius, Römische Studien, 172f.
② 参西塞罗《为苏拉辩》（81）。这个案子最显著的特征就是痛陈这个控告者克劳迪乌斯（P. Cloudius）是个臭名昭著的破产者（praeuaricatio）（Cic. har. Resp. 42, Ascon. 85, 87, 89）。那些将喀提林与克拉苏和恺撒联系在一起的人，坚持认为克拉苏支持了控告者，而且提供了必要的贿赂。然而，没有证据表明克拉苏与克劳迪乌斯之间在公元前61年前有交易。[Salmon, o. c. 307 引用了他将克拉苏和克劳迪乌斯之间的联系作为材料（F. B. Marsh, CQ21, 1927, 31），没有提到在善德女神庙（bona dea）审判之前的日期]。我们没有必要认为，某人支持了克劳迪乌斯。他的行为会让他获得一个朋友，这个朋友的品格和行为会与他类似。非洲的战利品足以让法庭满意。
③ 有人提出喀提林和皮索参与了"庞培"的游行，与指派皮索去西班牙担任克拉苏的代理人（adnitente Crasso）有冲突。我们知道，皮索和庞培之间没有直接关系。否认皮索与喀提林（他与庞培有点关系）和克拉苏（庞培的敌人）有关系，会假设一个持续的党争的俗套观点，这与出于罗马政治派系的古老观念一样流毒甚广。

尽管它不容易证明。[1]

如果没有阴谋，那么克拉苏和恺撒也不可能参与其中。苏维托尼乌斯的传闻也就被发起人否认。如果我们接受这个说法，我们也就接受传记作者的说法，剔除那些出自相似或者相同来源的飞短流长的佚闻。传闻的事情并不让人相信。克拉苏和恺撒并不比安托尼乌斯和苏拉有更多机会保住他们的位置。正常情况下，人们只有在合法的方式无法达到目的的情况下才发动阴谋。克拉苏和恺撒，监察官和营造官，是另一种人，刚刚在他们各自的地位上获得成功，克拉苏最终获得了元老院的身份，恺撒也差不多同级。他们没有理由不满，而去忙于动乱。[2] 另外，恺撒也不会想要谋杀他的表亲科塔，[3] 他可能曾帮助恺撒获得营造官的职位。[4]

这就引出了皮索的问题。一般认为，他的任务就是在西班牙组织一支力量来平衡庞培在东部的势力，或者代表元老院，或者，更通常的意见，为了克拉苏和苏拉的利益。因为皮索被任命为克拉苏代理（adnitente Crasso），那克拉苏的意图则可以肯定。[5] 但是，撒路斯特可能被认为是宣传家，虽然他可能保护恺撒，但他不会如此照看克拉苏。这个故事很值得怀疑。即使克拉苏促成了皮索的任命，也不需要理由解释他的行为；他在西班牙有门客（clientela），皮索仅仅过去恢复他的力量。[6] 我们没有理由认为他有野心勃勃的意图。无论如何，皮索是由元老院任命的。[7] 为何是财务官？为何又是皮索？他的任命很可能不是出于邪恶的理由。要么是因为一开始任命的长官已经死了，又没有其他长官位置空缺；要么是没有足够的长官在第一时间供调遣。没有证据表明，公元前66年的执政官曾控制过一个行省。作为行政长官，西塞罗和安托尼乌斯都没有，只有可疑的瓦

---

[1] Ascon. 60 提到的暴乱可能与公元前66年12月的曼尼利乌斯的审判无关，而与次年的再审有关。如果真是这样，如果 Cic. ap. Ascon. 66 的注疏提到的是同一事件，那就是在这次审判中阿斯科尼乌斯将喀提林的行为与皮索联系起来。闵策（Münzer）在 RE 14.1134 中提出再审的时间是一月，但没有足够的证据。第三次因为以叛国罪（maiestas）审讯曼尼利乌斯也引起了骚乱（Schol. Bob. 119St.）。

[2] Frisch, o. c. 28.

[3] Gelzer, *Caesar*[6], 35.

[4] 这似乎比假设克拉苏在经济上支持恺撒的行军更合理，参 Hardy, o. c. 156, Salmon, o. c. 304 with n. 15.

[5] 参撒路斯特《喀提林阴谋》19. 参 Gelzer, *RE*2A. 1697, Salmon o. c. 305.

[6] E. Badian, *Foreign Clientelae*, 266f., 316.

[7] *ILS* 875, 参撒路斯特《喀提林阴谋》(19)。

里尼乌斯（P. Varinius）证实这点。① 当然，我们得承认，我们几乎没有证据证明在这个时候存在行政长官的行省。如果皮索接受了西班牙两大板块，这点符合我们之前的假设，也即候选人不足，但 ILS 875 仅仅提到了近处的一块。很有可能在知道此地没有行政长官前，皮索已经被分配了这个行省。这是一眼看来最有道理的选项，因为他的家族与这个行省关系密切。②

所谓的克拉苏和恺撒与喀提林的关系不会阻碍我们太久。阿斯科尼乌斯83 的自信陈述来自西塞罗的小册子《论执政官》。③ 即使在西塞罗那里，他也只是控诉克拉苏卷入了第一次阴谋。也只有这一段有证据证明通常的观点，克拉苏和恺撒支持他在公元前 64 年的选举，尽管他们在公元前 66—公元前 65 年与恺撒没有任何关系。阿斯科尼乌斯的另外两段，92 和 93，经常在此背景下被引用，既没有直接也没有间接提到克拉苏和恺撒。④ 我们仅仅有西塞罗的《意见汇编》（Expositio Consiliorum），它臭名昭著，一直到作者死后才出版。⑤ 这样的作品，孤立地看，很难提供扎实的基础。当然，它公开地攻击克拉苏和恺撒。⑥ 但是，正如他们之前的皮索，"在说了这些之后，死了"（cum haec dicerentur, perierant）。⑦ 然而，这里也不是讨论公元前 64 年选举或者克拉苏和恺撒的政策的地方，有关之前的阴谋我已经说得足够（de superiore coniuratione satis dictuem）。

二 利维克：道德、政治和罗马共和国的衰落

利维克（Barbara Levick）著 吴明波 译

古典作家将罗马共和国最后一个世纪的政治困境归之于品格的问题，尤

---

① 参 MRR II, 142, n. 9, 很可能为 Orchivius 辩护（comm. pet. 19），他就是受到了来自执政官行省的索贿控告，但没有途径证明这点。
② Badian, o. c. 312.
③ 有关这个说法的辩解，参 Brunt 的文章。
④ 有关细节参 Brunt 的文章。
⑤ Cic. Att. 2. 6. 2, I4. 17. 6, Plut. Crass. I3. 4, Dio 39. 10. 13.
⑥ 参普鲁塔克《克拉苏传》（13.4）。
⑦ 没有证据证明喀提林在行刺中（inter sicarios）退出是为了取悦恺撒。作为财务官恺撒也没有权力让喀提林逃脱并且判决其他人。托克阿图斯缺席第二次的审判以及被庞培的密友路凯乌斯控告足以表明，在这个时候，喀提林和庞培的支持者之间并没有任何利益交换。

其是野心、贪婪、奢侈和欲望。撒路斯特在《喀提林阴谋》和《朱古达战争》中就给出了非常清晰而又深入人心的解释。波里比乌斯也已经注意到了道德堕落这一危险，他指出了堕落的开始：公元前146年伽太基的灭亡（6.57；38.21以下）。罗马人不再面对外部威胁时，能够放松下来，把自己交给贪婪、奢侈以及个人的野心。李维似乎接受了同样的转折点：在前面的五十卷主要描述罗马在迦太基灭亡前的扩张；后面则更多关注罗马内部的问题。同时，李维不是不知道乌鲁索（Cn. Manliu Vulso）在东部的行军以及187年满载战利品归来的重要性。这作为外来奢侈的开端，这些战利品包括那些没有提到的腐蚀人心灵的家具，比如架子床和橱柜（39.6，7）。

但是这些观点也有不少杰出的捍卫者。史密斯（R. H. Smith）从罗马上层道德败坏来解释罗马共和国的衰落，而巴迪恩（E. Badian）则怒斥，当苏拉恢复独裁，他们没有尽到自己的责任，为庞培和恺撒铺平了道路。[①] 平民（plebs）也难辞其咎，外国的掠夺以及土地流转到富人是堕落的主要原因，所以他们只是被动的一方。类似的道德因素被用来解释罗马帝国衰亡，比如低收入阶层追求面包和广场演戏（Circuses），这点与贵族的奢侈和懒惰一样突出。不管它是否正确，它对于罗马史的研究者来说很重要。我们有些政治家也想要解释我们的困境，政治的、社会的以及经济的困境，也部分使用了类似的道德词汇。美国人的参议院和国会就是个明显的提醒，经常显示出罗马是一个可怕的警告。

林托特（Lintott）尽量公平对待古典作家的观点，发现其中的不一致和错误，揭示他们主要学说有不同变体的原因。[②] 他区分了两个过程：最权威的观点认为，财富给予了罗马人满足欲望的自由，在此之前他们只有在长期的征战后才能满足欲望。少数人则认为罗马人从东方学来这些让人堕落的欲望，被传染了这些欲望。另外一个问题是关注贪婪和奢侈，以及野心和统治欲望第一次出现的时间。撒路斯特在这个问题上前后矛盾。在《喀提林阴谋》（10），他可能认为贪婪最为严重，它虽然偶尔被隐藏起来，却是一切坏事的根源，但在接下来一章，它又成了次要的东西，仅仅在苏拉时期才泛滥。林托特表明，罗马作家严厉批评的堕落因素都可以追溯到迦太基灭亡，

---

① R. E. Smith, *The Failure of the Roman Republic*, New York, 1955; E. Badian, *Lucius Sulla the Deadly Reformer*, Todd Memorial Lecture, Sydneye, 1970, pp. 28ff.

② Lintott, "Imperial Expansion and Moral Decline in the Roman Republic", *Historia 21*, 1972, pp. 626ff.

甚至超越了乌鲁索的胜利。更让人注意的是，他还揭示出罗马堕落开始的这两个版本和日期是如何传播的。它们来自格拉古时期的宣传。面对133年的灾难，有些人认为，根除了迦太基会带来野心勃勃的政客和潜在的僭主。迦太基的毁灭者，埃米里安努斯（Aemilianus），不得不另找替罪羊。他把责任归咎于格拉古与珀加蒙（Pergamum）的关系，并且与乌鲁索的行军联系起来。他的同代人皮索后来在他的《编年纪》（Annales）中又重复了这个观点，纳西卡（Nasica）认为伽太基最终灭亡的原因被吸纳进珀斯多尼乌斯（Posidonius）的作品。在撒路斯特和后面的史家中，这个观点变得模糊而又含混不清。

这些都足以表明，这些观点对于古人有多么巨大的影响力，以及它们的弱点何在。它留下一个悬而未决的问题：埃米里安努斯和纳西卡为何诉诸这个论证，古人痴迷野心和奢侈需要进一步解释。

最有用的线索就是有关野心的。它与其他社会成员有直接关系，而奢侈则并非如此：很多宽裕的罗马家庭都有脚踏桌，而不会让别人无法拥有。但是，一个世纪最多只有两百个执政官。另外，作家选择罗马衰亡的道德理论时都选择"原罪"版本。塔西佗，也这样使用野心（ambitus）：从远古时代起，人们本能就热爱权力。在我们帝国成长时，这种本能变成了占主导的和不可控制的力量（《纪事》2.38）。我们也得注意到，撒路斯特将野心当成最接近美德的恶习，最起码比奢侈要近。一个具有好品质的人不去获取职位是不正确的，即使从行政长官那里退下来，他也能控制倦怠（socordia）以及懒惰（desidi）（《喀提林阴谋》4.1）。野心这个词的含混使我提出，古人这样分析罗马共和国的衰亡是不够的，因为他们忽略了在罗马政治和社会生活中内在的张力，一方面是野心，另一方面则是平等的原则，也就是大家所谓的轮流任职（buggins's turn）。我们将要检视这个张力，这有助于我们解释罗马共和国的衰亡和古人为何这么喜好道德因素。

首先，这种张力在语言中表现得最为明显。如果说野心是罗马人堕落的典型因素，那么什么是相对应的美德呢？当然是德性本身了，撒路斯特在《喀提林阴谋》（11.2）中就将其作为通向荣耀、名声和统治的真正途径。在我们早期的文献资料中这两个词并列出现，普劳图斯（Amph. 76）："应该追求德性"（virtute ambire oportet），提提尼乌斯（Titinius）（Fr. 11），以及路奇里乌斯（Lucilius）（1119），后面这个作者提出了与德性近似的定义："首先考虑的是国家的好处"（commoda patriae primum putare,

附 录

1196f)。

其次，援引两个传说，至少是成熟的传说。在公元前 499 年，要为一位骑士喀斯托（Castro），也可能是他的兄弟鲍路斯（Pollux）建立了一座神庙，公元前 484 年建成。根据阿尔弗雷迪（Alfoldi），[①] 把狄俄斯库里（Dioscuri）当成贵族骑士的统治阶层的保护人是没必要的，虽然这个观点能够补充解释：喀斯托和鲍路斯是优秀德性的象征；他们互相奉献，双方互相把自己的生命出让给对方：我们会想到，罗马人有更好的例子，就是它的创始人双生兄弟——罗慕罗斯和雷米斯，虽然他们与我们的主题同样相关。雷米斯越过了罗慕罗斯修建的城墙，罗慕罗斯谋杀了他的弟弟。

在罗马共和国政制形成中，我们才能清晰地看到我假定的这种张力。执政官被认为是取代了王的权力（imperium），这个权力是由罗马库里亚大会（comitia curiata）授予的，标记是由十二个携带着束捧（fasces）的人走在前面，给予他们对罗马民众和海外士兵的权力。但是他们的权力也受限，因为有两个执政官，而且在理论上一个可以平衡另外一个，比如比布鲁斯（Bibulus）在公元前 59 年就试图寻求宗教障碍平衡恺撒的权力。在战场上，统帅们轮流发布命令；这是一个长期坚持的系统并且能在坎尼之战（Cannae）的灾难下保留下来。另外，与元老院相比，执政官是独立的行政机构，元老院只是咨询机构。在公元前 63 年，是西塞罗，而非元老院，发布命令处决喀提林阴谋分子。但是，当任期结束时，执政官退回他普通的位置，从那时起他的观点被第一个征询，但仅仅作为资深同行（senior peers）。

罗马政制中最突出的特征中表现出来的张力，有助于我们解释罗马政治和社会生活中更为含混的特征。古典作家让我们觉得，有些东西在本质上会堕落，住高大的房子，穿丝的衣服，在金盘子上享受外来的佳肴。我们就像提比略（Tiberius Caesar）（塔西佗《编年纪》3.53 以下）一样惊叹立法者的幼稚，他们居然想要通过立法来增进道德。但是学者们则能够透过其外表来看。林托特已经指出奢侈和野心之间的关系：人们展现他们的财富，不过是为了给选民留下印象，由此获取他们想要的职位。新的候选人除了财富以外，没有其他东西来提醒他们。但是，道博（D. Daube）

[①] A. Alfoldi, *Early Rome and the Latins*, Ann Arbor, 1963, 270, 参 A. Momigliano, *JRS* 56, 1966, 22.

非常好地解释了限制奢侈的法律,① 是"保护不交税者":罗马社会的上层就像一个俱乐部,那些不能或者不愿达到占领导地位和寡廉鲜耻的成员设置的税务范围(scale of tips)之人,可以免受惩罚。经过初步考察,我提出限奢法令想要维持社会成员之间的平等,从而维护整个社会的完整性。

我强调的罗马社会和国家的特征并不是罗马独有的,但在罗马却格外明显。这个特征的起源是什么?我们可能要在氏族竞争中寻找其根源,这种竞争不得不从破坏性的路线转向有益于罗马的领域(国外的胜利,国内的善行)。罗马是由各氏族(gentes)的增加而成长起来的,克劳迪乌斯(Claudii)家族就是最有名的例子。按莫米利亚诺的说法,在他们和随众刚刚抵达罗马的时候,罗马共和国刚刚成立,他们被贵族社会(a society of peers)接纳了。② 氏族的竞争持续主导了罗马的政治生活,直到罗马共和国结束以及之后。只有各氏族的权利都能得到保证,氏族才能够维持团结。众所周知的是,罗马的家长(pater familias)在自己家族中是君主,拥有裁断家眷的生杀大权。在某种意义上,罗马元老院是君王的集会,但是在政治生活中他们的权利被限制住了。氏族的竞争不会彼此排斥,而会加强各个部分的关系。比如,他们可以坦然接受帕米尔(R. E. A. Palmer)的观点。③ 他说,元老院(curia)起源于议员(co-viria),这"表明一群人,他们自称平等相处,也与其他人平等相处",所以《元老法》(*Lex Curiata*)"部分保证了各个选区的忠诚,而独立的倾向则可能导致内部的分裂"。也有一种传统观点认为,元老院是出于库里的代表制,元老们都各自来自30库里(curiae)(Dion. Hal. Ⅱ, 12 和 14)。

可惜的是,罗马早期的结构和历史都含混且引起争议。④《十二铜板法》以及它规定葬礼中禁止奢侈的法令让我们回到公元前450年。但是在当时,双生兄弟罗慕罗斯和雷米斯的传说不早于公元前3世纪,奥古尼乌斯(Ogulnii)才为他们和他们的乳母——狼设立了雕像(李维,10.23.11

---

① D. Daube, *Roman Law, Linguistic, Social, and Philosophical Aspects*, Edinburgh, 1969, pp. 117ff.
② A. Momigliano, *JRS* 53, 1963, 119.
③ R. E. A. Palmer, *The Archaic Community of the Romans*, Cambridge, 1970, pp. 75, 185.
④ 参前面注释中莫米利亚诺的论文《罗马起源刍议》("An Interim Report on the Origins of Rome")。对于这些材料更为详尽的评论,参 R. M. Ogilvie, *A Commentary on Livy Book 1 - 5*, Oxford, 1965;亦参同一作者的作品《早期罗马与伊特鲁里亚》(*Early Rome and the Etruscans* London, 1976)。最近的阐述,可以参 H. H. Scullard, *A History of the Roman World 753 - 146 B. C.*, ed. 4, London and New York, 1980, pp. 42ff.

以下）。广场中设立的喀斯托神庙（Aedes Castoris）的日期也基本没有疑问，在公元前5世纪前期，但问题在于当时的宗教中是否已经有了鲍鲁斯。① 至于执政官互相制约，罗马早期最高的官员是一个还是两个，大家一直有争执。这些不确定性以及围绕重构早期罗马社会的争论，使得我不能武断地确认我提出的这种张力的来源。但是，我认为这潜藏在从罗马历史开端的移民混合当中。早期罗马共和国在军事和政治上的困难加重了这个问题，② 我们不得不承认，在《十二铜板法》中，不仅限制葬礼中的奢侈，同时也有显贵与平民的联姻，这揭示了封闭等级的贵族能够将平等作为其成员的目标。

野心和平等的冲突只直接牵涉在社会的最高阶层。至少有三项法令限制了执政官的连任，平民保民官的连任则从来没有明令禁止，虽然在格拉古时代，它不合祖制（contra morem maiorum）。这点只有与最高行政长官类比时才明显。专注于社会最高层会削弱这个观点的力度和价值，因为它没有把大多数的民众考虑在内。③ 但是，底层中的两派也扮演着他们自己的角色。首先，来自底层的压力也让贵族更乐意将他们的私人利益让位于他们阶层整体的利益。我们可以通过更明显的方法引入另外一部分较低的阶层：他们中的很多人（magna pars，李维，5.32.18）因为垂直的门客制度（clientship）而附着于比他们条件好的人。克劳苏斯（Attus Clausus）带着他的随众来到罗马，法布里乌斯让他们中的三百人去驻防克雷梅拉（Cremera）（李维，2.16和45）。门客们长期附着于他们的氏族，其中有些有雄心的人则努力向前：在公元前2世纪后期和公元前1世纪前期中占优势的贵族是平民而非显贵。那些进入贵族阶层的人接受了他们所在家族的价值。在罗马社会，排他性和同化外来者并非冲突的，而是互补的；它们共同形成了一个强有力的系统。

这种弹性把早期罗马的价值带到了后来的共和国。汉尼拔战争后的公元前2世纪元老占主导地位，构成了强有力的限制原则，它要求低职位的官员和前官员服从同僚。西塞罗曾明确提到这个原则（pro Sest. 137 以

---

① G. Dumezil, *Archaic Roman Religion*, P. Krapp tr., Chicago, 1970, ii, 413; 参 A. Momigliano, *JRS* 56, 1966, 22: "迄今为止最有名的对拉丁姆狄俄斯库里的描述（Degrassi, ILLR ii, 1271a), 确认了在公元前5世纪有关拉丁姆的狄俄斯库里（Dioscuri）崇拜。"
② Scullard, op. cit., pp. 81 ff; Ogilvie, *Early Rome*, 92.
③ 有关贵族、平民以及民众，参 Ogilvie, *Early Rome*, pp. 56ff.

下）："元老院的宽厚建立了各部分都运行良好的制度：他们不能承担君王的权力，建立了每年一换的执政官，指派元老院作为议事机构永久管理国家，把它变成共和国的维护者、监督者以及战士。他们的观点是，官员应该遵从元老院的建议，是它们权威政策的代理人。"

但在下一个世纪，已经很难将个人限定在固定的位置上了。罗马的海外委任给予他们手握太长时间的权力，而且因为距离太远元老院无法监督他。元老院的代理人能够决定君王和城邦的命运，这些城邦和君王把他们自己看作与罗马有平等的地位，如果不是在权力上，那就在文化血统上更胜一筹。普鲁塔克在《苏拉传》（5.4）中给我们描绘出这样一个引人注目的场景，苏拉坐在两位小亚细亚国王中间，以他的方式处理他们。地方总督可以无法无天的观念很久以后才消失。即使在奥古斯都时代，一个亚细亚的总督穿行在他处决的三百具尸体间，为自己的王者气派沾沾自喜（Sen., de Ira 2.5.5）。在罗马共和国时期，伟大的将领在退休回到罗马时，不乐意回到执政官的位置，与那些不出外的律师和演说家为伍：他们的成就带来的不仅是那些平常而短暂的致意和凯旋。我们不知道，斯基皮奥在汉尼拔战争结束后的感觉，当他丢下那些波里比乌斯所谓的建立王朝（dynasteia basilike）的机会（10.40.7），回去任公元前199年的监察官和元老院元首的位置。如斯库拉德（Scullard）写道："斯基皮奥非比寻常的功业来得如此迅速和不同寻常……给了很多机会给人猜忌和嫉妒。"[①] 在公元前180年，轮流执政的原则更加强了，《任职年限法》（Lex Villia Annalis）通过时，规定了获得官职的规则，以及获得官职的条件。斯库拉德笔下的阿非利加（Africanus）的例子也适合于他的孙子，埃米里阿努斯（Aemilianus），他的传记作家阿斯丁（A. E. Astin）如此说道："他的戎马生涯的特征之一是，他有着惹人注意的功勋，他把自己的位置放在规则和法律之上，为了实现自己的野心，他培养和利用平民的支持当成对抗元老院的工具。"[②] 后面一代的马略，他对他地位的看法可以从他任第二次执政官首日的所作所为来推断：他着凯旋装进入元老院（普鲁塔克《马略传》12.7）。元老院的震惊反应让马略对自己服装的失礼觉得后悔：他不得不回家换了一套衣服。六十年后，元老院却起了巨大的转变，他们投票同意

[①] Scullard, *Scipio Africanus: Soldier and Politician*, London, 1970, p.175.
[②] A. E. Astin, *Scipo Aemilianus*, Oxford, 1967, p.243.

恺撒身戴耐用金属复制的凯旋冠。① 在公元 84 或者公元 85 年，它又特别授予图密善（Domitian）穿着凯旋装进入元老院（狄奥，67.4.3）。

这一进程中的要害仍然是个谜：苏拉的生涯。如果我提出的有关罗马社会的观点有些许价值的话，它应该有助于解决这个谜团。最大的困难在于苏拉任独裁官的前十年，当时他任执政官以及东部的总督，他回到意大利后并不把法律和制度放在眼里。但是，苏拉在任独裁官时提出的改革措施，明显是为了恢复元老的权威统治。在完成这些以后，他彻底退出了公共事务。对这一态度的解释各式各样。卡科皮诺（Carcopino）并不相信豹子会改变他的斑点。② 在他看来，苏拉并非自愿交出他的权力，而是因为庞培、西塞罗和梅特路斯派系的成员联合驱逐。而最近的探讨者格鲁恩（E. S. Gruen）实际上承认，他很困惑：苏拉的两部分生涯并非前后一致，一个莫名其妙的变化出现了，他厌倦了权力。③

我并不认为苏拉前后两个阶段分裂，正如他的独裁照亮了通往大马士革的道路，我发现在他思想中内在的不一致，他的理论思想和政治实践当中的不一致。他在谋划他的执政官选举时，不管他对他的原初保护人马略多么背信弃义，苏拉却还是根据罗马政治行为的标准来行事。但在争取米斯里达控制权中，他在公元前 83 年入侵意大利夺取了独裁官以及与此相伴的无以伦比的荣誉，这些都促使苏拉在这条路上走得更远，将个人的野心从法律和习俗的限制中解脱出来，在他之前的阿非利加和埃米里阿努斯曾经走过这条道路。个人的野心促成他这样做。但是当他回到理论思考时，苏拉是公元前 2 世纪的儿子，他想要恢复秩序和统一，这些是公元前 1 世纪的政治家们从他们自己的角度来看格拉古和阿普列动乱以及八十年代的动乱。因此，他支持轮流任职的原则，为国内和行省制定了官员的更替规章，让在职官员符合他的《科尔内乌斯法》（Lex Cornelia Majestatis）。《任职法》（Lex Annalis）被重新订立，在人们能够久经磨炼、担任必要的较低职位前，无法获取高职位。这个制度最早由公元前 138 年出生的人（即苏拉）提出，这个人想要获得成年男子的托迦，他看到护民官格拉古

---

① K. Kraft, *Der goldene Kranz Caesars und der Kampf um die Entlarvung des 'Tyrannen'*, ed. 2, Darmstadt, 1969.

② *Sylla, Ou La Monarchie Manquee*, Paris, 1931.

③ E. S. Gruen, *Roman Politics and the Criminal Courtse, 149 – 78 BC*, Cambridge, Mass., 1968, p. 30f.

和弗拉库斯（Flaccus）威胁元老院至高无上的权力，这是在十二年中第二次威胁。苏拉针对护民官威胁元老院提供的解决办法就是降低这个职位的权力，并且将这些官职回到它们作为元老院部门（ministri senatus）的位置。自然而然，苏拉在他的法律中包含了限制奢侈的措施；自然，他认为这个并不适用于他自己。

罗马从共和国变成元首制，看起来表明了个人战胜集体（或者说一个氏族战胜了其他）。在公元2世纪，这种张力似乎已经得到解决：元老院已经变成有最高权力的个人意志的传声筒，也就是元首。官员和个人同样将他看成他们的王，也这样称呼他。刚好在维斯帕西亚努斯（Vespasian）的时代，意大利上层阶层的风格发生了变化：从奢侈和炫耀转向简单和素朴，这不能仅仅看作一个巧合。塔西佗认为，从元首本身的节俭风格可以获得线索（《编年纪》3.55.5）。这种变化部分归因于意大利人对财富的现实态度以及在公元1世纪后期他们在罗马世界的位置，但是另外一个因素可能是想要稍微缓解与地位低于元首的元老们的关系。

但是旧结构也有一定的弹性；在这种政制施加的限制当中，晋升的斗争仍然以旧有方式进行，就像普林尼告诉我们的（《书信》3.20；4.25），有时候屈尊身份在元老院爬升或者在选票中涂上一些诋毁的言辞。即使在元首制时期仍然残留着旧的风俗：在图密善统治时期，元老院尝试从元首那里获得一个誓言，他不会杀死那些他们称为同僚的人。（狄奥 67.2.4）

在外部观察者看来，罗马的政制和共同体看起来像一个自我调节的机制，由制衡体系维持，不仅避免内部的瓦解，同时让这个共同体能够应付外部的威胁。但对罗马人来说，它们看起来又不一样。首先，作为共同体成员，他们将这种价值归于这个制度：任何想要打乱这种平衡的行为都不让人接受而且是邪恶的；作为一个系统它是封闭的，与单一的政治体相关，依照共同体来看待所有的德性与恶行。其次，他们将共同体看作生命体，一个人。① 这两点可以解释，为什么他们使用道德词汇来看待政治和历史。

史家也是社会的一员；他们自认自己的作用在于维护这个体系。伍德曼（A. J. Woodman）已经指出，皮克托（Fabius Pictor）和老卡图在追求高尚的主题时，正如格拉古时期的编年家阿谢里奥（Sempronius Asellio），他相信（Fr. 2）历史的功能之一就是以可行的方式鼓励爱国，让人们勇敢

---

① 例如，李维《建城以来史》2.32.8，以及 Ogilvie 对此问题的讨论；Florus Ⅰ, Pr. 4ff. .

地捍卫共和国（alacriores ad rem publicam defendundam）。[1] 正如其他作家，比如阿里斯托芬，他们把蓝图变成遥远的过去来赋予它更大的权威。[2] 同时，激励有时间和金钱的人的基本原则是荣誉（gloria）和追求（cupido），这些原则对他们来说根深蒂固，他们仅仅质疑它是否过度。我们可以把古人的失败看作经济学学科的发展：社会和经济系统基本上是静态的，没有根本性的改变来吸引人的注意。也许历史学家应该考虑一下，历史的实践如何变化。早期的作家避免关注历史中个人的角色，卡图甚至排除了军队统帅的名字，因为"罗马并非由个人创造的"（西塞罗《论共和国》2.2）。在波里比乌斯那里发生了变化，在撒路斯特甚至到了塔西佗那里过分强调国家中个人（元首）的作用。

比起严肃的历史探究，道德的词汇有更大的吸引力：它让史家在行动的世界中有一席之地。但是，如果罗马史家更深入地探究，他们会发现一些让他们无法接受的事情：个人和集体之间的张力是根本性的；他们对此无可奈何；任何的冲击都会导致它失去平衡，如果足够强大，要么是朝向斯巴达的简朴，要么是一人的统治。塔西佗注意到并且谴责追求荣誉和权力是人类社会的特征。他看到这些品质破坏了社会并且毁灭了共和国，而不是更惊人的事实——社会本身立足于此，个人表现他们品质之时也是在回应社会的要求以及它施加的压力。

三　卡佩：西塞罗第四篇《反喀提林辞》中的政治修辞[3]

卡佩（Robert W. Cape, Jr）著　李解译　吴明波校

不将演说与演说者联系起来，就会犯下无法理解演说主旨的错误。（昆体良《善说术原理》3.8.51）

---

[1] A. J. Woodeman, *Velleius Paterculus: Tiberian Narrative* (2.94–131), Cambridge, 1977, p. 30f.
[2] 参塔西佗《编年史》3.26，将罗慕罗斯建立罗马城邦之前称作黄金时代，参考斯特曼（Koestermann）对此的讨论。
[3] 本文的部分片段曾在1992年4月、12月分别于中西部及南方古典研究协会的会议和美国哲学协会的会议上发表。我要感谢麦克·哈萨兰在本文构思早期的有益评论，还有《美国语文学》（AJP）的编辑及匿名评审员的有益意见，这些意见促使本文最后完成。

公元前45年，西塞罗明显地感到不快。因为布鲁图斯没有充分意识到，公元前63年12月5日，西塞罗在元老院关于喀提林叛乱的庭辩中发挥的作用，特别是他处决叛乱分子的强烈决心。① 西塞罗在此次庭辩中扮演的角色，至今仍有争议。② 我们最可靠的证人是撒路斯特，他提到过12月5日西塞罗在元老院的几次活动，但是对其在辩论中发挥的作用保持沉默。这并不是说西塞罗的行为不为人所知，但我认为，那些是熟悉共和国晚期政治程序的人没有提及的政治活动。

布鲁图斯与撒路斯特有更多的材料可用，包括西塞罗本人的作品。它们或将澄清西塞罗的立场，但都没有流传下来。保存下来的最重要的文件乃是西塞罗在庭辩时所作的演讲。③ 第四篇《反喀提林辞》（的发表）乃是造就著名的十二月五日（Nonae illae Decembres）的一个行动，其时，西塞罗获得了他卓越且不朽的荣耀。这一天对于国家和元老院的权威（aoctoritas senatus）而言都是伟大的一天，却给西塞罗带来苦恼。④ 于我们而言，此文本雄辩有力，必须将之重置入当时的政治程序中去理解；于布鲁图斯和撒路斯特而言，它不过是政治事务的一部分，无须多说。对他们来说，恺撒和卡图的演说非同寻常，值得记载；西塞罗的演说则不过是平常的政事。

在本文里，我认为，已出版的文本呈现出，西塞罗在辩论中的介入乃是复杂且精妙的步骤，它设计得相当含混，其艺术性值得欣赏。第四篇《反喀提林辞》貌似是庭辩里中立的陈述和澄清，可它也同样服务于带偏向的政治动机。我觉得，这个演说的双重目的并未得到足够的重视。此外，目前关于罗马日常政治活动中演说术的重要性的研究给我们提供了一个新语境，借此可以观察该演说所关系到的重大政治论题。如若我们能够仔细地关注（西塞罗）作演说时所处的语境和争论，第四篇《反喀提林辞》会是展现运作中的罗马政治的极好例子，展现政治活动永恒存在着的赋权、对抗、

---

① 参西塞罗《致阿提库斯书》（*Att.* 12. 21. 1）。
② 古代的证据和现代意见的概述由德雷克斯勒（Drexler）收录于《喀提林阴谋》（*Catilinarische Verschworune*）一书中（Hans Drexler, *Die Catilinarische Verschwörung: ein Quellenheft. Darmstadt: Wissenschaftliche Buchgesellschaft*, 1976）。
③ 参西塞罗《致阿提库斯书》（2. 1. 3）。
④ 参西塞罗《为弗拉库斯辩》（*Flacc.* 102），《致阿提库斯书》（*Att.* 1. 19. 6），《家书集》（*Fam.* 1. 9. 12）。

抑制以及协商（empowerment, effacement, suppression, and negotiation）。

当前对罗马政治的研究似乎非常开放，可以重新考虑演讲术在罗马共和国时期如何用于政治协商。米勒（Millar）已经试图"在我们的（关于罗马政治的）概念的中心，树立一个在讲坛上向人群演讲的演说家形象"①。这就需要在政治程序之中去除关于氏族（gentes）和门客（clientelae）的联系——正如诺斯（North）所言：那是关于"罗马政治的生硬而没用的理论"②。隐藏在幕后的家族协商（其存在可从宽广的家族联系中推测）到演讲（我们有一些相关资料）是如何转换的，尚未得到讨论，它将会动摇我们对政治活动的看法。政治事务服从于辩论的变化。它们被演说家操纵，为我们所知甚少的群众的奇思怪想所奴役。它们同样臣服于各种即时语境和听众对某个演说者的期望所产生的反复。为此，修辞和风格对政治家来说就成了极端重要的事情了。修辞并非为了探求事件底下的"真实"，而是着眼于充斥着罗马的政治事务。③

不过，若要以它为中心来思考罗马演说术的政治作用，第四篇《反喀提林辞》会带出种种问题。它出自罗马最活跃的政治家、政治思想家，其身为国家首脑，在身处严重的政治危机之际所作，它力图通过抽象的理念、口号以及作为一个政治程序而非通过家族联系来影响政治，在现存的演说词中罕见其匹。这是我们拥有的唯一一篇由主持者在自己发动的辩论中给出的演说。④ 而且，西塞罗也自认为通过此次演说，他巩固了自己在执政官任内所致力的和谐（cordodia）。

然而，这篇演说的即时政治效果被低估、无视的程度，也是少见的。尼斯贝德（Nisbet）认定这篇演说矫揉故作、拖拉冗长、含糊不清、不合

---

① Fergus Millar, "The Political Character of the Classical Roman Republic, 200 – 151 B. C. ", *JRS* 74, 1984 pp. 1 – 19; 又见其 "Politics, Persuasion and the People Before the Social War（150 – 90 B. C. ）", *JRS* 76, 1986 pp. 1 – 11. 和 "Political Power in Mid – Republican Rome: Curia or Comitium?", *JRS* 79, 1989 pp. 138 – 150. 这个观点的另一个重要支持者乃是 Brunt，见 Peter Brunt, *Fall of the Roman Republic and Related Essays*. Oxford: Clarendon Press, 1988.
② John North, "Democratic Politics in Republican Rome", *Past & Present*, Vol. 126, 1990, p. 7.
③ 这也符合目前对当代政治的研究。参 Murray Edelman, *Constructing the Political Spectacle*, Chicago: University of Chicago Press, 1988, 特别是第 104 页："政治话语即是政治现实；于今而言，最好是拿演员和观众来比拟（政治）事件。"
④ 《论农业法》（*De Lege Agraria*）和第一篇《反喀提林辞》乃是由西塞罗在其召集起来的会议上做出的，但不是在正式的辩论程序中。此次会议作为演说家具有控制政治决议的力量的例子，参 Brunt, *The Fall Of Roma Republic*, pp. 46 – 47.

时宜。① 这种意见主要是基于《反喀提林辞》曾在公元前 60 年经过了大量的修改的观点——这是出于对"修辞"的普遍不信任。根子里，也是因为认定罗马的政治主要运作于家族联系的基础上，而非说服。② 历史学家普遍认同《反喀提林辞》经过了大量修改的观点，③ 所以他们发现这篇演说的原貌还是合宜的——虽则没有什么实际效果。④ 斯多克顿（Stockton）的综述就相当典型：

> 西塞罗的演说，就此出版后的形式而言，平稳而绝不武断。它重述了已经发生过的争论，并将决定权交到元老院手上。就算西塞罗透露出自己倾向于施行更严厉的惩罚、并且无惧实施这种惩罚会给自己带来的灾祸，他也没有进行明确的表态；而且，他对恺撒的态度是那样的谦虚。作为主持会议的官员的演说，它非常得体；但它不仅是为了适宜而作的。在根本上，西塞罗尽量把进行公正的处决的责任放在元老院宽阔的肩膀上。⑤

布鲁图斯的意见也是如此。在现代历史学家之中，只有 R. E. 史密斯

---

① R. G. M. Nisbet, "The Speeches", in *Cicero*, edited by T. A. Dorey, London: Routledge & Kegan Paul, 1965, p. 63.

② 参上注所引的尼斯贝德（Nisbet）对罗马关于评估的术语直率的拒绝。关于对《反喀提林辞》的修改，参 August Chambalu, "Das Verhaltnis Der Vierten Katilinarischen Rede Zu Den Von Cicero in Der Senatssitzung des 5. Dezember 63 wirklich gehaltenen Reden", Programm, Neuwied 11, 1888, pp. 3 - 24; H. Fuchs, "Eine Doppelfassung in Ciceros Catilinarischen Reden", Hermes 87, 1959, pp. 463 - 469; Michael Winterbottom, "Schoolroom and Courtroom", in *Rhetoric Revealed*, edited by Brian Vickers, Binghamton, N. Y.: Internationa Slociety for the History of Rhetoric, 1982. 关于古典学家的"修辞"问题，参 Brian Vickers, *In Defense of Rhetoric*, Oxford: Clarendon Press, 1988.

③ Matthias Gelzer, "M. Tullius Cicero als Politiker", *RE* 7. A1, 1939, pp. 827 - 1091, p. 888 以及 *Cicero*, p. 99; Syme, *Sallust*, pp. 105 - 111; Rawson, *Cicero: ein biographischer Versuch*, Wiesbaden: Franz Steiner, 1969, pp. 82 - 85; 哈比希特（Habicht）则表现出更为慎重的立场，参其 Christian Habicht, *Cicero the Politician*, Baltimore and London: The Johns Hopkins University Press, 1990, p. 36.

④ 如肯尼迪（Kennedy）所言，见其《罗马世界的修辞术：公元前 300 年到公元 300 年》（George A. Kennedy, *The Art of Rhetoric in the Roman World*, 300 B. C. - A. D. 300, Princeton: Princeton University Press, 1972, p. 182）。

⑤ David Stockton, *Cicero: A Political Bibliography*, Oxford and New York: Oxford University Press, 1971, p. 135.

附 录

(R. E. Smith) 觉得第四篇《反喀提林辞》对庭辩产生了重要的影响。① 史密斯分析认为，西塞罗为卡图的演说提供了必要的道德和法律论证，他们一起成功地扭转了元老院的意见。老一辈历史学家也在第四篇《反喀提林辞》中发现了更多的东西：迈耶 (Meyer) 认为西塞罗通过其演说挽救了局面；哈迪 (Hardy) 认定他说服了元老院；斯特罗恩－戴维森相信虽然西塞罗不能直陈己见，但也在演说中简要地说明了自己的倾向。② 回顾辩论的历史语境，看看当时对会议主持者的限制规定，斯特罗恩－戴维森的解释看来在根本上是正确的。为了让这一解释与当下的修辞学和历史学模式相适应，需要再次检审这篇演说，为此，应该把它嵌入当时罗马语境的要求中去。如此检审，需要考虑到修辞的批评者和历史学家的疑问，讨论第四篇《反喀提林辞》的政治影响。③

在讨论演说和它的语境之前，有必要考虑它的出版。一般而言，当代解释者都觉得它是一个棘手的论题。学者们普遍同意，所谓的西塞罗任执政官时期的演说都在公元前60年经过大量修改，以缓和其对恺撒的尖锐言论，并将处决叛乱者的责任转移到元老院身上去。此种观点的基础乃是来自西塞罗给阿提库斯 (Atticus) 的信 (《致阿提库斯书》2.1.3)，他经常给阿提库斯寄出对方索要的演说词，有时候还不问自送，因为它们形成了自然的机体 (corpus)。我们没有篇幅来讨论关于这篇演说的出版，麦克德莫特 (McDemott) 已经讨论过了我在上文提及的大多数现代观点。他认为，《反喀提林辞》就像西塞罗的其他演说一样，在发表后不久即出版。④ 麦克德莫特同时主张，并无证据证明演说经过了二次修改。而且，目前有理

---

① R. E. Smith, *Cicero the Statesman*, Cambridge: Cambridge University Press, 1966, pp. 119–123.
② Eduard Meye, *Caesars Monarchie und das Principat des Pompejus*, Stuttgart: Cotta, 1921, Reprinted 1963, pp. 35–36; E. G. Hardy, *The Catilinarian Conspiracy in Its Context: A Re-Study of the Evidence*, Oxford: Blackwell, 1924; J. L. Strachan-Davidson, *Cicero and the Fall of the Roman Republic*, London and New York: G. P. Putnam's Sons, 1925, pp. 139–158 中的总结。
③ 近年来，已经有从这个观点出发来讨论这篇演说的了，参 Marianne. Bonnefond-Coudry, *Le Senat de la Republique Romaine de la Guerre d'Hannibal a Auguste*, Rome: Ecole Franqaise de Rome, 1989, p. 517.
④ William C. McDermott, "Cicero's Publication of His Consular Orations", *Philologus*, Vol. 116, 1972, pp. 277–284. 恩琴·斯腾伯格 (Ungern-Sternberg von Pürkel) 告诫，基于西塞罗在公元前63年后期的活动，必须对西塞罗曾经对其演说进行过重要编辑这一观点提高警惕，参 Jürgen Ungern-Sternberg von Pürkel, *Untersuchungen zum Spatrepublikanischen Notstandsrecht: Senatusconsultum Ultimum und Hostis-Erkldrung*, Vestigia 11. Munich: Beck, 1970. 97, n. 65.

· 227 ·

由认为，西塞罗在公元前60年如果想要出版演讲稿，他不会将演说词寄给阿提库斯，因为阿提库斯在此时期并非西塞罗演说词的出版者①。将第四篇《反喀提林辞》放进其目的所在的政治语境中进行检审，正是其时。②

西塞罗在12月5日的处境相当微妙。他为自己成功地揭发了喀提林一伙的阴谋及在平民中的巨大声望所鼓动，③ 表现出处决叛乱者的决心，而且看似他也将劝服人民接受这种行动。④ 根据十月通过的"元老院最终指令"（senatus consultum ultimum），他获得授权，可以处决叛乱分子。⑤ 然而，西塞罗同样对法律保持着敏感。未经审判即处死公民可能会被追究法律责任，日后，他可能会因此而被起诉。事实上，已经有迹象表明，次年的当选护民官奈波斯（Q. Ceacilius Metellus Nepos）和贝斯提亚（L. Calpurnius Bestia）将在西塞罗捕杀叛乱者一事上找他的麻烦。⑥ 西塞罗在公元前63年为C. 拉比里乌斯（C. Rabirius）做辩护一事上的经验告诉他，复仇可能以任何形式，来自任何时候。⑦ 于是，西塞罗通过征求元老院的意见以加强自己的力量。他其实是在冒险：元老院很可能会做出他不希望见

---

① John J. Phillips, "Atticus and the Publication of Cicero's Works", *CW* 79, 1986, pp. 227 – 237.
② 在麦克德莫特（McDermott）和菲利普斯（Phillips）的启发下，看来最好就说演说在发表后不久就得到忠实的出版，可能是在公元前63年后期或者公元前62年年初。但是，快速的出版并不能排除西塞罗进行过重新编辑的可能性。我赞同编辑者，他写道："不管我们所拥有的文本与西塞罗实际上演说的有何关系，这篇演说都是其政治的（及修辞的）语境的良好证据。"
③ 撒路斯特《喀提林阴谋》（48.1）；普鲁塔克《西塞罗传》（22.5）；阿庇安《内战史》（2.17）。
④ 普鲁塔克《西塞罗传》（19.5—20.3）；Dio 37.35；西塞罗《反喀提林辞》（4.11）。参西塞罗于公元前62年1月中旬致梅特路斯·凯勒尔（Metellus Celer）的信，其中提及他在执政官任内所做的都没有完成出版（non casu sed consilio, Fam. 5.2.8）；同样的话出现在 Sull. 83 中。
⑤ Theodor Mommsen, *Romisches Staatsrecht*, 3d ed. Leipzig: Hirzel, 1887 – 88, Vol.3, 1240 – 50；最近的更多研究，参 Ungern-Sternberg Von Purkel, *Notstandsrecht*, 86 – 129；Mitchell, Thomas N., "Cicero and the Senatus Consultum Ultimum", *Historia* 20, 1971, pp. 47 – 61. 麦克古辛（McGushin）在其关于喀提林阴谋注疏（Patrick. C. McGushin, *Sallustius Crispus, Bellum Catilinae: A Commentary*, Leiden: Brill, 1977）的附录VI中有对当代观点的很好的总结。元老们身着 sagum（大氅）给辩论增加了视觉元素，参 Dio 37.33.3, 37.40.2。
⑥ *Mur.* 81 暗示西塞罗知道奈波斯想要找他的麻烦，事实上，奈波斯是在第四篇《反喀提林辞》发表至少五年之后才对西塞罗下手的。原始资料，参 Broughton, *MRR* II, 174. （译注：公元前58年，保民官克劳迪乌斯提出"放逐西塞罗"的法令，元老院不久就根据该法令，以非法处死喀提林同伙的罪名放逐了西塞罗。）
⑦ William Blake Tyrrell, "The Trial of C. Rabirius in 63 B.C", *Latomus* 32, 1973, pp. 285 – 300". （译注：公元前63年，拉比里乌斯被控在公元前27年犯下叛国罪，西塞罗为之做出辩护。）

到的决议——其实，这几乎就成真了。

西塞罗身为主持官员的身份限制了他的发言，这一点对于任何关于第四篇《反喀提林辞》的解释来说都是非常重要的。传统的程序乃是，会议主持者向元老院（relatio）呈交（referre）一个悬而未决的问题（res integra），召集元老，诸位元老按照阶位顺序（in loco suo）发表见解，即依当选执政官、执政官、行政长官、前任行政长官的尊严与威信（dignitas and auctoritas）递降次序发言。① 每个元老均被要求发表意见（sententia），主持者则决定何时将哪个问题提交投票表决。主持官员不能发表自己的意见，也没有投票权。他可以介入议程、澄清议题或加强元老们的决心，促使他们考虑国家的利益。② 但是，他的首要任务乃是征求元老院的意见，服从其决议，而非自陈己见。③ 主持者也必须承诺，尽最大努力完成元老院的决议，绝不掺以私利。④

执政官知道如何表现出向元老院提交悬而未决的问题的样子，并表现出愿意严格执行元老院的任何意见。传统上，在处理涉及元老院的事务时，礼貌与得体乃是最重要的。⑤ 那些按照不成文的规定而做的事务不被重视，不管我们对之多感兴趣，罗马人差不多都没有记下来。不过，当主持者打破成例，它就值得记载。因此，反例常常印证了规则。三个例子印

---

① 有关发言的程序，参 Mommsen, *Staatsrech* III, 905 – 1003；Pierre Willems, *Le Senat de la Republique Romaine, sa compositionet ses attributions*. 2 vols. Louvain, 1883 – 1885. Reprinted Aalen：Scientia, 1968, Vol. 2, pp. 144 – 199；Moore, *Senatus*, 707 – 717；Bonnefond-Coudr, *Le Senat*, 453 – 573；观点的总结，有 Brunt, *The Fall Of Roma Republic*, 503 – 504, n. 2.
② Moore, *Senatus*, 710；Bonnefond-Coudr, *Le Senat*, 514 – 520, 574 – 592, 包括了早期的文献。
③ 罗马人经常认为 consul 乃是源自 consulere，该词有时候可以用来替代 referre，以描述执政官向元老院征求意见。参瓦罗 LI 5.80：Consul nominatus qui consuleret populum et senatum；参西塞罗《论演说家》（2.165），《论法律》（3.8）；参撒路斯特《喀提林阴谋》（48.6）。Mommsen, *Staatsrech* II, 77 – 78 中有更多文献，认为 consul 源自 cumsalire。然而，不管是同意哪一个意见，重要的是，古典作家认为它源自 consulere。关于 referre 及 consulere，参 Mommsen, *Staatsrech* III, 951 – 953；Bonnefond-Coudr, *Le Senat*, 472 – 475。
④ 类似的共和国的事例，参 Brunt, *The Fall of Roma Republic*, 40 – 42, 49 – 53. 即使是在私人信件中，一个罗马人也会说自己乃是为了国家的利益而行事，尽管可能给他带来麻烦。参 Metellus Celer 的书信, Fam. 5.1.2：me interea nec domesticus dolor nec cuiusquam iniuria ab re publica abducet（在国家利益之前，我不考虑自家或其他任何人的利益）。参《致阿提库斯书》（8.11.1—2）；《论法律》（2.5）；《论义务》（1.56—58）。
⑤ 参 Gell, *Noctes Atticae* 14.7。

证了西塞罗不想写出来的那类信息。① 公元前 205 年，执政官 P. 斯基皮奥（P. Scipio）自恃自己享有的声望和威信（auctoritas），想把阿非利加作为自己的执政官行省。他召集元老院会议，以指派该行省作为自己的年度行省。② 斯基皮奥计划，要是元老院反对他的想法，他就提出一项受欢迎的动议（李维《罗马史》，28.45.1—7）。在庭辩中，Q. 法比乌斯·马克西姆斯（Q. Fabius Maximus）斥叱斯基皮奥，指责他在已经做出了决定后再来征求元老院的意见：

> 我颇感惊讶，元老们，你们居然认为今天的议题早已内定，而且把那些将阿非利加行省的分配当作一个开放问题的讨论视为废话。不过，我不明白，为何阿非利加会被指定给我们英勇而活力旺盛的执政官？人民和元老院均未决定今年的行省分配问题。假若按照如此分配，我认为执政官就做错了，他居然召集大家来讨论一个虚假的问题，以掩盖其早已内定的事实。他不仅仅是将元老院视为小儿一般愚弄，还将今日召集来的每个元老都置于他的一己之见之下。③（李维，28.40.3—5）

法比乌斯说，斯基皮奥在元老院面前的提议是可笑的，元老们没有必要去理会他。如果斯基皮奥在请教（remactam）元老院之前即已做出决定，他就是故意无视元老院的首要功能即提供意见，而只是想给自己的决定寻求经元老院投票表决的合法外衣。西塞罗当然不想重蹈覆辙，也不想落人口实。而且，在公元前 205 年，元老院明确地否决了斯基皮奥的意

---

① 我们可以从哈利卡纳索斯的狄奥尼索斯（Dionysius of Halicarnassus）的著作中找到第四个例子，参其《罗马古事纪》（11.55—61），特别是 57.2—3。狄奥尼索斯关于元老院会议的事先安排和实际经过的记载，在历史准确性上可能不及李维给出的两个例子，但是其无疑能给他同时代读者带来强烈的共鸣。注意卡努雷乌斯（Canuleius）的演说中蕴含的力量，它基于对执政官事先决定一切事情的报告（11.57.2—3）。
② 译注：据古罗马共和国制度，执政官任完其执政官任期后，会外放至某一行省任总督。一般来说，这是一个谋取利益的大好机会。喀提林就是想谋求执政官之位，进而得任行省总督发财，从而还清自己欠下的大笔债务。但竞选中他败给了西塞罗，于是铤而走险，发动叛乱。
③ 斯基皮奥在某些细节上回应了法比乌斯的演说（28.43.1—44.18），但是不承认自己召集元老院来讨论一个已经定论的问题。他的演说的结尾，应该是人们所期望的："我的生命，我的事业均是如此，我将乐意而安静地接受你们自然地做出的一切裁决"（Ita ut vixi et gessi res ut tacitus ea opinione quam vsstra sponte conceptam animis haberetis facile contentus essem，28.44.18）。

愿，将阿非利加行省奖给了他的同僚。

同样的例子发生于公元前194年，斯基皮奥再次当选执政官（李维，34.43.3—9）。这次的问题又是关于执政官行省的。李维记载，一次寻常的元老院会议（frequens senatus）建议指派意大利作为两位执政官的行省。斯基皮奥提议，给一位执政官意大利，给另一位马其顿。元老院再次否决了他的提议。

第三件事则是恺撒记载下来的。事关他的敌人，执政官 L. 科茹斯（L. Cornelius Lentulus Crus）。这件事发生在公元前49年1月上旬的元老院庭辩上。执政官读了恺撒的一封信，信中说，如果庞培（Pompey）同意解散自己的军队，他也会这么做。读完信后，执政官按照规矩开始发言：

> 执政官提出了国家的整体大局问题。执政官 L. 伦图卢斯（Lentulus, L.）鼓动元老院说：只要他们肯大胆勇敢地说出自己的意见，他对国家绝不会不尽到责任。如果大家仍如此前一样，对恺撒有所留恋，还想讨好恺撒，他也就要为自己的前途打算，不再唯元老院之命是从了。（《内战记》1.1.2—3）①

句子的第一部分展现了一个会议主持者的典型行为。在元老院里演说，陈述须得简明。② 同样地，西塞罗在第四篇《反喀提林辞》的结尾也用了这种形式：

> 请尽心尽力地保护罗马人民的最高利益吧！……请勇敢地，尽力地保护整个共和国吧！而你们的执政官，会立刻服从你们的人和命令，只要他还活着，他就能支持你们的决定，他自己也会保证执行这些决定。③（第四篇《反喀提林辞》24）

---

① 译注：此译文采用恺撒《内战记》，任炳湘、王士俊译，商务印书馆1999年版，第6—7页，有改动。
② 参 Eduard Fraenkel, "Eine Formel des Vortrags im Senat", *Philologus* 85, 1930, p. 355, Reprinted in *Kleine Beitrdge zur Klassischen Philologie* II 477–78, Rome: Edizione di Storia e Letteratura, 1964.
③ 译注：译文采用西塞罗《第四次反喀提林辞》，载撒路斯特《喀提林阴谋 朱古达战争》，王以铸、崔妙因译，商务印书馆2009年版，第248页，略有改动。

这才是执政官该说的话。在恺撒的描述中，元老们赞赏伦图卢斯开头的行为。不过，恺撒的句子的第二部分就说伦图卢斯的鲁莽（audacia）和对富于权威的元老院漠视。事实上，当元老们反对他的时候，伦图卢斯就攻击他们的意见，威胁执政官 M. 马尔克鲁斯（M. Marcellus）放弃他自己的意见（sententia），迫使其他元老接受关于要求恺撒解散自己的军队的提议（《内战记》1.2.4—6）。

在第四篇《反喀提林辞》中，西塞罗没有采取伦图卢斯般无耻的高压胁迫，而是利用了精妙的劝服。他的开头话点明了庭辩的情绪氛围和自己插入讲话的表面的合法理由：

> 元老们，我看到你们所有人的面孔和眼睛都向着我。我看到你们不仅因为你们自己的危险和国家的危险而感到焦虑，而且，如果那一危险被防止的话，你们还要因为我的危险而感到焦虑。你们对我的好意在我的不幸当中使我感到高兴，在我的忧虑当中使我感到宽慰。但是，不朽的诸神在上，把我的安全放在一边，并且忘掉它，而去考虑你们自己和你们的子女吧。对我个人来说，如果我身为执政官因而理应承受一切痛苦、忧虑和折磨的话，我将坚定地、甚至是心甘情愿地承受它们，只要我的劳苦能使你们和罗马人民保有尊严和安全。(4.1)

充满激情的语调与庭辩的氛围相适应。[1] 元老们对西塞罗安危的关注，给他的介入提供了基础，从而可以提醒元老们关注国家的最大利益。西塞罗强调了对他的安全的威胁（2—3），他通过描述威胁暗杀执政官、谋杀其他元老们的妻儿、杀害维斯塔贞女（Vestal Virgins）[2] 和屠城的恐怖场面将元老们拉进恐惧之中。西塞罗忽略了自己的安危问题，利用并且加强了开头的情绪，将之转向听众："元老们，请你们自己加以考虑，并且保护我们的祖国，挽救你们自己、你们的妻子、你们的儿女、你们的财产，捍卫罗马人民的名誉和安全吧！"（3）通过利用元老们自己的恐惧，西塞罗承

---

[1] 普鲁塔克《西塞罗传》（21.3）；恺撒企图让激动的辩论冷静下来，参撒路斯特《喀提林阴谋》(51.1—10)。

[2] 译注：维斯塔贞女负责守护城邦的圣火，神圣不可侵犯。

认，对个人安全的威胁确实是个重要动机。他清楚地知道，对于大多数元老来说，自身财物的安危比国家的利益重要多了。① 加强元老的恐惧，同时故意（表现得）不顾自己，这将西塞罗塑造成一位富于自我牺牲精神的执政官。这也使得恐惧在庭辩中保持其积极且富于激发性的力量。一方面，它为政治行为设定了一个标准：尊重权威、以国家为己任、勇于自我牺牲。另一方面，这种做法也是一个巧妙的修辞手法，利用元老们对自身利益的关注来说服他们。

西塞罗在整个演说中不断重申，他无视自己的安危，对元老院和国家充满热爱。他在最后一段再次强调了这一点（18—24）。在那些他表现得中立而且恰如其分的爱国的那些段落中间，西塞罗表明了自己对恺撒的提议的立场，和对公民的热爱（7—13，14—17）。这就加强了那些对演说的开头和结尾更加关注的听众的印象：西塞罗富于自我牺牲精神，愿意服从元老院的建议，力促元老们勇敢而小心（fortiter ac diligenter）地行动。听众更愿意接受那些礼貌得体的表达中的意见。

所以，演说的开头和结尾奠定了辩论的语境和基调。西塞罗通过忽视自身的利益获得了元老们的关注。这正是人们对执政官的期望。西塞罗小心地指出，他只会说出自己身为执政官所应该说的话：像所有前人一样（服从）命令（illa praedicam quae sunt consulis）（6）。但明显地，这篇演说绝非仅是中立观点的总结，它是用来帮助元老们看清两种立场的。如果西塞罗赞同恺撒提议的做法，他也就没必要插入讲话了。② 他有权保持沉默。为此，西塞罗在第四篇《反喀提林辞》中就处于一个两难境地。他既要反对恺撒的提议，又不能直白地反对他，而是要表现为只听从元老院的意见。

开始讨论西拉努斯和恺撒的意见时，西塞罗采用了一种表面上中立的态度。简单的风格和对两种意见相似的处理，给人不偏不倚的印象：

> 到目前为止，存在两种意见：D. 西拉努斯的意见和 C. 恺撒的意见。西拉努斯的建议是，那些企图摧毁国家的人应当处以死刑。恺撒

---

① 参《致阿提库斯书》（1.18.6）。
② 这是反对普鲁塔克说法的又一个观点（译注：普鲁塔克说，恺撒的建议"宽大合理"，西塞罗给它"添上不少的分量"）。见普鲁塔克《西塞罗传》，罗念生译，载《罗念生全集》第六卷，上海人民出版社 2007 年版，第 306 页。

则不同意死刑，但是赞成死刑之外的所有其他的严厉惩罚。(4.7)

简单的陈述暗示着客观。关于西拉努斯和恺撒的意见（sententiae）被小心地处理成平行形式：两个都是用宾格列举，以属格的提议者（auctoris）跟随，以一个关系从句来描述他们。两个关系从句处理得不同，只是为了在总体的平行结构里显示可以接受的不同意见而已。西拉努斯同意报复性的正义。而除了惩罚方式，恺撒看似同意他的一切意见，甚至包括阴谋分子企图谋杀元老们这一点。在西塞罗的话里，恺撒的提议只有一点点不妥，但这一点也只是暗示出来。

在西塞罗对两种意见（sententiae）的详细阐发中，总体的平行结构再次暗示着要对之公平对待。每个总结都以"而且"（alter）开头，但其结构和内容很快就显示出，西塞罗并非不偏不倚。他先论西拉努斯：

> 西拉努斯认为那些想谋害我们所有的人和罗马人民的性命的人，那些试图摧毁统治大权的人，那些试图把罗马人民的名字抹掉的人，哪怕一瞬间也不应活命，而且，我们跟他们是不共戴天的。(4.7)

这里用了三个从句来加强描述了阴谋分子。三个逗号，逐渐加强的声音往叙述中注入了感情。这是直接对抗阴谋分子的情绪，这种情绪由夸大他们的邪恶行径而增强。但西塞罗接着转向了一种平铺直叙的风格，这种情绪很快就平息下来了。在"而且"（atque）后的说法则给（西拉努斯）提议的行动提供了理由。对邪恶（improbos）的使用和对公民们（cives）的着重提及，使得西塞罗为其随后的意见开了先路，而且有助于他反对恺撒的意见，不管西拉努斯在其意见（sententiae）中有没有用过这类词句。①

接下来，西塞罗处理恺撒的意见（sentenita）。他把恺撒的提议分成了两部分，中间加入了自己无论如何都坚决执行元老院决议的简短承诺。他的风格依然简单，可能是模仿了恺撒自己的风格：②

---

① 西塞罗用的 hoc genus poenae saepe... 传统上的囚禁……）或可看作对恺撒用语的反驳，见撒路斯特《喀提林阴谋》（51.18）中恺撒的用词 genus poenae novum（新的囚禁方式），亦参 51.17。
② 参西塞罗《布鲁图斯》（Brut. 261 - 262）。参 William W. Batstone, "The Antithesis of Virtue: Sallust's Synkrisis and the Crisis of the Late Republic", ClAnt 7, 1988, pp. 1 - 29.

附 录

  此外，恺撒深信不朽的诸神并不把死亡规定为一种惩罚，而是一种自然的需要或摆脱烦恼之后的安息。因此哲学家绝不会不情愿地接受死亡，而贤明的人往往是高兴地接受死亡。但是监禁以及单独进行终身监禁确实是人们想出的对重罪的绝妙惩罚。他建议将罪犯分送到各自治市去。如果你们想发布这样的命令的话，这种办法看来是不公平的；如果你们想提出这样的要求的话，做起来也是困难的。尽管如此，如果你们高兴这样做，你们就这样决定好了。（4.7）

  西塞罗的步骤和处理西拉努斯的意见（sententia）时是一样的。先用一个来自他的提议的句子，然后加以诠释。恺撒的提议涉及更宽广的哲学—宗教议题，与已有的特殊案例没有关系。这种哲学般的超然，直接跟西拉努斯所依持的"祖法"（mos maiorum）的经验和传统相对。有关"贤明"（sapientes）的意见（sententia）则是西塞罗的讽刺。[1] 喀提林一伙很难称得上"贤明"。[2] 撒路斯特写到，喀提林本人就极端不"贤明"。[3] 当提及监禁（vincula），西塞罗补充说它是单独囚禁的刑罚（ad singularem poenam），还是与祖法不符。最后，他对恺撒将阴谋分子拘押于自治市（municipia）的提议做了消极的评价。

  西塞罗在解释拘押阴谋分子的主题时，越来越像是反对恺撒的提议了。他迅速回到庭辩中自己应持的中立姿态：决定尚未做出（Decernatur tamen, si placer）（7）。学者们注意到了这种转变："其提请诸元老思考监禁与处决后，就此完成了自己之责任，并未提出已见，他说：'决定……'"（Sensit quia raptus est et palam videtur de morte suadere; quod non debet facere, ne propositum ipsius intellegatur, et ait; Decernatur…）（288, Stangl）。西塞罗的解释暂停了，而且重新树立其中立的形象。接下来的句子暂时保持西塞罗的形象，不过，很快就开始让人怀疑：依照恺撒的提议而颁布的"元老院最终指令"（Senatus Consultum Ultiumum）可行吗？"我将设

---

[1] C. MacDonald, ed. and Trans., "Cicero", in *Catilinam*, Pro Murena, Pro Sulla, Pro Flacco, Cambridge: Harvard University Press, 1977, p. 142.

[2] Alan Michel, *Rhetorique et Philosophie Chez Ciceron: Essai Sur Les Fondements Philosophiques de L'art de Persuader*, Paris: Presses Universitaires de France, 1960, pp. 547 – 550.

[3] 撒路斯特《喀提林阴谋》（5.4）。米歇尔（Michel）写道："Catilina est exactement le countraire d'un sage"（确切地说，喀提林完全是站在贤明的对面）（参上注引书，第548页）。

法执行，并且我希望我将能找到这样一些人，他们将认为拒绝你们为了所有的人的安全而发布的命令是同他们的尊严不相称的。"（Ego enim suscipiam et, ut spero, reperiam qui id quod salutis omnium causa statueritis non putet esse suae dignitiais recusare）（8）。① 小小的犹豫［"但愿"（ut spero）］以及提及"尊严"（digntas）则暗示实际执行该提议时的难度。下面的段落通过暗示恺撒的提议违反"祖法"，可能给西塞罗带来的执行困难。

在一个不为学者们所关注的更小的细节里，西塞罗暗中将恺撒的处境与其前面的发言人的处境相比较，以此来攻击他的提议。在简要地陈述了西拉努斯和恺撒的意见（sentantiae）后，西塞罗加了一句："每个人都按照自己高贵的身份和事件的严重性提出了最严厉的惩罚方法"（Uterque et pro sua dignitate et pro rerum magnitudine in summa severitate versatur）（7）。这里提到的 dignitas，并不是家族性的，而是指个人通过在公职中的成就而取得的"尊严"（dignitas）。元老院庭辩（relatio）程序中弥漫着对阶位尊严（gradus dignitatis）和品级（gradus honorum）的重视，西塞罗将人们的注意力引到西拉努斯和恺撒的不同等级上来。② 依照其尊严（pro sua dignitate），西塞罗直接将当选行政长官恺撒的意见放在当选执政官西拉努斯的意见之下。因为所有执政官都赞同西拉努斯的提议，③ 恺撒的意见（sentenia）就没什么分量了。差不多一年后，西塞罗在关于苏拉（Sulla）的演说中强调，12月5日庭辩时，身份确实是个议题。西塞罗论及，在五日（Nones），无人忘却荣誉，不分地位高低，人们个个追求德性，念念不忘通过为国家效力而获得权威（neminem essse ex illo honoris gradu qui non omni studio, virtute, auctoritate incubuerit ad rem publicam conservandum, Sull. 82）。④ 西塞罗在说到他希望能够找到人来帮忙实施恺撒的提议时，再次提到阶位尊严（gradus dignitatis）。他说，希望有人因为其尊严（dignitas）所不允许而不拒绝帮忙（8）。而且，西塞罗本人的意见也得重视，

---

① Putet 的读法乃是来自手抄本，欧内斯廷猜想应该读作 putent，这是克拉克在其 OCT 中的读法。复数读法使句子平铺直叙，而单数就有力多了。Qui 写作 quis 是很常见的（西塞罗《家书集》1.9.25）。

② 参 J. Hellegouarc'h, *Le Vocabulaire Latin Des Relations Et Des Partis Politiques Sous La Republique*, Paris: "Les Belles Lettres", 1965, Vol. 385, pp. 400 – 402.

③ 《致阿提库斯书》（12.21.1）。

④ 参西塞罗《为穆瑞纳辩》47, 55。

因为他也反对恺撒的提议。① 作为一名执政官,西塞罗不但比恺撒更有尊严(dignitas),而且,在共和国事务(res publica)中,西塞罗的声音(vox)也较为优先(princeps):"而我讲这些东西并不是为了激励你们,因为你们的热情往往比我还高。我只是把在共和国应当第一个发出来的呼声让人们听到,以完成一位执政官应尽的职责而已"(Atque haec, non ut vos qui mihi studio paene praecurritis excitarem, locutus sum, sed ut mea vox quae debet esse in re publica princeps officio functa consulari videretur, 19)。他直白的陈述乃是尝试着解释他的处境,他在这种语境之下能够说些什么。

对于攻击恺撒的尊严(dignitas),西塞罗显得很谨慎。他对恺撒的温和态度,可能会被误读为诚挚的支持。普鲁塔克就误会了其中的反讽。② 在罗马共和国的最后几十年,罗马人极端看重人与人之间的相互关系及其尊严(dignitas)。他们对诸如依照其尊严(pro sua dignitas)之类的套话十分看重。③ 就算是喀提林,也说自己的尊严(dignitas)受损,自己的行动都是为了恢复它(撒路斯特《喀提林阴谋》,35.3—4)。撒路斯特还记述到,喀提林死时,还满脑子自己的尊严(dignitas)(《喀提林阴谋》,60.7)。公元前62年1月,西塞罗得罪了Q. 凯莱尔(Q. Metellus Celer)。梅特路斯宣称西塞罗在抨击奈波斯(Metellus Nepos)时侵犯了他的家族的尊严(dignitas)(Fam, 5.1.1)。不久,恺撒加入前三巨头,据说是为了获取与庞培和克拉苏同样的尊严(dignitas)。④ 而且,也有人说庞培与恺撒之间血腥的内战起因就是庞培轻视恺撒的尊严(dignitas)。恺撒自己都曾说庞培是不会允许任何人与他享有同等的尊严(dignitas)的。⑤

表现得体、对那些在社会上具有很大影响力的元老们表现出尊重,乃是会议主持者成功的基础。西塞罗一方面要反对恺撒的提议,另一方面要避免让人认为自己在将议案提请元老院之前就有所决定。西塞罗也要避免

---

① Bonnefond-Coudry, *Le Senat*, pp. 574–581.
② 普鲁塔克《西塞罗传》(21.2)。参 J. L. Moles, *Plutarch: The Life of Cicero*, Warminster: Aris & Phillips, 1988, p. 169。狄奥尼索斯则在另一个方向想错了,他在报道西塞罗劝说元老们处死阴谋分子时,误会了演说中的精妙之处(狄奥尼索斯《罗马古事纪》,37.35.4)。
③ 对相互间关系的尊严(dignitas)的极端重视,参 Raaflaub, *Dignitatis contentio*.
④ Dignitatem comparare(获得同样的尊严),Flor. 2.13.11。
⑤ 恺撒《内战记》(1.8.3, 1.9.2);西塞罗《致阿提库斯书》(7.11.1);苏维托尼乌斯《神圣的尤利乌斯传》(l.33);恺撒对庞培的评论,参《内战记》(1.4.4)。

得罪恺撒，他在群众中的支持者是一支不太稳定又有破坏力的政治力量。①所以，西塞罗开始赞扬恺撒，虽然这赞扬没什么诚意。西塞罗说，要是元老们支持恺撒的计划，那他们就是与人民所拥护欢迎的同僚一起（comitem ad contionem populo carum atque incundum, 11）。普鲁塔克一定要提及这个夸奖，因为他认为西塞罗看来是支持恺撒的提案的。可是西塞罗根本不必在群众集会（contio）时找这么一个同僚（comes），因为他自己当时已经在群众中兴起一股热潮了。② 西塞罗在句子的下半部分给出了他更喜欢的选项：或者，如果你们愿意采纳西拉努斯的建议的话，我将容易地保护我本人和你们，使我不被指责为残酷，并且我将认为他的建议要仁慈得多。对恺撒的赞赏被"容易"（facile）一词结束了。这样一来，前面的赞赏就显得勉强了。注释家格罗诺维安（Gronovian）对这个意思抓得很准：对（恺撒）其意既褒且贬［laudando vituperat eius (i. e. Caeser's) sententiam］(Stangl, 287)。③ 西塞罗对恺撒提案的勉强赞扬明显是反讽的，他其实是在元老们面前否定其合理性。

西塞罗利用恺撒的一个亲戚，公元前64年的执政官路奇乌斯·恺撒（L. Caesaer）来为自己做论据，间接地贬低了恺撒提案的价值。当他反驳死刑很残酷的观点时，西塞罗说，若想在此时仁慈，诸元老将会背上更加残酷的恶名：

> 除非也许有谁认为路奇乌斯·恺撒这位十分勇敢又极爱祖国的人前天在他当着他的姐姐——一位十分有魅力的女士——的丈夫④的面，并且在他听到的情况下说此人应当处死，并且还说，他本人的外祖父便是因执政官的命令而被杀害的，⑤ 而他的一位年青的舅父，尽管是

---

① 西塞罗拒绝给保守分子机会去攻击恺撒，即使恺撒不同意他的立场。这就说明西塞罗认为，需要尊重恺撒。参撒路斯特《喀提林阴谋》（49）；普鲁塔克《西塞罗传》（20.6—7），《恺撒传》（8）；苏维托尼乌斯《神圣的朱里乌斯传》（14.2）；阿庇安《罗马史》（2.6）。
② 撒路斯特《喀提林阴谋》（48.1）；普鲁塔克《西塞罗传》（22.5）；阿庇安《罗马史》（2.17）。
③ 这种类型的反讽，参昆体良《善说术原理》（9.2.44.，8.6.54—55）。
④ 译注：路奇乌斯·恺撒的姐姐叫作尤莉娅，她的丈夫就是喀提林的同伙朗图路斯。朗图路斯在西塞罗此次演说后被马上处决。
⑤ 译注：这是公元前121年的事。

奉父亲之命作为使节前来的，却仍然在监狱中被处死①的时候，他是过于残酷了。(4.13)

这样，西塞罗就使得一个新近还在任的执政官以及恺撒家族的成员反对恺撒的意见（sentetia）。

所以，西塞罗对恺撒的提案既不持中立态度，也绝不欣赏。通过暗讽、反讽、贬低恺撒提案，通过诉诸未经言明的罗马价值观，西塞罗抨击了恺撒的计划。但是，这计划背后乃是西塞罗表面上很敬重的提案人。在计划和提案人背后，有着一个民众的（popularis）理想政治家形象。我们或会希望西塞罗在元老院里与之对抗。可是，西塞罗觉得民众的（popularis）立场足够大到只能加以拥护。

西塞罗从单说恺撒的提案转而关注恺撒的政治立场。恺撒遵循民众的一切（viam quae popularis habetur）(9)。因此他的提案更加仁慈。②残酷（crudelitas）的指控就在人民（populares）的舌尖；一旦自己的公民利益得以保存，他们就选择强调自己的仁慈（lenitas）和宽厚（clementia）。③恺撒想让自己的提案比西拉努斯更仁慈，故而跟随人民的（popularis）做法。但是西塞罗辩称，恺撒的意见（sententia）与其他人民（populares）在惩治革命者（即克拉苏④）时的要求不一致。即使（人民的要求）违反《显普洛尼乌斯法》（*Lex Sempronia*）⑤。西塞罗描绘了一副图景，把恺撒推

---

① 译注：L. 恺撒的这位舅父年方18岁，同样也是在公元前121年被处死的。他的父亲即L. 恺撒的外祖父弗拉库斯是著名的格拉古兄弟的支持者。当时，格拉古与弗拉库斯在外与元老院对抗，派L. 恺撒这个舅父回去谈判，结果元老院直接把他投入监狱，并处绞刑。
② 普鲁塔克《西塞罗传》(21.1)。
③ Guy Achard, *Pratique Rhetorique et Ideologique Politique Dans Les Discours "Optimates" de Ciceron*, Leiden: Brill, 1981, pp. 318 - 319. 恺撒当然是以clementia（宽厚）著称的，但是库里奥对西塞罗说，恺撒并非出于天性或偏好而不残酷，他只为向人民表现得如此（non voluntate aut natura non esse crudelem, sed quod putaret popularem esse clementiam, Att. 10.4.8）。
④ 译注：此处似乎有误，疑当作Gracchus，即格拉古兄弟，他们的土地改革，震动罗马朝野，后被处死。他们方可称为"革命者"。前三头的克拉苏（Crassus）此时还活得好好的，他后来的作为也称不上什么革命。
⑤ 译注：此法由显普洛尼乌斯·格拉古兄弟中的弟弟于公元前123年提出，主要内容是不经人民同意不得处决罗马公民。讽刺的是，格拉古一党在公元前121年未经人民审判即被处死。后来，此法被利用来对付西塞罗本人。喀提林一案五年后，公元前58年，元老院追究喀提林事件中西塞罗未经人民同意即处死喀提林同伙的责任。西塞罗由此被放逐。

入极端的政治悖论之中：

> 所以这位最仁慈和富有人道精神的人就毫不犹豫地给朗图路斯上了镣铐，关进永远阴暗的监狱里去，还庄严地作出决定：今后任何人都不能因减轻此人的惩罚而以此夸耀，也不能为了表示自己民主而毁了罗马人民。(4.10)

充满政治意味的语词从最富人道精神（mitissimus）和最仁慈（lenissimus）的一面暗示这种惩罚是残酷（crudelis）的。通过重新定位恺撒，突出民众（popularis）相关的词汇，西塞罗把恺撒踢出了其自居的民众的（popularis）位置。① 恺撒的提案自相矛盾，无法自洽。

一旦将恺撒赶出民众（popularis）的位置，西塞罗迅速地站了进去。他抢占了典型的民众（popularis）姿态："既然我没有受到残酷的影响——有谁比我更温和呢？——而是受到一种极大的温和与仁慈的影响。"(11)② 他在政治层面上承认残酷（crudelitas）的指控，但争辩说，对于犯下如此罪行的罪犯来说，死刑不能谓之残酷（crudelitas）(11—12)。据撒路斯特的记载（《喀提林阴谋》51.17），恺撒也说过同样的话。接着，西塞罗描述了一幅栩栩如生的画面：凯提古斯像酒神信徒一般为杀戮而狂喜，朗图路斯如国王一般统治罗马，③ 迦比尼乌斯穿着紫色长袍闪闪发光，④ 母亲、少女、青年还有维斯塔贞女都遭到残杀（11—12）。在这图景之后，西塞罗指出，不处死阴谋分子，就是更大的残酷无情。他用报应的正义来说明：

> 如果一位父亲他自己的孩子被一名奴隶杀死，他的妻子也被屠

---

① Robin Seager, "Cicero and the Word Popularis", *CQ* 22, 1972, pp. 328 – 338.
② 参 Julius Victor, *Ars Rhetorica*, 435 Halm, "论倾向"："这是利用大众的倾向的典范，通过引发与他们的一致，在惩罚阴谋集团一事上，他表现得仁慈，通过这种精准而机敏的形式，他把握了人民……"（Usi tamen et hoc genere multi obliquitatis, ut M. Tullius, cuius solum exemplum satis est, suppeditantibus multis, cum de poena coniuratorum fingit se mitiorem, et tamen id agit oblique, ut interficiantur coniurati. In quo quidem genere multo cautius et subtilius et argutius quam in figuratis agendum est…）
③ 译注：自从驱逐了末代国王后，罗马人一直极其警惕、反感王政。
④ 译注：穿着紫色长袍，是国王宫廷重臣的象征，这是与上一句对应的。

杀，他的住宅被烧掉，但是他却不对那个奴隶处以最严厉的惩罚，那么看来他是温和而仁慈的呢，还是最不人道和残酷的？至少在我看来此人是冷酷无情和铁石心肠的。罪犯的悲伤和痛苦并不能使他的悲伤和痛苦有所减轻。(4.12)

通过重新定义宽厚（clementia）、怜悯（misericordia）和残酷（crudelitas）等词，西塞罗得以利用民众的（popularis）词汇来支持民众（popularis）共情相反的行动。这类爱国话语与他的执政官位置是一致的，我们也可以知道为何最近他能够获得"祖国之父"（parens 或 pater patriae）的称号（Pis. 6）。①

西塞罗不像恺撒那样用抽象的哲学风格来演说，他兼顾到现场的听众：

所有的人，所有等级，甚至各种年龄的人都在这里。广场上挤满了人，广场四周的神殿挤满了人，这一地点和神殿的所有入口也都挤满了人，自从罗马建成以来，这是所知的唯一案件，对于它的意见，所有的人是绝对一致，例外的只有那样一些人，他们由于看到他们只有死路一条，所以宁愿死在全面的屠杀里，也不愿自己孤零零死去。(4.14)

西塞罗呼请人民给元老院施加压力："罗马的保卫者不会辜负你们，你们也要注意不要让人看来有负于罗马人民。"(18) 注释家认识到西塞罗的热情：他在此几乎就是在鼓动处决（iam hic cohortatio est paene ad occidendos, Stangl 290）。西塞罗不仅在主张一个他不大想征求元老院意见的观点，他还站在民众（popularis）位置去反对传统上的民众的利益。而且，西塞罗在元老院面前还将民众的（popularis）利益合法化，从而给元老院施加了强大的压力。②

在演说的结尾，在已经申明自己的主张之后，西塞罗回到了官方要求

---

① 译注：元老院在随后通过了处决喀提林同伙的决议，西塞罗亲自监督执行。根据普鲁塔克的记载，行刑后，西塞罗来到广场，受到人民的欢呼，人民遂称他"国父"（pater patriae）。
② 正如他声称自己必须去做（pis. 7）。

的中立姿态：而你们的执政官，会立刻服从你们的人和命令，只要他还活着，他就能支持你们的决定，他自己也会保证执行这些决定（24）。如我所阐明，这种态度并不足以判断西塞罗随后的行动，也不是他将责任放到元老院身上。这不过是会议主持者应该扮演的角色。第四篇《反喀提林辞》中，西塞罗之所以采取这种特殊姿态，乃是因为他必须在官方姿态和他对恺撒提案的批评之间进行微妙的转换。他通过反讽破坏恺撒的意见（sententia），聪明地降低恺撒作为提案人的尊严（dignitas）。西塞罗还利用恺撒家族中一个地位更高的人的意见来反对恺撒，认定恺撒没有坚定的民众（popularis）立场。验证这一点的就是在现场看着元老们、看他们怎样对待投票的人民，对他们来说，（是不是跟人民站在一起）最重要的是看他们支不支持极刑。

公元前63年12月5日庭辩的语境，要求西塞罗作为会议主持者应十分机敏。特别是当他看到元老院开始向一个他不想要的提议倾斜的时候。姿态对搞政治来说总是很重要。在西塞罗开口演说之前，他一定着重考虑了在此种环境之下采取何种姿态才合适。在演说中，没有比表现品格更难的了。希腊人称之为适当 πρεπον，我们称之为得体。西塞罗说，在他对完美演说家的定义中，包括一个条件，就是此人应该也同时是国家的领导人。[①] 元老院庭辩中，西塞罗遭遇的困难乃是，如何在一个不能直接表达自己意见的会议上逞三寸不烂之舌。态度鲜明有力的演说不合时宜，我们不能期望他会这样做。要尊重恺撒的尊严（dignitas），即使它已经被贬低。得体（decorum）的原则提供了良好的引导。[②] 正如人所言，得体（decorum）可能是政治实践中最重要的术语。[③] 如此说来，公元前63年12月5日的元老院庭辩就是关于罗马政治中演说的重要性的最好例子。[④] 于是，

[①] 参《演说家》（70）。《演说家》（71）是对第四篇《反喀提林辞》的特殊诠释："所以，演说家应该检验那些正在变化的事物，既包括他的言辞的变化，又要包括他的感情变化。因为表达或感情并非适用于每种状况、每个等级、每种品格、每个年龄阶段、每个时间地点，也并非每个听众都受过同样的训练。但是我们应该牢记，必须考虑到公共演说中的每个环节，一如在我们的生活之中，（要认真考虑）什么是最有可能发生的。也就是说，要考虑周围环境，它乃是天然地建立在论题的性质之上，也是天然地建立在演说者和听众各自的品格之上。"

[②] 《论义务》（1.136—37）。

[③] Robert Hariman, "Decorum, Power, and the Courtly Style", *Quarterly Journal of Speech* 78, 1992, pp. 149–172.

[④] Brunt, *The Fall Of Roma Republic*, 46–47.

附 录

我们就得重新注意《反喀提林辞》了，即使它不符合我们现代人对西塞罗的期望。在第四篇《反喀提林辞》中，西塞罗在官方要求与自己意愿之间保持平衡。他有礼貌地反驳对手，小心翼翼地在各种极端政治立场之间保持协商。他从这些立场之中吸取元素以构建他的各阶层和谐（concordia ordinum）。① 这些修辞行动乃是罗马政治的基础。

我已经指出第四篇《反喀提林辞》乃是一个巧妙的政治演说。西塞罗在其中让人看到，他是一个在庭辩中引导元老院的坚定的执政官。他差不多就是自己在不久后于《论共和国》和《论义务》中构想的"共和国领导人"（moderator rei publicae）的具象化。② 或许这就是他要树立的形象。但，如若如此，为何布鲁图斯在其《卡图》（Cato）中没有意识到这一点呢？西塞罗很生气，布鲁图斯根本就不欣赏他在元老院庭辩中扮演的角色：

> 他以为卡图是第一个提议那种惩罚的（其实在卡图之前，每个人都是这样提议的，除了恺撒）。布鲁图斯认为，由于恺撒当时在执政官们面前所作的演说的强大作用，诸如卡图鲁斯（Catuli）、赛尔维里乌斯（Servili）、卢库利乌斯（Lucullorum）、库里奥（Curionis）、图尔库杜斯（Torquati）、雷皮杜斯（Lepidi）、格利乌斯（Gelli）、乌尔喀提乌斯（Vulcati）、费古里斯（Figuli）、科塔（Cottae）、L. 恺撒、C. 皮索（C. Pisonis）、M·格拉比里奥（M. Glabrionis）、以及西拉努斯和当选执政官穆瑞纳（Murenae）等诸执政官变得更为仁慈。卡图为何能够扭转大局？因为他有个照应的基础，为他打下的基础是让人印象深刻的、饱满的言辞。然后布鲁图斯表扬我，说我在元老院面前提出了问题——也不说我揭发了那些事实，也不说是我促使他们，更不说我在征求他们的意见之前早已表达了我的判断。就是因为卡图，把这一切都吹上了天，还要把官方记录写成是因为卡图才得到那样的投票结果。然后布鲁图斯觉得叫我做"好执政官"已经算是好好地夸奖了我啦。这究竟是为啥？关于这件事，我哪个敌人还说过更干巴巴的

---

① 《反喀提林辞》（4.14—16，19）；《致阿提库斯书》（1.16.6，1.17.9—10）；《家书集》（1.9.12）。
② 《论共和国》（5.5—6，6.1，6.8）；《论义务》（2.73—83）。

· 243 ·

话了？(Att. 12. 21. 1)

有两点应该注意。首先，要考虑提案人的境况，特别是要想到恺撒当时在国家中的地位。① 其次，在公元前63年时，西塞罗不会用"我判断"（iudicavi）一词，也不会想用。② 但是公元前45年，形势不再那么危险了，西塞罗不用再担心遭到谴责。他告之他人，在第四篇《反喀提林辞》中，他倾向于处决阴谋分子。布鲁图斯只是没看到这一点而已。

也许，布鲁图斯并没有看漏这一点。或许，西塞罗的评价要根据布鲁图斯本人在《卡图》中的政治倾向和文学风格来进行解读。作为一个坚定的、保守的"共和派"，布鲁图斯或许是想将他的舅舅（uncle）③ 树立为传统罗马德性的象征。④ 虽说没有明确的证据，但是，可以肯定的是，布鲁图斯的《卡图》在罗马帝国早期对卡图的英雄崇拜起到作用。关于他的文风，文中既有对其演说的庄重（gravitas）风格，⑤ 也有关于其希腊语书信的简洁风格⑥的简要评注。恺撒曾评论说，布鲁图斯的《卡图》文风简洁，甚至可能走向了极端。⑦ 这样，就可以解释以上引文中的"干巴巴的"（ieiunius）和"好执政官"（optimus consul）［的意思］。"干巴巴的"显然更适于用来形容文风而非形容政敌的品格。⑧ 它写出了廊下派（Stoics）和那些自诩"亲雅典派"（Atticists）的风格。⑨ "干巴巴的"一词用得相当精确，还带有一点感情和意气之争的感觉。所以，在布鲁图斯干涩的文风里，"好执政官"（optimus consul）已经是极大的夸奖（tribuere multum）

---

① 译注：公元前45年，也就是西塞罗写这封信的时候，恺撒出任没有同僚的执政官，并最终击败了庞培，权势滔天。
② 参沙克勒顿·布莱利（Shachleton Bailey）的注释。
③ 译注：即卡图。布鲁图斯的母亲是卡图同父异母的姐姐。
④ 对布鲁图斯的一般认识，参 M. L. Clarke, *The Noblest Roman*: *Marcus Brutus and His Reputation*. Ithaca: Cornell University Press, 1981. 我们不知道布鲁图斯在他的小册子里怎样描写卡图，但是，可以从他关于庞培公元前52年独裁演说的摘要中看出他早期的共和倾向（昆体良，9.3.95），也可以从他在弥洛（T. Annius Milo）一案中的立场看出他早期的共和倾向（昆体良《善说术原理》，3.6.93；Ascon. 41，Clarke）。
⑤ 昆体良《善说术原理》，12.10.10；塔西佗《关于演说术的对话》（25）。
⑥ 普鲁塔克《布鲁图斯》（2.5）。
⑦ 西塞罗《致阿提库斯书》（13.46.2）。
⑧ TLL. 7.250—52（s. v）.
⑨ 西塞罗《布鲁图斯》（114, 285）。

了。作为一个坚定的保守分子,一个"共和派",布鲁图斯不可能赞赏西塞罗在公元前 63 年 12 月 5 日的庭辩中越出自己的界限。所以,布鲁图斯用好执政官(optimus consul),他的意思是说,西塞罗在最好的古代传统之中引导元老院庭辩,却能不露痕迹,仅仅出于保守的目的。

参考文献

撒路斯特的作品历经两千年魅力不减，后世编订、翻译和注疏层出不穷，连关于其扑朔迷离的生平的研究文献也蔚为观止。至今有莱曼（Leeman）和克利尼提（Criniti）两位学者专门编订了有关撒路斯特的文献索引，并且附带简单评注，对于我们研究撒路斯特非常有用。笔者在此列举并且简单介绍部分比较重要的英法编校本、今译本和注疏本。

1.1 手抄本

我们最主要根据的原始材料就是抄本，现在的抄本有两大序列，分为片断抄本（codices mutili）和完整抄本（codices integri）两系列。《喀提林阴谋》最佳的抄本出于9世纪前后，简称P本，其他的抄本大都出于11世纪前后。

西塞罗《反喀提林辞》的抄本主要分为三个系统，为α、β和γ。α本藏于大英图书馆，出于9世纪前期，主要流行于法国；β本出于11世纪前后，主要流行于德国南部；γ本主要也流行于德国，出于10世纪前后。①

1.2 编校本

《喀提林阴谋》最早的编订本于1470年在威尼斯出版，最早现代编本有格拉施的编订本（Gerlach, 1831），较早有华生（Watson）的编本，Perseus网站上就使用了这个编本，但现在已经很少使用。近来几十年则有卡古西（P. Cagusi）1958年的编本，1967年出版了戴维斯（A. T. Davis）

---

① 见戴克注疏本，前揭，第20页。

的编订本，但这些编本似乎并不被学界看重，最新有雷诺兹（Reynolds, 1991）的牛津古典编本（一般通称 OCT 本），为学界最新编本，使用比较广泛；不过，之前学界知名的两个编本是法国的布德学会（Budé）带法语译文的埃尔努（Ernout, 1958）的编订本和德国的库尔福斯（Kurfess, 1957）的编订本，使用广泛，西方学界多个译本和注疏本都依这两个编本，但渐渐有被 OCT 取代的势头。

西塞罗《反喀提林辞》最早编订本于 1471 年在罗马出版，后来有兰比努斯的编本（Lambinus, Paris, 1565），现在比较知名的有克拉克的牛津编本（Clark, Oxford, 1905），莱兹编本（P. Reis, Leipzig, 1933）以及最新的马斯洛维斯基编本（Maslowski, Munich-Leipzig, 2003）。最新出版的戴克注疏本就是依据马斯洛维斯基编本注疏，做了部分改动。

1.3 注疏本

《喀提林阴谋》英文较早的注疏本有 Herbermann 的本子，主要是疏解词义。当代最有名的英文注疏本有两个，分别由美国的兰姆齐（Ramsey, 2007 年第二版）和麦克古辛（McGushin, 1977）所作。前者所用的底本并非库尔福斯的编本，而选用了埃尔努（Ernout）收于布德学会的底本（见页 13 注释），略有改动（见前言部分），在注疏前面附上原文。他认为库尔福斯喜欢用现代的语法来校正文本，抹杀了撒路斯特的语言风味。兰姆齐这个注疏本不仅重视语文学方面的疏解，同时在义理方面也下了功夫。麦克古辛本则主要偏向义理方面，他着重将撒路斯特的用词与同时代拉丁作家做对比，这个本子没有附加原文，按库尔福斯的编本进行注疏，在引言和附录中探讨了几个与《喀提林阴谋》相关的问题，笔者的研究主要参考兰姆齐的本子，并以麦克古辛的本子做补充。德语的较早注疏有雅各布（Jocobs）的注疏本，现代知名的注疏本有哈姆斯（Harms）于 1962 年出版的注疏本，其后则有弗莱茨卡（Vretska）于 1976 年出版的两卷本注疏，注疏详尽，享誉学界。就笔者所涉猎的文献来看，暂时没有完整疏解《喀提林阴谋》的义疏性著作。

西塞罗的《反喀提林演说》，笔者仅收集到三个注疏本，第一个是由麦克拉德（Maclard）于 1899 年出版的《〈反喀提林第一演说〉疏证》，逐句逐字疏解并且附带原文和译文，非常详细。第二个是用于学生教学使用的注疏本，由 Shapiro 注疏，因为主要用于教学，所以注释也非常详细。另外一个是由戴克（Dyck）出版于 2008 年的注疏本，收于剑桥希腊罗马古典系列，为学界最新注疏本。戴克主要以马斯洛维斯基（Maslowski）为底本进行注疏，侧重语文学方面的注疏，同时也疏解作品脉络，是理解《反喀提林辞》的必备用书。法文还有奥里（A. Haury）的注疏本，学界反响不错，使用比较广泛。

1.4 今译本

《喀提林阴谋》的译本可谓数不胜数，在此只列举几个常见和比较重要的译本。较早英译本为康斯担提乌斯（Constantius Felicius Durantinus，1557）的译本，后有罗兹（William Rose，1751）、华生（John Watson，1852）以及诺尔（Nall，1900）的译本。其中当前较有名的英译本有三个，一个是罗尔夫（Roelf，1921）收入洛布丛书的本子，一个是汉福德（Handford，1963）收于企鹅丛书的本子，另外还有麦克古辛（1982）的译本。罗尔夫的译本有拉丁文对照，比较常用，注释偏少。汉福德的译本较为精细，但并不是很贴近拉丁文，麦克古辛后来专门为其撰写了导言和注疏。汉德福将《喀提林阴谋》划分为七部分，分别为序言、第一次喀提林阴谋、阴谋的早期发展、罗马的党争、阴谋暴露、法庭辩论、喀提林的失败和死亡。麦克古辛之前出版过《喀提林阴谋》的注疏，如今自己出手翻译可谓得心应手，充分注意到拉丁原文的相关细节，译文精审细致，同时也有拉丁语从旁对照。晚近有伍德曼（Woodman，2007）的译本，亦收入企鹅丛书。伍德曼译本，主要根据最新牛津编订本（OCT）翻译，据伍德曼在前言中的介绍，因为之前的英语译本是按照当时英语习语翻译，而今时代不同，需要一个更加学术化的新译本，他提到自己将比任何一个现存译本更贴近拉丁原文，让读者能获得读拉丁原文的感受。牛津大学出版社 2010 年出版了巴特斯通（Batstone，2010）的译文，他主要也是根据 OCT 本翻译，有部分变动，并且附上一些注释。巴特斯通在导言中介绍了有关此书以及与作者相关的问题，他强调我们更应该关注撒路斯特自己对他作品的理解，而非我们的理解。他也强调了拉、英翻译的困难，两门语言没法对应，尤其是部分字词（如 virtus 以及 ambitio）的难译以及句法上的困难。

法译本较早有迪罗齐耶（Charles Durosoir）的译本。但最知名的译本有罗曼本（Roman，1924）以及埃尔努（Ernout，1958）收于布德学会的拉法对照本。20世纪前半期也出版了里查德（F. Richard，1933）翻译和注释的本子。罗曼本译文较为准确，注释也丰富，将喀提林阴谋划分为六部分，笔者参考了他的划分。埃尔努本因为经由自己编订的编本翻译，更贴近拉丁原文，亦有非常详细的注释。里查德的本子注释偏少。

西塞罗的《反喀提林辞》很早就被选入拉丁语课堂，译本也非常多，比较早的英译本就有扬尔（Younge）于1917年翻译的本子（注释偏少）；由洛德（Louis E. Lord，1946）翻译收于洛布本的译文；以及马克当纳德（C. Macdonald，1977）翻译收入洛布丛书的译文。最新有贝里（Berry）出版于2005年的译本，按译者自述，他希望借贴紧拉丁文本来翻译这四篇演说，呈现拉丁语紧凑简洁的魅力，由此引导一些年轻人去学习拉丁语，感受原文之妙。贝里的译文紧贴拉丁文，但注释较少。较早的法译本有蒂博（M. J. Thibault）翻译和注释的本子。

撒路斯特和西塞罗作品的中译本都收录在商务印书馆出版的《喀提林阴谋 朱古达战争》一书中，该书也《喀提林阴谋》唯一的中译本。《喀提林阴谋》最初由崔妙因据罗曼本译出，后来却按出版社要求，转由王以铸先生以罗尔夫英译本译出，部分保留了罗曼本的注释。中译本主要参考英译本，同时对参了拉丁文，总体而言译文信实，但部分译文仍然有待商榷，而且注释偏少。郭国良在其翻译的《西塞罗散文》中翻译了西塞罗的《反喀提林辞》，王晓朝在《西塞罗全集·演说卷上》中也译出了四篇《反喀提林辞》。

2.1 编本[①]

Cook, A. M., *C. Sallusti Crispi Bellum Catilinae*, London, 1884.

Davis, A. T., *Sallust: Catiline*, Bristol Classical Press, 1967.

Ernout, A., *Salluste. Catilina Jugurtha Fragments des Histoires*, Paris, 1958.

Kurfess A., *C. Sallusti Crispi Catilina, Iugurtha, Fragmenta Ampliora*,

---

[①] 文献部分主要按字母顺序排列。

Leipzig, 1957, 3rd ed. .

Reynolds, L. D. , *C. Sallusti Crispi, Catilina, Iugurtha, Historiarum Fragmenta Selecta, Appendix Sallustiana*, Oxford, 1991.

Summers, W. C. , *C. Sallusti Crispi Catilina*, Cambridge, 1900.

Clark, Albert Curtis, *M. Tulli Ciceronis Orationes: Recognovit brevique adnotatione critica instruxit Albertus Curtis Clark Collegii Reginae Socius*, Oxonii. e Typographeo Clarendoniano, 1905.

Maslowski, Tadeusz, *Orationes in L. Catilinam quattuor*, Bibliotheca Teubneriana, Munich and Leipzig, 2003.

2.2 注疏

Harms, B. , *G. Sallustius Crispus. Catilinae Coniuratio. Lehrer-Kommentar*, Frankfurt a. M. , Berlin, Bonn, 1962.

McGushin, P. , *G. Sallustius Crispus: Bellum Catilinae. A Commentary*, Mnemosyne Supp. 45. Leiden, 1977.

Ramsey, J. T. , *Sallust's Bellum Catilinae, Edited, with Introduction and Commentary*, Oxford, 2007, 2nd ed. .

Vretska, K. , *G. Sallustius Crispus, De Catilinae Coniuratione. 2 vols*, Heidelberg, 1976.

Dyck, Andrew R. , *Catilinarians*, Cambridge, 2008.

Haury, Auguste, *Cicéron: Orationes in Catilinam, Édition, introduction et commentaire*, Paris, 1969.

Shapiro, Susan. O. , *O tempora! O mores: Cicero's Catilinarian orations: a student edition with historical essays I*, University of Oklahoma Press, 2005.

2.3 译本

2.3.1 英译本

Sallust, *The Catiline of Sallust*, translated by Nall, G. H, London, 1900.

参考文献

Sallust, *The War With Catline*, translated by J. C. Rolfe, Harvard, 1921.

Sallust, *The Jugurthine War The Conspiracy of Catiline*, translated by Handford, Penguin Books Ltd. , 1963.

Sallust, *The War with Catiline*, translated by Mcgushin, Bristol Classical Press, 1980.

Sallust, *Catiline's War: with The Jugurthine War*, edited and translated by A. J. Woodman, Penguin Books Ltd. , 2007.

Sallust, *Catiline's Conspiracy, the Jugurthine War, Histories*, translated by William Batstone, Oxford, 2010.

Cicero, *The Speeches: In Catilinam I - IV, Pro Murena, Pro Sulla, Pro Flacco*, translated by Louis Eleazer Lord, Harvard University Press, 1946.

Cicero, *In Catilinam I - IV; Pro Murena; Pro Sulla; Pro Flacco*, translated by C. Macdonald, Harvard, 1977.

Cicero, *Cicero's Political Speeches*, translated with introductions and notes by D. H. Berry, Oxford, 2006.

2.3.2 法译本

Durosoir, C. , *Œvres completes de Salluste, avec tradition francaise de la collection pangkouke*, Paris, 1908.

Ernout, A. , *Salluste. Catilina Jugurtha Fragments des Histoires*, Paris, 1958.

Ornstein, B. et Roman, J. , *Salluste Conjuration de catilina, Guerre de Jugurtha*, Les Belles - Lettres, 1924.

Richard, F. , *Conjuration de Catilina la Guerre de Jugurtha, traduction, introduction et notes*, Garnier - Flammarion, 1968.

Cicéron, *Les catilinaires*, traduit par M. J. Thibault, Paris, 1870.

2.3.3 中译本

［古罗马］撒路斯提乌斯：《喀提林阴谋 朱古达战争》，王以铸、崔妙因译，商务印书馆2009年版。

［古罗马］西塞罗：《西塞罗散文》，郭国良译，浙江文艺出版社 2001 年版。

［古罗马］西塞罗：《西塞罗全集·演说卷》，王晓朝译，人民出版社 2008 年版。

3.1　中文专著

梁洁：《撒路斯特史学思想研究》，中国社会科学出版社 2009 年版。

3.2　外文专著

Drummond, A., *Law, Politics, and Power: Sallust and the Execution of the Catilinarian Conspirators*, Historia Einzelschriften 93, Stuttgart, 1995.

（此书主要分析了在剪灭喀提林阴谋时涉及的政治和法律问题，尤其是 SCU 的运用在整个事件中所起的作用。作者先分析了 SCU 运用时的形势，西塞罗的两难境地以及元老院的会议。作者接下来用了两章来分析恺撒的演说和卡图的演说，对比了他们两人的建议和出发点。最后分析撒路斯特如何理解 SCU，之前的先例以及其中涉及的政治和法律问题。）

Earl, D. C., *The Political Thought of Sallust*, Cambridge, 1961.

（厄尔此书主要关注撒路斯特的政治思想，尤其是德性的思想在罗马贵族之中的地位，他从罗马的"德性观"出发，来理解撒路斯特的政治思想。他最终总结出撒路斯特在这两部作品的德性观：德性作为才智的运用，能够以高贵的品质创造不凡的功业，获得荣耀。）

Perrochat, P., *Les modeles Grecs de Salluste*, Paris, 1949.

（作者在此书中接续了学界的溯源探讨，此书主要关注撒路斯特写作中的希腊来源，其中包括了撒路斯特与修昔底德、其他希腊史家、柏拉图、色诺芬、伊索克拉底以及德摩斯梯尼在呈现历史的技艺、写作风格、哲学观点、演说等方面的模仿和借用，以证明撒路斯特更多借用希腊前辈而非罗马前辈老卡图。）

Syme, R., *Sallust*, University of California Press, 2002.（中译本见 ［新西兰］塞姆：《萨卢斯特》，荆腾译，生活·读书·新知三联书店 2020 年版）

（塞姆此书是撒路斯特研究的力作。塞姆在几个章节里面分别论述了有关撒路斯特的写作风格，他的政治地位，尤其是撒路斯特笔下的恺撒与卡图这两个人物，并且探讨了撒路斯特的写作意图。塞姆认为撒路斯特并非为恺撒辩护而是非常严重的批评，而且公允地对待西塞罗和卡图。此外，塞姆还简要分析了《朱古达战争》和《纪事》这两部作品。塞姆充分注意到了撒路斯特的写作笔法，并且参考当时一些作家的论述，以史实与撒路斯特写作之间的差距来接近撒路斯特。）

Woodman, A. J., *Rhetoric in Classical Historiography: Four Studies*, Areopagitica Press, 1988.

（本书从修辞学的角度来分析古典纪事作品，以希罗多德和修昔底德两个作家作为古典纪事的两种类型，他尝试在作品中分析古典纪事与诗歌的关系，注意到古典纪事的修辞品格，并且分析了古典纪事的基本观念。作者主要分析了四位作家的作品，分别是修昔底德、西塞罗、撒路斯特和李维。西塞罗虽然不是纪事家，但作者从西塞罗讨论纪事的作品分析了西塞罗对古典纪事思想的影响，认为其纪事思想奠定了古典纪事的基本形态，尤其是西塞罗对纪事"不偏不倚"的解释，是古典纪事的共识。他的纪事思想也影响了后来的纪事家。对其他三位纪事家作品的分析凸显出纪事的修辞品格。）

Wilkins, A. T., *Villain or Hero: Sallust's Portrayal of Catiline*, Peter Lang Publishing, 1994.

（此书第一章主要分析撒路斯特如何写作这个事件，第二章分析作者如何塑造喀提林这个人物形象。作者同时还分析了喀提林的同谋者，他认为撒路斯特之所以不遗余力描述喀提林的同谋者，就是为了展现喀提林的形象。作者由此得出，撒路斯特在前后两部分分别塑造出"恶魔"和"英雄"两种形象，他由此探讨了撒路斯特写作此书的目的。）

4.1 中文参考文献

4.1.1 译作

［美］阿尔瓦热兹：《马基雅维里的事业——〈君主论〉疏证》，贺志刚译，华东师范大学出版社2009年版。

［古罗马］阿庇安：《罗马史》，谢德风译，商务印书馆1997年版。

［美］阿德勒：《维吉尔的帝国》，王承教译，华夏出版社 2012 年版。

［古罗马］奥古斯丁：《上帝之城》，吴飞译，上海三联出版社 2007—2009 年版。

［英］博德曼等：《牛津古罗马史》，郭小凌等译，北京师范大学出版社 2015 年版。

［英］柏克：《反思法国大革命》，张雅楠译，上海社会科学院出版社 2014 年版。

［瑞士］布克哈特：《意大利文艺复兴时期的文化》，何新译，商务印书馆 1979 年版。

［瑞士］布克哈特：《历史讲稿》，刘北成等译，生活·读书·新知三联书店 2009 年版。

［德］布鲁门伯格：《神话研究》，胡继华译，上海人民出版社 2011 年、2016 年版。

［古希腊］柏拉图：《理想国篇》，徐学庸译注、诠释，台湾商务印书馆 2009 年版。

［英］弗朗西斯·麦克唐纳·康福德：《修昔底德：神话与历史之间》，孙艳萍译，上海三联书店 2006 年版。

［法］福柯：《必须保卫社会》，钱翰译，上海人民出版社 2010 年版。

［英］格兰特：《罗马史》，郝际陶等译，上海人民出版社 2008 年版。

［法］格里马尔：《西塞罗》，董茂永译，商务印书馆 1998 年版。

［德］黑格尔：《历史哲学》，王造时译，上海书店 2006 年版。

［美］凯利：《多面的历史》，陈恒等译，生活·读书·新知三联书店 2000 年版。

［古罗马］恺撒：《内战记》，任炳湘等译，商务印书馆 1999 年版。

［古罗马］恺撒：《高卢战记》，任炳湘译，商务印书馆 1979 年版。

［俄］科瓦略夫：《古代罗马史》，王以铸译，上海书店出版社 2007 年版。

［法］科耶夫等：《驯服欲望——施特劳斯笔下的色诺芬》，贺志刚等译，华夏出版社 2002 年版。

［法］雷蒙·阿隆：《历史讲演录》，张琳敏译，上海译文出版社 2011 年版。

［古罗马］李维：《自建城以来》（卷一至卷十），王焕生译，中国政

法大学出版社 2009 年版。

李世祥编译：《恺撒的剑和笔》，华夏出版社 2009 年版。

刘小枫编：《经典与解释：色诺芬的品味》，华夏出版社 2006 年版。

刘小枫编：《撒路斯特与政治史学》，曾维术等译，华夏出版社 2011 年版。

刘小枫编：《经典与解释：西塞罗的苏格拉底》，华夏出版社 2011 年版。

刘小枫编：《从普遍历史到历史主义》，谭立铸等译，华夏出版社 2017 年版。

［匈］卢卡奇：《理性的毁灭》，程志民等译，江苏教育出版社 2005 年版。

［苏］卢里叶：《论希罗多德》，王以铸译，华夏出版社 2019 年版。

［德］洛维特：《世界历史与救赎历史》，李秋零等译，上海人民出版社 2006 年版。

［意］马尔蒂诺：《罗马政制史》（两卷本），薛军译，北京大学出版社 2009 年、2014 年版。

［美］曼斯菲尔德：《新的方式与制度》，贺志刚译，华夏出版社 2009 年版。

［意］莫米利亚诺：《现代史学的古典基础》，冯洁音译，华东师范大学出版社 2009 年版。

［德］蒙森：《罗马史》（卷一至卷五），李稼年译，商务印书馆 1994—2014 年版。

［德］尼采：《不合时宜的深思》，李秋零译，华东师范大学出版社 2006 年版。

［英］培根：《学术的进程》，刘运同译，上海人民出版社 2007 年版。

彭磊编译：《叙拉古的雅典异乡人》，华夏出版社 2009 年版。

［古希腊］普鲁塔克：《希腊罗马名人传》（上），陆永庭等译，商务印书馆 1990 年版。

［古希腊］普鲁塔克：《希腊罗马名人传》，席代岳译，吉林人民出版社 2009 年版。

［英］乔治·皮博迪·古奇：《十九世纪历史学与历史学家》（上、下），耿淡如译，商务印书馆 1998 年版。

［美］萨拜因：《政治学说史》，邓正来译，上海人民出版社 2008 年版。

［英］塞姆：《罗马革命》，吕厚量译，商务印书馆 2016 年版。

［英］塞姆：《萨卢斯特》，荆腾译，生活·读书·新知三联书店 2020 年版。

［德］施密特：《政治的概念》，刘宗坤等译，世纪文景 2015 年版。

［美］施特劳斯：《关于马基雅维里的思考》，申彤译，译林出版社 2003 年版。

［美］施特劳斯：《什么是政治哲学》，李世祥等译，华夏出版社 2011 年版。

［美］施特劳斯：《古典理性主义的重生》，潘戈编，华夏出版社 2011 年版。

［美］施特劳斯：《自然权利与历史》，彭刚译，生活·读书·新知三联书店 2016 年版。

［美］施特劳斯：《修辞学与城邦》，何博超译，华东师范大学出版社 2016 年版。

［美］施特劳斯：《关于马基雅维利的思考》，申彤译，译林出版社 2016 年版。

［美］施特劳斯：《尼采如何克服历史主义》，华东师范大学出版社 2019 年版。

［古罗马］苏维托尼乌斯：《罗马十二帝王传》，张竹明等译，商务印书馆 1995 年版。

［古罗马］塔西佗：《编年史》，王以铸、崔妙因译，商务印书馆 2002 年版。

［古罗马］塔西佗：《历史》，王以铸、崔妙因译，商务印书馆 2002 年版。

［美］汤普森：《历史著作史》，谢德风译，商务印书馆 1992 年版。

［古希腊］色诺芬：《回忆苏格拉底》，吴永泉译，商务印书馆 1984 年版。

［古希腊］色诺芬：《长征记》，崔金戎译，商务印书馆 1985 年版。

［古希腊］色诺芬：《希腊志》，徐松岩译，上海三联出版社 2013 年版。

［古罗马］西塞罗：《西塞罗三论》，徐奕春译，商务印书馆1998年版。

［古罗马］西塞罗：《论法律》，王焕生译，上海人民出版社2006年版。

［古罗马］西塞罗：《论演说家》，王焕生译，中国政法大学出版社2003年版。

［古罗马］西塞罗：《论共和国》，王焕生译，上海人民出版社2006年版。

［古罗马］西塞罗：《论神性》，石敏敏译，上海三联出版社2007年版。

［古罗马］西塞罗：《论义务》，王焕生译，中国政法大学出版社1999年版。

［古罗马］西塞罗：《论至善和至恶》，石敏敏译，中国社会科学出版社2005年版。

［古希腊］希罗多德：《历史》，谢德风译，商务印书馆1959年版。

［古希腊］修昔底德：《伯罗奔尼撒战争史》，徐松岩译，广西师范大学出版社2004年版。

王承教选编：《埃涅阿斯纪章句》，王承教等译，华夏出版社2009年版。

［古希腊］亚里士多德：《修辞学》，罗念生译，上海人民出版社2004年版。

［美］瓦格纳编：《中世纪的自由七艺》，张卜天译，湖南科学技术出版社2016年版。

［英］詹金斯：《罗马的遗产》，晏绍祥、吴舒屏译，上海人民出版社2002年版。

4.1.2 撰述

陈戎女：《斯巴达政制译笺》，华东师范大学出版社2019年版。

郭小凌：《西方史学史》，北京师范大学出版社1995年版。

韩潮编：《谁是马基雅维利》，上海人民出版社2010年版。

胡传胜：《公民的技艺》，上海三联出版社2012年版。

刘小枫：《巫阳招魂——亚里士多德〈诗学〉绎读》，生活·读书·新知三联书店 2019 年版。

刘小枫：《拥彗先驱：走向政治史学》，华东师范大学出版社 2020 年版。

刘振：《哲人与历史——现代政治思想中的历史意识》，华东师范大学出版社 2021 年版。

王焕生：《古罗马文学史》，人民文学出版社 2006 年版。

魏朝勇：《自然与神圣》，华东师范大学出版社 2010 年版。

杨共乐：《罗马史纲要》，东方出版社 1994 年版。

4.2 外文参考著作

Cicero, *Cicero：Select Letters*, Bailey Shacklton ed., Cambridge, 1980.

Cicero, *Pro P. Sulla Oratio*, Berry, D. H ed., Cambridge, 1996.

Berry, D. H., *Cicero Political Speech*, OUP, 2006.

Berry, D. and Erskine, A., ed., *Form and Function in Roman Oratory*, Cambridge Univ. Press, 2010.

Fox, Matthew, *Cicero's Philosophy of History*, Oxford：Oxford University Press, 2007.

Kennedy, George A., *A New History of Classical Rhetoric*, Princeton University Press, 1994.

Kraus, Christina S., John Marincola, Christopher Pelling, *Ancient Historiography and its Contexts：Studies in Honour of A. J. Woodman*, OUP, 2010.

Laistner, M. L. W., *The Greater Roman Historians*, University of California Press, 1963.

Leeman, A. D., *A Systematical Bibliography of Sallust（1879 – 1963）*, Brill, 1965.

Meister, Klaus, *Thucydides and Political Order*, Palgrave Macmillan, 2006.

Miller, John F., Woodman, A. J., *Latin Historiography and Poetry in the Early Empire*, Generic Interactions, Brill, 2010.

Strauss, L., *The City and Man*, Chicago, 1978.

Marincola, John, *A Companion to Greek and Roman Historiography*, Wiley-Blackwell, 2007.

May, James M. , *Brill's Companion to Cicero：Oratory and Rhetoric*, Leiden, 2002.

Mellor, Ronald, *Roman Historians*, Routledge, 1999.

Criniti, N. , *Bibliografia Catilinaria*, Milan, 1971.

Novokhatko, A. A. , *The Invectives of Sallust and Cicero：Critical Edition with Introduction, Translation, and Commentary*, Walter de Gruyter, 2009.

Pagán, Victoria Emma, *Conspiracy Narratives in Roman History*, Austin, 2004.

Parmeggiani, Giovanni, *Between Thucydides and Polybius：The Golden Age of Greek Historiography*, Center for Hellenic Studies, 2014.

Quintilian, *Institutio Oratoria*, Harvard, 1996.

Scanlon, Thomas Francis, *Greek Historiography*, Wiley-Blackwell, 2015.

Syme, R. , *The Roman Revolution*, Oxford, 1939.

Woodman, A. J. , *Rhetoric in Classical Historiography：Four Studies*, Areopagitica Press, 1988.

4.3 博士论文

4.3.1 中文

梁洁：《撒路斯特的史学思想研究》，博士学位论文，北京师范大学，2007年。

王丽英：《萨鲁斯特的〈卡特林那战争〉》，博士学位论文，东北师范大学，1995年。

马勇：《帝国、政制与德性——珀律比俄斯的〈罗马兴志〉的笔法和意图》，博士学位论文，中国人民大学，2017年。

4.3.2 外文（来自Proquest学位论文数据库）

Carter, Robert Louis, "The Participle in Sallust", Ph. D. , Northwestern University, 1980.

Christiansen, David James, "Character and Morality in the Sallustian Monographs", Ph. D. , The University of Wisconsin – Madison, 1990.

Commins, Brian Michael, "Sallust's 'Bellum Catilinae'：A Study of Its

Structural and Stylistic Peculiarities", M. A. , University of South Africa (South Africa), 1986.

Duxbury, L. C. , "Some Attitudes to Julius Caesar in the Roman Republic: Catullus, Cicero and Sallust", Ph. D. , University of Oxford (United Kingdom), 1988.

Earl, D. C. , "The Political Thought of Sallust", Ph. D, Cambridge, 1958.

Gaichas, Lawrencence Edward, " Concepts of Libertas in Sallust ", Ph. D. , The Ohio State University, 1972.

Garcia-Lopez, Jorge, "The True Names of Things: Historical and Moral Authority in Sallust's Bellum Catilinae", Ph. D. , Cornell University, 1997.

Geckle, Richard Patrick, "The Rhetoric of Morality in Sallust's Speeches and Letters", Ph. D. , Columbia University, 1995.

Keyser, Paul Turquand, "Geography and Ethnography in Sallust", Ph. D. , University of Colorado at Boulder, 1991.

Macqueen, Bruce Duncan, "Plato's Republic in the Monographs of Sallust", Ph. D. , The University of Iowa, 1980.

Mcconaghy, Mary Lee Sivess, "Sallust and the Literary Portrayal of Character", Ph. D. , Washington University, 1973.

Paschalis, Michael, "Livy's 'Praefatio' and Sallust", Ph. D. , The Ohio State University, 1980.

Scanlon, Thomas Francis, "The Influence of Thucydides on Sallust", Ph. D. , The Ohio State University, 1978.

Spencer, Walter Elliott, "Conspiracy Narratives in Latin Literature", Ph. D. , University of Illinois at Urbana – Champaign, 2001.

Steele, Robert Benson, "Chiasmus in Sallust, Caesar, Tacitus and Justinus", Ph. D. , The Johns Hopkins University, 1890.

Stein, Robert M. , "Sallust for his Readers, 410 – 1550: A Study in the Formation of the Formation of the Classical Tradition", Ph. D. , Columbia University, 1977.

Water Stephen Van Fleet, "A Computer – Assisted Study of the Style of Cato the Style of Cato the Elder with Reference to Livy and Sallust", Ph. D. , Harvard University, 1969.

Wilkins, A. Th., "Sallust's Portrayal of Catiline", Ph. D., University of Pittsburgh, 1990.

Williams, Kathryn Frances, "A Narratological Study of Sallust's 'Bellum Catilinae'", Ph. D., University of Virginia, 1997.

5.1 外文研究论文

Allen, W., "Catullus XLIX and Sallust's Bellum Catilinae", *Classical Journal*, Vol. 32, 1937.

Allen, W., "In Defense of Catiline", *Classical Journal*, Vol. 34, 1938.

Allen, W., "The Acting Governor of Cisalpine Gaul in 63", *Classical Philology*, Vol. 48, 1953.

Allen, W., "Caesar's regnum (Suet. Iul. 9.2)", *Transactions of the American Philological Association*, Vol. 84, 1953.

Allen, W., "Sallust's Political Career", *Studies in Philology*, Vol. 51, 1954.

Bailey, Shackleton, D. R., "The Prosecution of Roman Magistrates-elect", *Phoenix*, Vol. 24, 1970.

Batstone, W., "Incerta pro certis. An Interpretation of Sallust's Bellum Catilinae 48.4 – 49.4", *Ramus*, Vol. 15, 1986.

Batstone, W., "Quantum ingenio possum. On Sallust's Use of ingenium in Bellum Catilinae 53.6", *Classical Journal*, Vol. 83, 1988.

Batstone, W., "Cicero's construction of consular ethos in the First Catilinarian", *Transactions of the American Philological Association*, Vol. 124, 1994.

Boyd, B., "Virtus Effeminata and Sallust's Sempronia", *Transactions of the American Philological Association*, Vol. 177, 1987.

Bradley, K. R., "Slaves and the Conspiracy of Catiline", *Classical Philology*, Vol. 73, 1978.

Broughton, T. R. S., "Was Sallust Fair to Cicero?", *Transactions of the American Philological Association*, Vol. 67, 1936.

Broughton, T. R. S., "More Notes on Roman Magistrates", *Transactions of the American Philological Association*, Vol. 79, 1948.

Bruggisser, P. , "Audacia in Sallusts Verschwörung des Catilina", *Hermes*, Vol. 130, 2002.

Brunt, P. A. , "The Army and the Land in the Roman Revolution", *Journal of Roman Studies*, Vol. 52, 1962.

Brunt, P. A. , "The Conspiracy of Catilina", *History Today*, Vol. 13, 1963.

Brunt, P. A. , "Catiline and the Vestal Virgins", *Historia*, Vol. 54, 2005.

Conley, D. F. , "The Interpretation of Sallust, Catiline 10.1 – 11.3", *Classical Philology*, Vol. 76, 1981.

Craig, C. P. , "Three Simple Questions for Teaching Cicero's First Catilinarian", CJ, Vol. 88, 1993.

Eagle, E. D. , "Catiline and the Concordia Ordinum", *Phoenix*, Vol. 3, 1949.

Earl, D. C. , "The Early Career of Sallust", *Historia*, Vol. 15, 1966.

Ernout, A. , "Salluste et Caton", *Information Litteraire*, Vol. 1, 1949.

Frank, Tenney, "The Tullianum and Sallust's Catiline", *Classical Journal*, Vol. 19, 1923 – 1924.

Gruen, E. S. , "Notes on the 'First Catilinarian Conspiracy'", *Classical Philology*, Vol. 64, 1969.

Gunderson, E. , "The History of Mind and the Philosophy of History in Sallust's Bellum Catilinae", *Ramus*, Vol. 29, 2000.

Hardy, E. G. , "The Catilinarian Conspiracy in its Context: A Restudy of the Evidence", *Journal of Roman Studies*, Vol. 7, 1917.

Heyworth, S. J. and Woodman, A. J. , "Sallust, Bellum Catilinae 50.3 – 5", *LCM*, Vol. 11, 1986.

Hock, R. , "Servile Behavior in Sallust's Bellum Catilinae", *Classical Weekly*, Vol. 82, 1988.

Holmes, T. Rice, "Three Catilinarian Dates", *Journal of Roman Studies*, Vol. 8, 1918.

Innes, D. C. , "Quo usque tandem patiemini?", *Classical Quarterly*, Vol. 27, 1977.

Katz, B. R. , "Did Sallust Have a Guilty Conscience", *Eranos*, Vol. 81, 1983.

Last, H. M. , "Sallust and Caesar in the Bellum Catilinae", *Mélanges offerts à J. Marouzeau*, Paris, 1948.

Linderski, J. , "Cicero and Sallust on Vargunteius", *Historia*, Vol. 12, 1963.

Linderski, J. , "Effete Rome: Sallust, Cat. 53. 5", *Mnemosyne*, Vol. 52, 1999.

Lowrance, W. D. , "The Use of Forem and Essem", *Transactions of the American Philological Association*, Vol. 62, 1931.

Keitel, Elizabeth, "The Influence of Thucydides 7. 61 – 71 on Sallust Cat. 20 – 21", *The Classical Journal*, Vol. 82, No. 4, 1987.

Kleinhaus, E. , "Piety, Universality, and History: Leo Strauss on Thucydides", *Humanitas*, Vol. 14, No. 1, 2001.

MacKay, L. A. , "Sallust's Catiline, Date and Purpose", *Phoenix*, Vol. 16, 1962.

Malcolm, D. A. , "Quo Usque Tandem…?", *Classical Quarterly*, Vol. 29, 1979.

March, D. A. , "Cicero and the 'Gang of Five'", *Classical Weekly*, Vol. 82, 1989.

Marshall, B. A. , "Cicero and Sallust on Crassus and Catiline", *Latomus*, Vol. 33, 1974.

Marshall, B. A. , "The Vote of a Bodyguard for the Consuls of 65", *Classical Philology*, Vol. 72, 1977.

Marshall, B. A. , "Catilina and the Execution of M. Marius Gratidianus", *Classical Quarterly*, Vol. 35, 1985.

McDonald, A. H. , "Theme and Style in Roman Historiography", *Journal of Roman Studies*, Vol. 65, 1975.

Mitchell, T. N. , "Cicero and the Senatus Consultum Ultimum", *Historia*, Vol. 20, 1971.

Murphy, Paul R. , "Horace's Opinion of Sallust", *The Classical Weekly*, Vol. 37, No. 10, 1944.

Nisbet, R. G. M., "The Invectiva in Ciceronem and Epistula Secunda of Pseudo-Sallust", *Journal of Roman Studies*, Vol. 48, 1958.

Paul, G. M., "Sallust, Catiline 14.2", *Phoenix*, Vol. 39, 1985.

Paul, G. M., "Sallust's Sempronia: The Portrait of a Lady", *Papers of the Liverpool Latin Seminar*, Vol. 5, 1985.

Penella, R., "A Sallustian Reminiscence in Aurelius Victor", *Classical Philology*, Vol. 78, 1983.

Phillips, E. J., "Cicero, ad Atticum I.2", *Philologus*, Vol. 114, 1970.

Phillips, E. J., "Catiline's Conspiracy", *Historia*, Vol. 25, 1976.

Ramsey, J. T., "Cicero, pro Sulla 68 and Catiline's Candidacy in 66 B.C", *Harvard Studies in Classical Philology*, 1982.

Renehan, R., "A Traditional Pattern of Imitation in Sallust and His Sources", *Classical Philology*, Vol. 71, 1976.

Salmon, E. T., "Catilina, Crassus, and Caesar", *American Journal of Philology*, Vol. 56, 1935.

Savage, John J., "Catiline in Vergil and in Cicero", *The Classical Journal*, Vol. 36, No. 4, 1941.

Seager, R., "The First Catilinarian Conspiracy", *Historia*, Vol. 13, 1964.

Seager, R., "Factio: Some Observations", *Journal of Roman Studies*, Vol. 62, 1972.

Seager, R., "Iusta Catilinae", *Historia*, Vol. 22, 1973.

Shaw, B. D., "Debt in Sallust", *Latomus*, Vol. 34, 1975.

Sherwin-White, A. N., "Violence in Roman Politics", *Journal of Roman Studies*, Vol. 46, 1956.

Stewart, R., "Catiline and the Crisis of 63-60 BC: The Italian Perspective", *Latomus*, Vol. 54, 1995.

Stevens, C. E., "The 'Plotting' of B.C. 66/65", *Latomus*, Vol. 22, 1963.

Sumner, G. V., "The Last Journey of L. Sergius Catilina", *Classical Philology*, Vol. 58, 1963.

Sumner, G. V., "The Consular Elections of 66 B.C", *Phoenix*, Vol. 19,

1965.

Sumner, G. V. , "Cicero, Pompeius and Rullus", *Transactions of the American Philological Association*, Vol. 97, 1966.

Syme, R. , "Sallust's Wife", *Classical Quarterly*, Vol. 28, 1978.

Ward, A. M. , "Cicero's Fight against Crassus and Caesar in 65 and 63 B. C", *Historia*, Vol. 21, 1972.

Waters, K. H. , "Cicero, Sallust and Catiline", *Historia: Zeitschrift für Alte Geschichte*, Vol. 19, No. 2, 1970.

Williams, K. , "Manlilius's mandata: Sallust, Belum Catilinae 33", *Classical Philology*, Vol. 95, 2000.

Witt, Ronald, "Francesco Petrarca and the Parameters of Historical Research Article", *Religions*, Vol. 3, No. 4, 2012.

Woodman, A. J. , "A Note on Sallust, Catilina 1. 1", *Classical Quarterly*, Vol. 23, 1973.

Woodman, A. J. , "The Preface to Tacitus' Annals: More Sallust?", *The Classical Quarterly*, New Series, Vol. 42, No. 2, 1992.

Yavetz, Z. , "The Failure of Catiline's Conspiracy", *Historia*, Vol. 12, 1963.

索　引

（按西文字母排序）

A

野心（Ambitus）　103，105，106，134，144

贪欲（Avaritia）　54，59，106

阿洛布罗吉斯（Aborigines）　19，61，64，97

B

最佳政制（Best Regime）　82，128，169，173，183，185，188，194，195，197，198，202

C

宽厚（Clementia）　20，67，76，144，239，241

克拉苏（Crassus, M. L.）　18，41—46，104，201

残酷（Crudelitas）　52，66，67，71

科尔涅乌斯（Cornelius, C.）　19，97

F

富尔维亚（Fulvia）　43

弗龙托（Fronto, M. C.）　24，25

G

盖利乌斯（Gellius, Aulus）　24

H

历史主义（Historicism）　192，195，197，198，199

新人（Homo Novus）　18，38，43，52

I

《善说术原理》（*Institutio Oratoria*）　24，99

J

哲罗姆（Jerome, St.）　25

索 引

本·琼森（Johnson, Ben） 27

L

雷皮杜斯（Lepidus, M. A.） 22
朗图路斯（Lentulus, P. C.） 44，60，61，64，66，67，73
《显普洛尼乌斯法》（Lex Sempronia） 66，71，74，75
路克凯乌斯（Lucceius, L.） 13，20，46，84
奢侈（Luxuria） 59，97，103，106，157

M

马略（Marius, Gaius） 32，51，68
马尔提阿利斯（Martialis, M. V.） 24
米南德（Menander） 25
怜悯（Misericordia） 54，67，73，76，86，87，109，110，114，144
混合政体（Mixed Regime） 82，83，138，179

N

自然哲学（Natural Philosophy） 69，75，114，119，141
必然（Necessity） 15，108，126，137—139，142，145，167
努马（Numa, Pompilius） 178，180，181

O

共和派（Optimates） 20，34，38，39，42—46，66，68，95
《始源》（Origines） 11，118

P

普林尼（Plinius Secundus） 7
民主派（Populares） 20，30，32，42—44，66，95，144

R

罗曼（Roman, J.） 24

S

桑伽（Sanga, Q. Fabius） 19，97
施瓦兹（Schwartz, Eduard） 28—30
西拉努斯（Silanus, G. F.） 20，44，63—66，75，98

T

小塔克文（Tarquinius Superbus, L.） 140，178，181
特伦提乌斯（Terentius, P.） 25

U

普遍历史（Universal History） 192，195—198，203
益处（Usus） 75，114，109，143—145

V

瓦罗（Varro, M. T.） 7，24

· 267 ·

德行（Virtu） 184，185，187—189　　沃尔图尔奇乌斯（Volturcius, T.） 20，64
伏尔坎（Volcan） 25　　瓦尔恭泰乌斯（Vargunteius, L.） 19，97

后 记

这本书终于告一段落。这本书主要完成于 2020 年新冠疫情期间，如果现在重新写，可能有些不同，当然可能更好也可能更差。不过，书有自己的命运。我思考撒路斯特、西塞罗与西方政治纪事的问题，也有比较长的时间了，书里面也有自己这些年思考的问题的片断，不过因为水平所限，只处在很基础的阶段。

这本书正式写作的时间并不算很长，但是时间跨度很大。本书脱胎于本人的博士论文，但近乎重新撰写。以前的博士论文，这本书以及相关的研究也陆续得到不少资助，获得不少专家的指导。包括博士论文写作期间刘小枫教授的指导，以及得到国家留学基金委资助，与 G. O. Hutchinson 教授有了短暂的师生之缘。本书是国家社科基金青年项目（16CWW026）的结项成果。在修改和完善此书时，本书又得到中国博士后科学基金［面上资助（2020M680812）、特别资助（2021T140732）］和中国社会科学院博士后创新工程的资助。本书于 2021 年入选了第十批"中国社会科学博士后文库"。感谢刘小枫教授和梁展教授的推荐，以及林岗教授的鼓励，还有相关评审专家的支持。本书针对专家提出的问题，进行了部分修改。我的学生明静洁更正了部分文字上的错误，李解师弟帮助翻译了相关文献，在此表示感谢。我最后通读了全文，书中所有问题，均由我负责。同时也要感谢本书的编辑王琪女士，每本书的出版都要耗费编辑大量的心血。

这本书作为自己一个阶段性的思考，肯定还有极大的不足，希望得到批评指正。离我上一部有关柏拉图的书，已经十个年头了。不过，所有困境都可能是考验，所有坦途也可能是诱惑。以此自勉。

吴明波

2023 年 12 月

第十批《中国社会科学博士后文库》专家推荐表 1

《中国社会科学博士后文库》由中国社会科学院与全国博士后管理委员会共同设立，旨在集中推出选题立意高、成果质量高、真正反映当前我国哲学社会科学领域博士后研究最高学术水准的创新成果，充分发挥哲学社会科学优秀博士后科研成果和优秀博士后人才的引领示范作用，让《文库》著作真正成为时代的符号、学术的示范。

推荐专家姓名	梁 展	电 话	
专业技术职务	研究员	研究专长	比较文学
工作单位	中国社会科学院外国文学研究所	行政职务	副所长
推荐成果名称	西塞罗、撒路斯特与西方政治纪事传统研究		
成果作者姓名	吴明波		

（对书稿的学术创新、理论价值、现实意义、政治理论倾向及是否具有出版价值等方面做出全面评价，并指出其不足之处）

该书稿从西塞罗在《论演说家》以及书信中对 historia 的探讨，进入针对"喀提林阴谋"这一事件而形成的西塞罗的《反喀提林辞》和撒路斯特的《喀提林阴谋》这两部文本，既有文本的细致分析，又有理论的探讨和申发。该书稿最大的创新之处在于能够注意到古典的 historia（书稿中将其译为"纪事"）与现代的史学（history）之间的思想品质差异，并且从具体的文本分析来探讨古典 historia 形态，既有一定的理论价值，又有极大的现实意义。我们对古典 historia 问题的思考，将有助于我们思考当下的历史写作、历史研究以及历史教育等诸多方面的问题。该书稿如果能够入选文库并得到出版，将会有力地推进相关的研究。

该书稿主要集中于古罗马共和国末期的历史思想和历史写作，对现代历史写作的问题并没有细致展开，有关当时的政治和思想背景的内容也不够充实，这是一个比较大的缺憾。吴明波博士在博士后期间将进一步展开现代史学的研究，我相信他后续的研究将会增益其有关 historia 古今之变的思考。

签字：梁展
2021 年 3 月 11 日

说明：该推荐表须由具有正高级专业技术职务的同行专家填写，并由推荐人亲自签字，一旦推荐，须承担个人信誉责任。如推荐书稿入选《文库》，推荐专家姓名及推荐意见将印入著作。

第十批《中国社会科学博士后文库》专家推荐表 2

《中国社会科学博士后文库》由中国社会科学院与全国博士后管理委员会共同设立，旨在集中推出选题立意高、成果质量高、真正反映当前我国哲学社会科学领域博士后研究最高学术水准的创新成果，充分发挥哲学社会科学优秀博士后科研成果和优秀博士后人才的引领示范作用，让《文库》著作真正成为时代的符号、学术的示范。

推荐专家姓名	刘小枫	电话	
专业技术职务	教授	研究专长	古典学
工作单位	中国人民大学文学院	行政职务	文学院学术委员会主任、古典文明研究中心主任
推荐成果名称	西塞罗、撒路斯特与西方政治纪事传统研究			
成果作者姓名	吴明波			

（对书稿的学术创新、理论价值、现实意义、政治理论倾向及是否具有出版价值等方面做出全面评价，并指出其不足之处）

　　该书稿能够从对西塞罗、撒路斯特这两位经典作家对"喀提林阴谋"这一事件的记述出发，从文学和历史的角度进入这些文本，进而结合西塞罗的《论演说家》等来探讨西方古典的 historia，有足以发人深省之处。"政治史学"是西方古典学问之一，也是西方学问的根本之一，它经历了巨大的古今之变。该书稿能够对 historia 的古典形态进行探究，梳理西方政治纪事传统的变迁，尤其注意到古典纪事的修辞品质，在教育读者上的追求，最终变成了现代意义上的客观历史这一重大变化。该书稿不管在学术问题的切入上，还是在对理论问题的探讨上，对我们现在的研究都有所启发，具有重要的现实意义。该书稿能够促使我们思考现代历史写作和历史研究的问题，重新思考西方思想史上的"诗史关系"的问题。

　　我相信吴明波博士这部书稿的出版将极有益于我们对古典纪事思想的探讨，也将有助于我们反思现代历史写作和历史研究的问题。由于篇幅所限，书稿对纪事变迁的梳理较为简略，尤其现代部分还比较粗疏。如果吴明波博士在以后的研究中能够对这些问题进行更深入的探讨，我相信会有更大的学术价值。

签字：刘小枫

2021 年 3 月 8 日

说明：该推荐表须由具有正高级专业技术职务的同行专家填写，并由推荐人亲自签字，一旦推荐，须承担个人信誉责任。如推荐书稿入选《文库》，推荐专家姓名及推荐意见将印入著作。